Ressourcennutzung
und dynamische Entwicklung

Ressourcennutzung und dynamische Entwicklung

Herausgegeben
von
Anneliese Braun

Akademie-Verlag · Berlin
1985

Dieses Buch ist ein Gemeinschaftsprojekt der Ökonomischen Institute der Akademien der Wissenschaften der UdSSR, der VRB und der DDR.

Internationales Redaktionskollegium:

G. M. Sorokin, V. I. Rybin (UdSSR)
W. Heinrichs, A. Braun (DDR)
D. Kinov, St. Stoilov (VRB)

Autoren der Abschnitte:

1.1.: KM W. Heinrichs, Berlin; 1.2.: KM E. I. Kapustin, Moskau; 2.1.: KM G. M. Sorokin, Moskau; 2.2.: KM A. I. Notkin†/Ja. P. Bronštejn, Duschanbe; 2.3.: D. Kinov/B. Atanasov, Sofia; 3.1.: A. Braun, Berlin; 3.2.: V. P. Krasovskij, Moskau; 3.3.: K. Steinitz, Berlin; 3.4.: St. Stoilov, Sofia; 4.1.: V. I. Rybin, Moskau; 4.2.: G. Richter, Berlin; 4.3.: V. R. Anačkova/V. Popova/N. Dimitrov/ M. Garvalova, Sofia; 4.4.: V. N. Bogačev, Moskau

Wissenschaftliche Redaktion: Ch. Pietzsch
Technische Redaktion: I. Nickel

Die Übersetzung der russischsprachigen Texte ins Deutsche wurde von einem Kollektiv des Zentralinstituts für Wirtschaftswissenschaften der AdW der DDR besorgt.

Erschienen im Akademie-Verlag, DDR-1086 Berlin, Leipziger Str. 3—4

Lizenznummer: 202 · 100/29/85
Printed in the German Democratic Republic
Gesamtherstellung: VEB Druckerei „Thomas Müntzer", 5820 Bad Langensalza
Umschlaggestaltung: Annemarie Wagner
LSV 0325
Bestell-Nr.: 754 464 6 (6884)

02200

Inhaltsverzeichnis

Vorwort

Die veränderten Reproduktionsbedingungen der 80er und 90er Jahre stellen die Volkswirtschaft vor die Aufgabe, ein hohes Leistungs- und Effektivitätswachstum durch die Ausschöpfung immer neuer Reserven auf dem Wege der umfassenden Intensivierung zu sichern. Dabei erreichte Ergebnisse und neue Aufgaben kommen zusammengefaßt darin zum Ausdruck, „daß die intensiv erweiterte Reproduktion heute zur bestimmenden Grundlage für das Wachstum unserer Volkswirtschaft geworden ist. Damit gelang es, eine Wende von prinzipieller Bedeutung einzuleiten. Den Weg der umfassenden Intensivierung weiter zu beschreiten, und zwar auf lange Sicht, das macht den Inhalt der neuen Etappe der Verwirklichung unserer ökonomischen Strategie aus.“[1] Dabei fließt der Effektivitätszuwachs mehr und mehr aus der ökonomischen Verwertung des wissenschaftlich-technischen Fortschritts.

Die Grundlinien der ökonomischen Strategien der europäischen Mitgliedsländer des RGW, die auf den Parteitagen und Plenartagungen der Parteien der sozialistischen Bruderländer herausgearbeitet und beschlossen wurden, dokumentieren das hohe Maß an Übereinstimmung bei der Einschätzung der Richtungen für die weitere Intensivierung. Die vereinbarten Hauptrichtungen der Zusammenarbeit bis zum Jahre 2000 zwischen der DDR und der UdSSR beruhen auf dem gleichen strategischen Konzept. Die Aufdeckung und volkswirtschaftlich breitenwirksame Erschließung der Effektivitätsquellen des wissenschaftlich-technischen Fortschritts ist der einzig mögliche Weg für den weiteren wirtschaftlichen und sozialen Fortschritt. Das bedeutet für die Effektivitätstheorie und -planung eine große Herausforderung. Vor den Wirtschaftswissenschaft-

[1] 9. Tagung des ZK der SED. Aus dem Bericht des Politbüros an die 9. Tagung des ZK der SED. Berichterstatter: Gen. E. Honecker, Berlin 1984, S. 31.

lern steht dabei insbesondere die Aufgabe nicht einfach Forderungsprogramme an die bessere Nutzung der Ressourcen und die Herausbildung ressourcensparender Wege des Wirtschaftswachstums zu postulieren, sondern gerade die für ihre Realisierung ausschlaggebenden Gesetzmäßigkeiten des Übergangs zum intensiven Reproduktionstyp, seine Etappen und dabei zu lösenden Widersprüche tiefgründig zu untersuchen. Das ist um so notwendiger, als es sich bei diesem Übergang um einen längeren Prozeß handelt, der mit tiefgreifenden Strukturveränderungen und Umgruppierungen von Ressourcen verbunden ist. Grundsätzlich hat der X. Parteitag der SED dafür bereits die Lösungsrichtung gewiesen: „Arbeitszeiteinsparung darf nicht zu Lasten größeren Investitionsaufwandes gehen, wirtschaftlicher Materialeinsatz nicht auf Kosten der Qualität. Es genügt nicht, das eine oder das andere zu tun. Lebendige Arbeit und Material sparen, vorhandene Grundfonds und Investitionen besser nutzen — erst zusammen bringt das den Ertrag, den wir brauchen. Immer geht es uns um das volkswirtschaftliche Gesamtergebnis in seinem Verhältnis zum Gesamtaufwand an Ressourcen."[2]

Ausgehend von den enger werdenden Wechselbeziehungen zwischen umfassender Intensivierung, neuen Quellen der Effektivitätssteigerung und Wachstumsdynamik des Nationaleinkommens, kommt es darauf an, die *gesellschaftliche Effektivität des Sozialismus als Reproduktionskategorie* voll herauszuarbeiten. Das ist eine Grundvoraussetzung, um die dem Sozialismus eigenen Quellen für das Wirtschaftswachstum vollständig auszuschöpfen, insbesondere den sozialistischen Wettbewerb, die Aktivität und Initiative der Werktätigen weiter zu entfalten. Die weitere sozialökonomische Ausgestaltung der Effektivität in der Einheit aller ihrer ökonomischen und sozialen Seiten ist von grundlegender Bedeutung, um den wissenschaftlich-technischen Fortschritt zielstrebig auf die umfassende Intensivierung zu orientieren.

Den *Problemen der Effektivitätsdynamik bei der Herausbildung des intensiven Reproduktionstyps* muß deshalb besondere Aufmerksamkeit gewidmet werden. Das betrifft u. a.: die Aufdeckung solcher Intensivierungsreserven, die den Kriterien der umfassenden Intensivierung entsprechen, die Einsparung und Freisetzung von

[2] Bericht des Zentralkomitees der Sozialistischen Einheitspartei Deutschlands an den X. Parteitag der SED, Berichterstatter: Gen. E. Honecker, Berlin 1981, S. 55.

Ressourcen als Hauptquelle für die intensiv erweiterte Reproduktion, die Substitution von Energieträgern und Rohstoffen durch beschleunigtes Wachstum qualitativ neuer Erzeugnisse, neue Erfordernisse des Zeitfaktors und der Bilanzierung der Ressourcen in Abhängigkeit von Intensivierungsgrad und -stufen, Vervollkommnung der Leitung, Planung und wirtschaftlichen Rechnungsführung.

Vor allem geht es um die weitere Herausbildung der dem Sozialismus wesenseigenen Vorzüge zur Sicherung eines langfristig hohen Wirtschaftswachstums durch Effektivitätssteigerung; um die immer stärkere Ausprägung der Einheit von Effektivität, Wirtschaftswachstum und Erhöhung des Lebensniveaus der Werktätigen.

In ihrer grundsätzlichen Natur stehen diese Aufgaben vor allen europäischen Mitgliedsländern des RGW. Deshalb wurde die vorliegende Monografie als Gemeinschaftsarbeit von den ökonomischen Instituten der Akademien der Wissenschaften der DDR, der UdSSR und der VRB realisiert.

In ihrer grundsätzlichen Natur stehen diese Aufgaben vor allen eurokussionen Übereinstimmung erzielt werden. Das ist um so höher zu bewerten, als alle Länder unterschiedliche Erfahrungen gesammelt haben, die sich mitunter auch in bestimmten theoretischen Begründungen reflektieren. Hier widerspiegeln sich insbesondere Unterschiede in der Rolle einzelner Intensivierungsfaktoren und Wege zur Effektivitätssteigerung unter den konkreten Bedingungen der jeweiligen Länder. Das war weder für die Autoren, noch sollte es für die Leser von Nachteil sein. Im Gegenteil, gerade das aufmerksame Studium dieser unterschiedlichen Erfahrungen in den verschiedenen sozialistischen Ländern bereichert das Verständnis und die theoretische Arbeit zwischen Ökonomen verschiedener sozialistischer Länder.

Die vorliegende Publikation verfolgt das Ziel, zu den oben genannten neuen Problemen der Effektivitätsquellen und -dynamik Erfahrungen auszutauschen und konstruktive Lösungen zu verallgemeinern. Dabei sind sich die Autoren bewußt, daß viele der von ihnen aufgeworfenen Fragen weiterer Untersuchungen bedürfen. Sie hoffen jedoch, daß mit der vorliegenden Arbeit der Meinungsstreit und die Anwendung neuer Lösungsrichtungen angeregt wird. Den Präsidien der Akademien der beteiligten Länder danken die Autoren für die Unterstützung ihrer Arbeit.

A. Braun
(Verantwortlich für die Redaktionsgruppe der DDR)

1. Intensiver Reproduktionstyp und gesellschaftliche Effektivität

1.1. Reproduktionstyp und Effektivitätsdynamik

1.1.1. Effektivität und ökonomische Gesetze

Ebenso wie die von anderen wissenschaftlichen Disziplinen verwendete Kategorie der Effektivität besitzt die politökonomische Kategorie ihre Spezifik. In ihrer höchsten Abstraktion reflektiert sie wichtige Seiten des widersprüchlichen Verhältnisses zwischen dem Entwicklungsniveau und dem Charakter der Produktivkräfte und den Produktionsverhältnissen im Prozeß der gesellschaftlichen Produktion und Reproduktion. In diesem allgemeinen Sinne ist sie eine Wirkungsform des Gesetzes der Ökonomie der Zeit.

Wie Marx nachwies, wirkt einerseits dieses Gesetz in allen Gesellschaftsformationen. Das ist in der allgemeinen Funktion der materiellen Produktion und Reproduktion begründet, den Stoffwechselprozeß mit der Natur immer ergiebiger zu gestalten, um die materiellen Existenzbedingungen des menschlichen Lebens zu reproduzieren. Gerade hierin reflektieren sich Struktur und Entwicklungsniveau der Produktivkräfte.

Andererseits sind die konkrete Wirkungsrichtung und der Wirkungsmechanismus dieses Gesetzes in jeder Gesellschaftsformation durch die jeweils herrschenden Eigentums- und Produktionsverhältnisse determiniert. Sie bestimmen zugleich die grundlegenden Beziehungen, die das Gesetz der Ökonomie der Zeit zum ökonomischen Grundgesetz aufweist, wie überhaupt zum System der ökonomischen Gesetze der jeweiligen Formation, dessen Element es ist.

Im Niveau und in der Dynamik der Effektivität der sozialistischen Produktion und Reproduktion äußert sich das Wirken des Gesetzes der Ökonomie der Zeit im Gesamtsystem der ökonomischen Gesetze des Sozialismus. Marx betonte, daß die Zeitökonomie unter Bedingungen der gemeinschaftlichen Produktion in viel höherem Grade Gesetz wird. Er begründete das in zweifacher Hinsicht. Zum einen erhalten Niveau und Dynamik der Effektivität (und damit auch die Zeitökonomie) im Sozialismus einen qualitativ neuen Inhalt, weil die für vorsozialistische Produktionsweisen charakteristische Ausbeutung und Anarchie überwunden wurden. Die im ökonomischen Grundgesetz des Sozialismus enthaltene Dialektik von Ziel und Mitteln der gesellschaftlichen Produktion ist bestimmend dafür, daß die Zeitökonomie und die Effektivität auf *wirklicher Einsparung an Arbeitszeit, an Ressourcen usw. beruhen.*[1]

Damit wurden den gesellschaftlichen Bedingungen für die nichtäquivalente Aneignung fremder Arbeit, für den Raubbau an natürlichen Ressourcen, die für Wirkungsrichtung und -mechanismus des Gesetzes der Zeitökonomie für alle Entwicklungsetappen des Kapitalismus typisch waren und typisch sind, der Boden entzogen. Mit dem grundlegenden Wirkungszusammenhang zwischen dem ökonomischen Grundgesetz des Sozialismus und dem Gesetz der Ökonomie der Zeit ist zugleich der ökonomische und soziale Inhalt (das Kriterium) der Effektivität im Sozialismus, in ihrem Verhältnis von Ergebnis und Aufwand als Äußerung sozialistischer Produktionsverhältnisse bestimmt. Dabei drücken Niveau und Dynamik der Effektivität den Grad und die Dynamik der Ziel-Mittel-Realisierung des ökonomischen Grundgesetzes des Sozialismus aus. Diese äußern sich in dem Verhältnis von Umfang und Niveau hervorgebrachter Erzeugnisse und Leistungen für die Bedürfnisbefriedigung zu den hierfür eingesetzten und aufgewendeten materiellen Ressourcen und Arbeitskräften zu einem bestimmten Zeitpunkt.

Zum anderen begründete Marx die gesetzmäßig wachsende Rolle der Zeitökonomie im Sozialismus mit der für den historischen Fortschritt ausschlaggebenden Funktion der Minimierung des Zeitaufwandes für die universelle Entfaltung der Bedürfnisse eines (bedürfnisreichen) Menschen, für den wachsenden Grad ihrer realen Befriedigung sowie nicht zuletzt für die Erweiterung des Spielraums, worin der assoziierte Produzent die verfügbaren Ressourcen planmäßig auf die adäquaten Bedürfnismengen im gesellschaftlichen Maß-

[1] Marx hob diese ökonomische wie soziale Differenziertheit der Zeiteinsparung in Ausbeutungsgesellschaften und im Sozialismus mit dem Terminus „wirkliche Ökonomie" hervor, die er mit Einsparung an Arbeitszeit und mit einer Entwicklung der Produktivkraft identifizierte, die „. . . . keineswegs *Entsagen von Genuß*, sondern Entwickeln von power (bedeute), von Fähigkeiten zur Produktion und daher sowohl die Fähigkeiten, wie der Mittel des Genusses" (K. Marx, Grundrisse der Kritik der politischen Ökonomie, Berlin 1953, S. 599).

stab verteilen kann.[2] Die Marxsche These von dem Gesetzescharakter, den die Zeitökonomie in viel höherem Grade nach Überwindung der auf Ausbeutung und Anarchie beruhenden Produktion annimmt, ist höchst aktuell.

In der Etappe der Gestaltung der entwickelten sozialistischen Gesellschaft, in der sich der weitere gesellschaftliche Fortschritt auf den dem Sozialismus eigenen sozialökonomischen Grundlagen vollzieht, erlangt die Zunahme der Zeitökonomie für die vollständige Ausprägung der dem Sozialismus wesenseigenen Vorzüge und Triebkräfte einen höheren Stellenwert. *Die Dynamik der Zeitökonomie wird nunmehr für den Grad der Zielrealisierung der sozialistischen Produktion ausschlaggebend.* Über sie werden Inhalt, Erfordernisse, Wirkungs- und Ausnutzungsbedingungen des ökonomischen Grundgesetzes des Sozialismus maßgeblich determiniert. Gleichzeitig verändern sich mit wachsender Zeitökonomie die Wirkungs- und Ausnutzungsbedingungen *einzelner ökonomischer Gesetze* (Gesetz der planmäßigen proportionalen Entwicklung der Volkswirtschaft, Gesetz der Verteilung nach der Arbeitsleistung, Wertgesetz) in einer Art und Weise, die ihrerseits das Wirksamwerden des ökonomischen Grundgesetzes des Sozialismus wiederum begünstigen.

Diese Veränderungen betreffen sowohl die Verhältnisse, unter denen Ergebnisse und Leistungen zur Bedürfnisbefriedigung in verschiedenen Entwicklungsetappen der sozialistischen Gesellschaft hervorgebracht als auch die hierfür erforderlichen materiellen Ressourcen und Arbeitskräfte eingesetzt und real aufgewendet werden. Das Verhältnis von Ergebnis und Aufwand unterliegt ständigen Veränderungen, die sich auch auf die strukturelle (qualitative) Zusammensetzung des Ergebnisses und des Aufwandes selbst beziehen. Diese Veränderungen sind wiederum der reale Hintergrund, vor dem die sozialistische Gesellschaft ständig veranlaßt ist, Ergebnis und Aufwand (sowie ihr Verhältnis zueinander) im Maßstab der Volkswirtschaft, der Wirtschaftseinheiten und des einzelnen ökonomisch zu bewerten und diese Bewertung zu vervollkommnen.

Im Ergebnis dieser ökonomischen Bewertung erkennt die sozialistische Gesellschaft ökonomische Leistungen an, die sich auf einem bestimmten Niveau und Zuwachs der Effektivität gründen, d. h. den gesellschaftlich notwendigen Aufwand an vergegenständlichter und lebendiger Arbeit mit der Tendenz zum Minimum verändern. Marx

[2] Vgl. K. Marx, Grundrisse der Kritik der politischen Ökonomie, a. a. O., S. 89.

und Engels sahen voraus, daß selbst bei anhaltender und durchgreifender Senkung des gesellschaftlich notwendigen Arbeitsaufwandes nicht der Fall eintreten wird, „daß *jemals die Zeit* . . . ihre *Kostbarkeit* verlieren werde(n)?. . . Denn von der Zeit hängt es ab, ob die Gesellschaft die Zeit hat, sich menschlich auszubilden.“[3]

Mit der Gestaltung der entwickelten sozialistischen Gesellschaft prägt sich der Systemcharakter der ökonomischen Gesetze des Sozialismus weiter aus. Damit geht auch die Ausbildung des Systemcharakters der Effektivität einher, beruhend auf dem gesetzmäßigen Charakter der erweiterten sozialistischen Reproduktion, dem gesellschaftlichen Produktionsprozeß „in einem stetigen Zusammenhang und dem beständigen Fluß seiner Erneuerung“[4] auf erweiterter Stufenleiter. Der Systemcharakter der Effektivität bildet sich nicht in einer Einbahnstraße aus, etwa nur in einer Entwicklungsrichtung: von den verschiedenen Teileffektivitäten hin zur volkswirtschaftlichen Gesamteffektivität oder nur von der Gesamteffektivität ausgehend, hin zur Ausbildung und Präzisierung bestimmter Teileffektivitäten (z. B. bezogen auf einen Wirtschaftszweig, auf eine kurz- oder mittelfristige Produktionsperiode, auf ein Territorium, einen Produktionsfaktor, wie die lebendige Arbeit, den Energie- und Materialaufwand, die Grundfonds usw.).

Vielmehr ist es so, daß die Ausbildung und weitere Präzisierung von Teileffektivitäten in engem Zusammenhang mit ihrem Beitrag zur volkswirtschaftlichen Effektivität erfolgt und gleichzeitig bei ihrer Präzisierung volkswirtschaftliche Erfordernisse der Effektivitätsdynamik immer mehr zur Geltung kommen. „Immer geht es uns um das volkswirtschaftliche Gesamtergebnis in seinem Verhältnis zum Gesamtaufwand an Ressourcen.“[5]

Volkswirtschaftlich wird die Effektivität der gesellschaftlichen Produktion und Reproduktion in einem *Komplex* von Kennziffern ausgewiesen,[6] die auf optimalen Relationen zwischen Ressourceneinsatz und Ergebnis der Produktion bzw. Reproduktion beruhen,

[3] K. Marx/F. Engels, Die heilige Familie, in: Karl Marx/Friedrich Engels, Werke (im folgenden: MEW), Bd. 2, Berlin 1957, S. 52.

[4] K. Marx, Das Kapital. Erster Band, in: MEW, Bd. 23, Berlin 1962, S. 591.

[5] X. Parteitag der SED. Bericht des Zentralkomitees der Sozialistischen Einheitspartei Deutschlands an den X. Parteitag der SED, Berichterstatter: Gen. Erich Honecker, Berlin 1981, S. 55.

[6] Wenn im weiteren von Effektivität die Rede ist, so ist stets dieser makroökonomische Aspekt gemeint.

wie z. B. der Steigerung der Arbeitsproduktivität und der Fondsausstattung der lebendigen Arbeit, der Material-, Energie- und Investitionsintensität des Nationaleinkommens, zwischen Akkumulation und Konsumtion, zwischen dem Typ des ökonomischen Wachstums und der Entwicklung des Lebensniveaus der Werktätigen usw.

1.1.2. Reproduktionstyp und Effektivität

Gelegentlich stößt man auf die Auffassung, daß sich der extensive vom intensiven Reproduktionstyp insbesondere darin unterscheiden würde, daß im ersteren ökonomisches Wachstum ausschließlich auf zusätzlichem Ressourceneinsatz beruhe, der bisweilen sogar schneller steigt als die Produktion, im letzteren hingegen der Ressourceneinsatz langsamer als das Reproduktionsergebnis anwächst, stagniert oder gar absolut sinkt. In dem einen, dem extensiven Reproduktionstyp, fände – so gesehen – kein Effektivitätszuwachs statt, während der intensive Reproduktionstyp vor allem durch Effektivitätssteigerung gekennzeichnet sei. Mit dieser These wird indirekt vorausgesetzt, daß in der extensiv erweiterten sozialistischen Reproduktion überhaupt keine Erhöhung der Effektivität möglich sei. Eine derartige verabsolutierende Gegenüberstellung hält weder der theoretischen noch empirischen Überprüfung stand. Denn auch bei extensivem Wachstum kann die Effektivität erhöht werden, wie z. B. durch größere Produktionskapazitäten oder Gratisdienste der Natur. Wie verhält es sich nun mit dem Kriterium der Effektivität bei der Bestimmung des intensiven Reproduktionstyps?

Bekanntlich hat Marx die Genesis der Reproduktionstypen zunächst in der erweiterten Reproduktion selbst gesehen, die mit dem Entstehen der kapitalistischen Produktionsweise zur Gesetzmäßigkeit wird. Die industrielle Revolution, d. h. der vor allem bei den Arbeitsmitteln vor sich gehende qualitative und quantitative Wandel im Produktivkraftsystem, bildet in gleicher Weise die materielle Grundlage für den Übergang von der einfachen zur erweiterten Reproduktion wie für die Entstehung des intensiven Reproduktionstyps.

In der extensiv erweiterten Reproduktion geht der Zuwachs des gesellschaftlichen Produkts vor allem mit einer quantitativen Erweiterung von Produktionsfaktoren einher, ohne diese wesentlich qualitativ zu verändern. Hier erfolgen der Einsatz von Produktionsfaktoren und der Zuwachs des gesellschaftlichen Produkts in etwa dem gleichen quantitativen Verhältnis. Aber auch unter diesen Bedingungen kann die Effektivität steigen. Dies leitet sich aus den Gesetzen der Massenproduktion, wie der Konzentration, Spezialisierung, der Kostendegression bei zunehmender Produktionsserie usw. her. Bei diesem (extensiven) Reproduktionstyp wächst die Effektivität auch dann, wenn der Arbeitstag zeitlich ausgedehnt wird, die Arbeitsintensität steigt und die zeitliche Nutzung der Arbeitsmittel verlängert wird. Mit Ausnahme der Arbeitsintensität handelt es sich in allen diesen Fällen um eine direkte (zeitliche) Mehrbeanspruchung von Ressourcen. Bei der Steigerung der Arbeitsintensität nimmt indirekt, über den wachsenden Reproduktionsaufwand für die Arbeitskraft, die Beanspruchung von Ressourcen ebenfalls zu – wenn z. B. gleichbleibende Arbeitszeit vorausgesetzt wird.

Letzten Endes werden die Maßstäbe der extensiv erweiterten Reproduktion bei gegebenem Einsatz von Produktionsfonds und gegebener Arbeitsintensität durch die quantitative Größe der lebendigen Arbeit bestimmt, d. h. durch die Zahl der Beschäftigten in den produzierenden Bereichen der Volkswirtschaft und durch die Dauer des Arbeitstages und der Arbeitswoche der Beschäftigten. Extensiv erweiterte sozialistische Reproduktion erhöht über längere Zeiträume gesehen den absoluten Umfang des gesellschaftlichen Produkts, davon auch jenes Teils, der der unmittelbaren Befriedigung der wachsenden Bedürfnisse aller Mitglieder der sozialistischen Gesellschaft dient. Seine relative Größe, bezogen auf die Zahl der im produzierenden Bereich Beschäftigten, verändert sich hingegen nicht oder nur in geringem Maße, so, als würde „das Produktionsfeld" nicht erweitert werden. Beim extensiven Typ wird – wie die Praxis einiger RGW-Länder bestätigt – die weitere Hebung des materiellen und kulturellen Lebensniveaus vom größeren Zuwachs der Beschäftigten in den produzierenden Bereichen, verglichen mit dem Bevölkerungszuwachs und der Dynamik des Beschäftigtengrades der Bevölkerung, getragen. Dieser Zusammenhang wirkt dann in besonders starkem Maße, wenn die Steigerung der Arbeitsproduktivität von dem Zuwachstempo der Fondsausstattung der Arbeit übertroffen, die Energie- und Materialintensität der Volkswirtschaft anwächst und dadurch die Dynamik der Effektivität erheblich beeinträchtigt wird.

Als Folge dessen stößt die Entwicklung des notwendigen und des Mehrprodukts in ihrem physischen Volumen zunehmend auf Schranken. Wegen der relativ hohen Rate der produktiven Akkumulation (bedingt durch eine verhältnismäßig hohe Investitionsintensität des Nationaleinkommens) sind ferner die Möglichkeiten, einen Teil des Mehrprodukts für konsumtive Zwecke umzuverteilen, nur um den Preis erheblicher Wachstumseinbußen im Zeitverlauf gegeben.

Also können die relativ starken Begrenzungen, die mit einer extensiven Erweiterung der sozialistischen Reproduktion verbunden wären, nur durch den Übergang zum intensiven Reproduktionstyp überwunden werden. In der intensiv erweiterten Reproduktion kann bei gegebenen Produktionsfonds und bei gegebener Arbeitsintensität das gesellschaftliche Produkt wachsen, ohne daß in der materiellen Produktion zusätzliche Arbeitskräfte benötigt werden und der Arbeitstag verlängert zu werden braucht. Das gesellschaftliche Produkt kann selbst dann qualitativ und quantitativ wachsen, wenn sich die Zahl der Beschäftigten relativ und absolut verringert, der Arbeitstag und die Arbeitswoche verkürzt und auch Energie-, Material- und Grundfonds mit einem höheren Effekt eingesetzt werden. Das heißt, die Steigerung der Arbeitsproduktivität und der Effektivität werden zur wichtigsten Voraussetzung für den Zuwachs des gesellschaftlichen Gesamtprodukts und des volkswirtschaftlichen Nettoprodukts.

Der intensive Reproduktionstyp durchdringt alle Seiten der Effektivität der gesellschaftlichen Produktion und Reproduktion. Der Übergang zur intensiv erweiterten Reproduktion und die Vertiefung des intensiven Typs zu dem für die erweiterte Reproduktion bestimmenden sind ein anderer Ausdruck für die Steigerung der Arbeitsproduktivität und Effektivität *auf neuen technischen und gesellschaftlichen Grundlagen.*

Vor jeder Gesellschaftsformation steht die Aufgabe, ein bedeutend höheres Niveau der Arbeitsproduktivität und Effektivität zu erreichen, als jene hervorgebracht hat, die von ihr abgelöst wurde. Lenin begründete für die kommunistische Gesellschaftsformation die Notwendigkeit der stetigen Steigerung der Arbeitsproduktivität und bezeichnete sie als das „in letzter Instanz. . . allerwichtigste . . . ausschlaggebende für den Sieg der neuen Gesellschaftsordnung“.[7]

Nur über technische und gesellschaftliche Umwälzungen können die Mittel zur Realisierung des ökonomischen Grundgesetzes des

[7] W. I. Lenin, Die große Initiative, in: Werke, Bd. 29, Berlin 1961, S. 416.

Sozialismus wie überhaupt des Systems der ökonomischen Gesetze auf immer höherer Stufenleiter reproduziert werden, können sich die sozialistischen Produktionsverhältnisse weiter ausbilden. Hierbei bestimmt nicht die Effektivität den Reproduktionstyp, sondern der Übergang zum intensiven Reproduktionstyp stellt neue Anforderungen an die technischen und gesellschaftlichen Grundlagen der Effektivitätserhöhung. Nicht die Effektivitätssteigerung schlechthin ist typisch für den intensiven Reproduktionstyp, da auch bei extensiv erweiterter Reproduktion durchaus Effektivitätserhöhungen möglich sind. Was den einen von dem anderen Reproduktionstyp hingegen seinem Wesen nach unterscheidet, das sind vielmehr die technischen und gesellschaftlichen Grundlagen, auf denen Effektivitätsniveau und -dynamik beruhen und sich kontinuierlich entwickeln.

Beim Übergang vom extensiven zum intensiven Reproduktionstyp bilden sich damit neue Quellen und Impulse für eine bedeutende Erhöhung des Niveaus und der Dynamik der Effektivität heraus. Das Effektivitätswachstum charakterisiert den Intensivierungsgrad. Beim intensiven Reproduktionstyp handelt es sich um qualitativ andere Wechselbeziehungen zwischen Reproduktion und Effektivität als beim extensiven Reproduktionstyp. Sie finden ihren Ausdruck darin, daß sich die der Effektivität als Reproduktionskategorie innewohnenden Systemeigenschaften immer vollständiger ausbilden. Das schließt ein, die Bedingungen zur Erhöhung des Effektivitätsniveaus wiederholbar zu gestalten und gleichzeitig in längeren Zeiträumen unter Berücksichtigung unterschiedlicher Kreisläufe weiter und unumkehrbar auszubauen. Dadurch werden die Bedingungen der erweiterten sozialistischen Reproduktion immer mehr geprägt. Hierbei spielen die Effektivität der Akkumulation (Investitionen), die Effektivität der laufenden Produktion und die Effektivität der Konsumtion eine wachsende Rolle. Die Kreisläufe der Reproduktion der Effektivitätsbedingungen sind mit den wichtigsten länger- und kurzfristigen Interessen der sozialistischen Gesellschaft unmittelbar verbunden. Sie prägen auch entscheidend die Wirkungs- und Ausnutzungsbedingungen der ökonomischen Gesetze des Sozialismus in dieser Etappe.

Marx hat für den Kapitalismus nachgewiesen, daß der extensive Reproduktionstyp historisch und logisch dem intensiven Reproduktionstyp vorausgeht. Hierbei hinterließ er eine Fülle methodologischer Erkenntnisse. Mit ihrer Hilfe können die Veränderungen in den technischen und gesellschaftlichen Grundlagen der Effektivität der gesellschaftlichen Produktion und Reproduktion bestimmt werden, die wiederum für ihren sozialökonomischen Charakter ausschlaggebend sind.

Die historischen Erfahrungen bestätigen, daß der Übergang zum intensiven Typ nicht in den Anfangsetappen der Gesellschaftsformation vollzogen wird, wenngleich in ihnen bereits einzelne seiner charakteristischen Tendenzen wirksam werden können. Erst wenn sich der Sozialismus auf seiner eigenen sozialökonomischen Grundlage zu entwickeln beginnt, wird die intensiv erweiterte Reproduktion zum bestimmenden Reproduktionstyp, dann also, wenn sich zugleich mit den gesellschaftlichen vor allem die technischen Grundlagen der Effektivität verändern.

Der Sozialismus entwickelt sich zunächst auf gleicher technischer Grundlage und nach dem stofflich-materiellen Schema jenes Reproduktionstyps, den der Kapitalismus hinterlassen hat. Wenngleich historische Gründe und auch der Zeitpunkt, zu dem der sozialistische Aufbau begonnen wird, beträchtliche Unterschiede in der Art und Weise des Übergangs zum intensiven Reproduktionstyp im jeweiligen Land aufweisen können (und tatsächlich auch aufweisen), berühren sie das historische und logische Verhältnis beider Reproduktionstypen zueinander und damit auch die Grundlagen der Entwicklung der Effektivität nicht wesentlich. Das bestätigen die praktischen Erfahrungen einiger RGW-Länder (vgl. Abb. 1, 2 und 3).

Der intensive Reproduktionstyp erwächst aus einer überwiegend extensiv erweiterten Reproduktion in der Übergangsperiode vom Kapitalismus zum Sozialismus. Er erstarkt in beschleunigtem Tempo in der Etappe der Gestaltung der entwickelten sozialistischen Gesellschaft. Hierbei unterliegt er selbst einer Entwicklung vom Niederen zum Höheren, die vor allem durch Veränderungen in den technischen Grundlagen bedingt ist. Wie die Erfahrungen auch anderer sozialistischer Länder bestätigen, steht die arbeitszeitsparende Variante der Intensivierung am Anfang der Einstellung einer jeden Volkswirtschaft auf die intensiv erweiterte sozialistische Reproduktion. Es bedarf einer bestimmten Zeit, um eine qualitativ neue Etappe, die umfassende Intensivierung, vorzubereiten und einzuleiten.

Das ausschlaggebende Kriterium für die Entwicklung des intensiven Reproduktionstyps ist der *Grad der Komplexität*, mit dem alle Produktions- und Reproduktionsfaktoren in ihrer gegenseitigen Abhängigkeit und Ergänzung der Intensivierung unterliegen. Das bedeutet Herausbildung neuer technologischer Grundlagen, die die

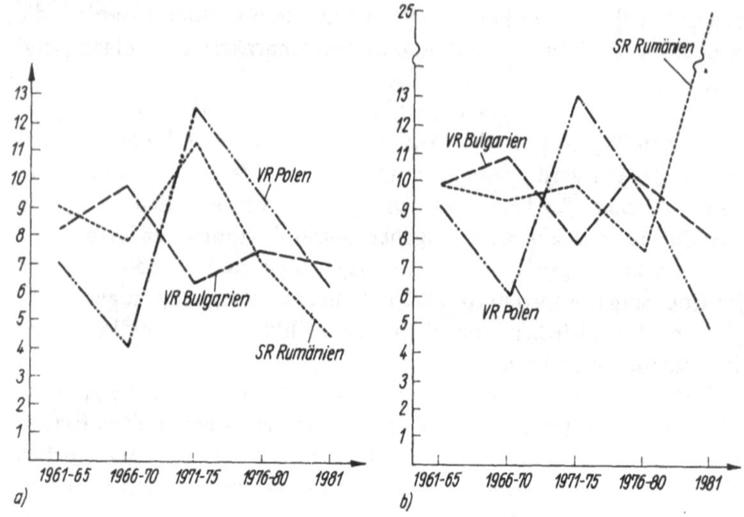

Abbildung 1a: Jährlicher Zuwachs des Nationaleinkommens der europäischen Mitgliedsländer des RGW von 1961—1981 (in %)
Abbildung 1b: Jährlicher Zuwachs des Produktionsverbrauchs der europäischen Mitgliedsländer des RGW von 1961—1981 (in %)

Quellen: Statistische Jahrbücher der aufgeführten Länder, entsprechende Jahrgänge.

traditionellen Substitutionsbeziehungen zwischen lebendiger und vergegenständlichter Arbeit (als einmaliger und laufender Aufwand) Schritt für Schritt überwinden. *An ihre Stelle treten Substitutionen, die je Einheit Reproduktionsergebnis eine Senkung des Aufwandes an Arbeitskraft, an Energie und Rohstoffen und Grundfonds bewirken.* Das vor allem ist kennzeichnend für die umfassende Intensivierung als einer qualitativ neuen Etappe der sozialistischen Intensivierung, als Weg, auf dem die Volkswirtschaft immer vollständiger auf die intensiv erweiterte sozialistische Reproduktion eingestellt wird.

Die umfassende Intensivierung wird eben dadurch charakterisiert, daß alle Produktions- und Reproduktionsfaktoren in den Intensivierungsprozeß einbezogen werden. Dabei wird die arbeitszeitsparende mit der ressourcensparenden Variante kombiniert. Das bedeutet, daß die Arbeitsproduktivität und die Arbeitszeiteinsparung anhaltend steigen und sich dabei die Senkung des Produktionsverbrauchs (einschließlich des in der Zirkulation befindlichen Aufwan-

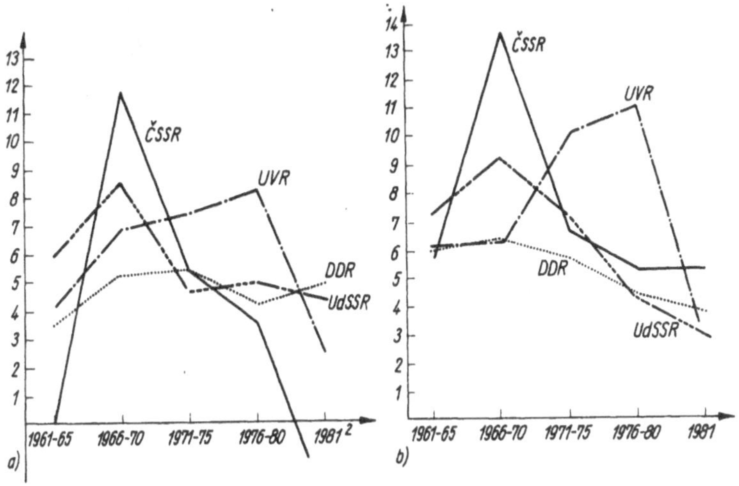

Abbildung 2a: Jährlicher Zuwachs des Nationaleinkommens[1] der europäischen Mitgliedsländer des RGW von 1961—1981 (in %)
Abbildung 2b: Jährlicher Zuwachs des Produktionsverbrauchs[2] der europäischen Mitgliedsländer des RGW von 1961—1981 (in %)

[1] Vergleichbare Preise.
[2] Vorläufige Ergebnisse.

Quellen: Statistische Jahrbücher der aufgeführten Länder, entsprechende Jahrgänge.

des an gesellschaftlich notwendigen Vorräten und Beständen) im wachsenden Maße zur Quelle eines kontinuierlichen Wirtschaftswachstums entwickelt.

Wie die praktischen Erfahrungen gerade der zurückliegenden drei Jahre in der DDR lehren, beruht die Kombination von arbeitszeit- und ressourcensparender Variante der Intensivierung auf einem System veränderter wechselseitiger Abhängigkeiten zwischen der Steigerung der Arbeitsproduktivität, der Senkung des Produktionsverbrauchs und der Ökonomisierung des Grundfondseinsatzes. Sie bedürfen der weiteren ökonomischen Erforschung. Die Wirtschaftspraxis weist darauf hin, daß nicht jede Steigerung der Arbeitsproduktivität automatisch mit einer Senkung des Produktionsverbrauchs einhergeht, wie umgekehrt die Senkung des Produktionsverbrauchs in differenzierter Weise auf Produktivitätssteigerungen der lebendigen Arbeit einwirkt. Davon wiederum wird die Ökonomisierung der

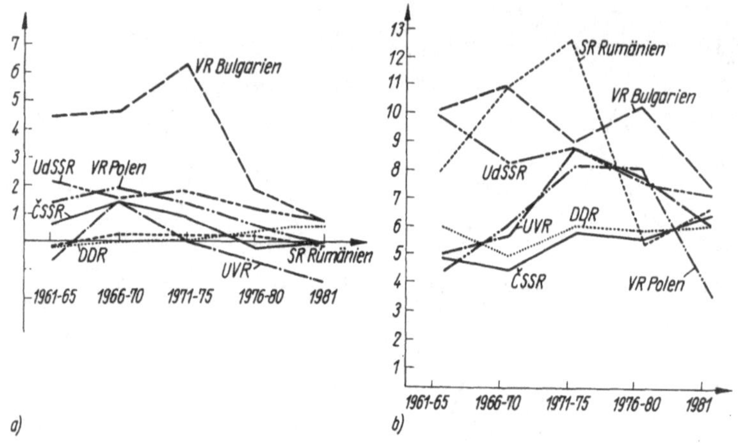

Abbildung 3a: Jährlicher Zuwachs der Beschäftigten im materiellen Bereich der europäischen Mitgliedsländer des RGW von 1961—1981 (in %)
Abbildung 3b: Jährlicher Zuwachs der Grundfonds[1] im materiellen Bereich der europäischen Mitgliedsländer des RGW von 1961—1981 (in %)

[1] Vergleichbare Preise.

Quellen: Statistische Jahrbücher der aufgeführten Länder, entsprechende Jahrgänge.

Grundfonds in unterschiedlicher Weise beeinflußt. Qualitative Veränderungen in den Substitutionsbeziehungen zwischen lebendiger und vergegenständlichter Arbeit nehmen ebenso in ihrem Variantenreichtum wie auch in ihrer Wirkungsintensität in dieser Etappe zu. Diese Tendenzen, die noch durch Resubstitutionen infolge Umbewertungen der Energieträger und Rohstoffe verstärkt werden, bedingen ein komplexeres Herangehen an die vollständige Ausschöpfung bereits vorhandener und besonders an die Entwicklung und Nutzung neuer Effektivitätsquellen. Sie ergeben sich vor allem aus der ökonomischen Verwertung von solchen Richtungen des wissenschaftlich-technischen Fortschritts, die arbeitszeit- und energie- bzw. materialsparend sind.

Im volkswirtschaftlichen Maßstab ist die Realisierung der arbeitszeit- sowie energie- und materialsparenden Varianten der Intensivierung längerfristig die entscheidende Voraussetzung, um auch im Hinblick auf die Ökonomisierung der Grundfonds, d. h. sowohl bei der Effektivität der Investitionen als auch bei der laufenden Nutzung der Grundfonds progressive Tendenzen durchzusetzen. Hierfür sind vor allem zwei Gründe maßgebend. Einmal bleibt ein anhaltend hohes Tempo der Steigerung der Arbeitsproduktivität unerläßlich, um die Grundfondsquote der Volkswirtschaft in ihrem Verlauf günstig zu beeinflussen. Zum anderen wirkt sich eine relative oder sogar absolute Senkung des Energie- und Rohstoffverbrauchs in mittel- und längerfristigen Zeiträumen stimulierend auf die Erhöhung der Investitionseffektivität und auf eine Veränderung der Investitionsanteile zugunsten jener Bereiche der Volkswirtschaft aus, deren Effektivität (Verhältnis von Investitionsaufwand je Einheit Zuwachs von Nettoprodukt) zum Teil bedeutend über dem volkswirtschaftlich durchschnittlichen Niveau liegt. In der Volkswirtschaft der DDR war und ist für die Dynamik der Effektivität der Grundfonds von Bedeutung, wie sich der Energie- und Rohstoffverbrauch bei Sicherung eines stabilen Wirtschaftswachstums entwickelt. Dadurch werden der direkte und indirekte Investitionsbedarf für die Bereitstellung der erforderlichen Energie- und Rohstoffonds und damit auch die Investitionsanteile für diesen Zweck wesentlich mit begründet. Bekanntlich werden dafür gegenwärtig etwa zwei Drittel aller Industrieinvestitionen verwendet.

Namentlich die ökonomische Verwertung von arbeitszeit- sowie energie- und materialsparenden Varianten des wissenschaftlich-technischen Fortschritts, die längerfristig mit der Veränderung der technologischen Grundlagen der Produktion verbunden sind, führt zu qualitativen Veränderungen in den Entwicklungsrelationen und Abhängigkeiten innerhalb der produktiven Arbeit, nämlich in einer Zeiteinheit mehr Gebrauchswerte herzustellen und je Gebrauchswerteinheit weniger Energie sowie Material produktiv zu konsumieren. Diese rufen neue Effektivitätsrelationen der Volkswirtschaft hervor. Dazu gehört, daß

- das Tempo der Steigerung der Arbeitsproduktivität das Tempo des Produktionszuwachses zu übertreffen hat;
- das Tempo der Senkung des spezifischen Verbrauchs an Energie und Material größer sein muß als das Tempo des Produktionswachstums;
- die Arbeitsproduktivität schneller wachsen muß als der Wertzuwachs der Grundfonds je Arbeitsplatz[8] (vgl. Tab. 1).

[8] G. Mittag, Ökonomische Strategie der Partei – klares Konzept für weiteres Wachstum. Wirtschaftswissenschaftliche Konferenz der DDR im Karl-Marx-Jahr 1983, Berlin 1983, S. 16.

Tabelle 1: Jährliche Zuwachsraten wichtiger Faktoren des dynamischen Wachstums der Volkswirtschaft der DDR in den Jahren 1976–1984 (in %)

	∅ 1976–1980	1980	1981	1982[2]	1983[2]	1984
Produziertes Nationaleinkommen[1]	4,1	4,4	4,8	2,5	4,4	5,5
Produziertes Nationaleinkommen je Berufstätiger in den produzierenden Bereichen[1]	3,7	4,3	4,6	2,3	3,7	5,0
Produktionsverbrauch[1]	4,4	4,0	3,7	-0,8	1,7	
Primärenergieverbrauch der Volkswirtschaft[3] insgesamt	1,7	−1,2	0,3	−1,8	0	
darunter						
Rohbraunkohle	0,6	0,6	4,1	2,2		
Verbrauch volkswirtschaftlich wichtiger Energieträger, Rohstoffe, Materialien je 1000 M ind. Warenproduktion	−3,9	−5,3	−5,6	−7,5	−7,0	−5,0
darunter						
Walzstahl in der metallverarbeitenden Industrie	−5,8	−6,2	−5,0	−5,3	−4,0	−7,0

[1] Vergleichbare Preise von 1980.
[2] Vorläufige Ergebnisse.
[3] Auf Basis Petajoule.

Quellen: Berechnet nach dem Statistischen Jahrbuch der DDR, Berlin 1983, S. 13, 151; 1982, S. 13. Mitteilung der Staatlichen Zentralverwaltung für Statistik über die Durchführung des Volkswirtschaftsplanes 1983, in: Neues Deutschland vom 19. Januar 1984, S. 3/4; G. Mittag, Theoretische Verallgemeinerung der Erfahrungen der Entwicklung der Kombinate für die Leistungssteigerung in der Volkswirtschaft, insbesondere bei der Nutzung der qualitativen Faktoren des Wachstums, in: Wirtschaftswissenschaft, 1/84, S. 11; Neues Deutschland vom 19./20. 7. 1985, S. 3.

Der Effektivitätsverlauf wird in der Etappe der umfassenden Intensivierung nicht nur von der Produktion, sondern zunehmend von der Reproduktion durchdrungen. Wachsende Effektivität ist nicht nur für den Produktionszuwachs und die Entwicklung des produzierten Nationaleinkommens, d. h. in der Phase der Produktion notwendig. Um den Effektivitätszuwachs in der Produktion anhaltend wiederholbar und unumkehrbar gestalten zu können, *erweist es sich als immer zwingender, die Effektivität der Verwendung des Nationaleinkommens sowie des Ersatzfonds bedeutend zu erhöhen.* Was den Effektivitätszuwachs bei der Verwendung bzw. der Wiederverwendung des Nationaleinkommens und seines Zuwachses sowie des Ersatzfonds und seines Zuwachses betrifft, erstreckt er sich keinesfalls allein auf die Phase der Produktion. In der Distribution, Zirkulation und der Konsumtion werden neue Quellen des Effektivitätszuwachses erschlossen. Die Effektivität der laufenden Produktionsprozesse, die Stabilität des Produktionswachstums, wird jetzt vom Niveau und der Dynamik jenes Effektivitätszuwachses immer mehr abhängig, der in den Verwendungs- und Wiederverwendungsphasen aller Produktformen (Ersatzfonds, Nettoprodukt) der erweiterten Reproduktion real erreicht wird. Namentlich vom Effektivitätszuwachs der Akkumulation und der Wiederverwendung des wachsenden Ersatzfonds gehen die stärksten Rückwirkungen auf den Verlauf der Produktionseffektivität aus. Das aber sind schon nicht mehr allein auf die Produktionsphase beschränkte und nur durch sie hervorgerufene Wirkungen. Vielmehr sind es reproduktive Wirkungen der Effektivitätssteigerung, die für einen stabilen, wachstumsorientierten Reproduktionsverlauf erschlossen werden müssen. Die Wiederholbarkeit eines stabilen Effektivitätszuwachses, mehr noch, die Gewährleistung solcher Bedingungen dafür, daß diese Wiederholbarkeit für einen langen Zeitraum unumkehrbar wird, erweist sich in der Etappe der umfassenden Intensivierung als grundlegende Bedingung für die erweiterte Reproduktion. Folglich verändern sich Quellen und Inhalt des Wachstums in der umfassenden Intensivierung und prägen damit zugleich in ihrer spezifischen Art und Weise Verlauf und Tempi der erweiterten Reproduktion.

Die weitere Gestaltung der entwickelten sozialistischen Gesellschaft ist mit einem höheren Entwicklungsgrad des intensiven Reproduktionstyps auf das engste verbunden. *Nunmehr verdichten sich die Abhängigkeitsverhältnisse zwischen wissenschaftlich-technischem, ökonomischem und sozialem Fortschritt in bedeutendem Maße.* Hiervon werden die technischen und gesellschaftlichen Grundlagen der Effektivität in ihren weiteren Veränderungen maßgeblich beeinflußt.

Das qualitative und quantitative Gewicht von Wissenschaft und Technik für die Erhöhung des Effektivitätsniveaus nimmt bedeutend zu. In jeder Etappe der sozialistischen Intensivierung äußert sich der ökonomische Verwertungsgrad von Wissenschaft und Technik in einer Verbesserung des Verhältnisses von Aufwand und Ergebnis. Diese Verbesserung kann bekanntlich entweder von der Aufwandsseite durch Aufwandsminimierung oder von der Ergebnisseite durch Erhöhung des anwenderorientierten Nutzens erreicht werden, der im Sinne der politischen Ökonomie nach Marx eine Erhöhung des Gebrauchswertes auf gesellschaftlicher Potenz darstellt. Es ist aber auch möglich, daß beide Komponenten gleichzeitig progressiv beeinflußt werden.

In den zurückliegenden Intensivierungsetappen richteten sich Wissenschaft und Technik vorwiegend auf die Aufwandsminimierung beim Einsatz einzelner Produktionsfaktoren. Das ist am Vergleich der Dynamik des Arbeitsaufwandes für gleiche oder annähernd gleiche Erzeugnisse mit der Dynamik des Erneuerungsgrades der Erzeugnisse und — als Folge davon — auch der technologischen Verfahren, empirisch ablesbar. Das Tempo, womit sich die Produktion erneuerte, blieb in den zurückliegenden Etappen deutlich hinter der Aufwandsdynamik zurück und beeinflußte diese schließlich auch. Hierin signalisiert sich das Erfordernis, bisher nicht zur Geltung gelangte ökonomische Verwertungsformen von Wissenschaft und Technik stärker zu nutzen.

Vorwiegend auf die Aufwandsminimierung gerichtete wissenschaftlich-technische Maßnahmen wirken sich vor allem auf den Nutzen der Hersteller der neuen Technik aus. Dieser äußert sich in erster Linie in einer ständigen Senkung des Aufwandes für ein unverändert herzustellendes Erzeugnis, d. h. in einer sinkenden Tendenz der Selbstkosten. Bei gleichbleibenden oder gar steigenden Betriebspreisen ist das mit einer Verbesserung des Ergebnis-Aufwand-Verhältnisses beim Hersteller verbunden. Der Anwender hingegen hat bei gleichbleibender Erzeugnispalette keinen nennenswerten Nutzen, insbesondere wenn der aus der Aufwandsreduzierung resultierende Nutzen vom Hersteller an den Anwender nicht einmal teilweise weitergegeben wird. Auf diese Weise orientierte sich die vorwiegend auf Aufwandsreduzierung beim Hersteller gerichtete ökonomische Verwertung von Wissenschaft und Technik hauptsächlich am Effektivitätszuwachs des Herstellers, d. h. am Herstellernutzen. Mehr noch: von positiven Veränderungen des Herstellernutzens wurde vor allem der gesellschaftliche Nutzen abgeleitet und so auch in der Regel gesellschaftlich bewertet.

Gestützt auf moderne Richtungen der Produktivkraftentwicklung ermöglicht nunmehr die ökonomische Verwertung von Wissenschaft und Technik gleichzeitig mit der Aufwandsminimierung eine Verbesserung des Ergebnisses, d. h. eine qualitative Verbesserung des Gebrauchswertes. Diese wird zu einer grundlegenden Voraussetzung für einen stabilen Effektivitätszuwachs. Hier handelt es sich schon nicht mehr allein um Gebrauchswertparameter in warenkundlichem Sinne. *In dem Maße, wie Gebrauchswertverbesserungen zur gesellschaftlichen Nutzenserhöhung führen und gerade diese in einen Zuwachs volkswirtschaftlicher Effektivität einmünden, in dem Maße wird die Gebrauchswertdynamik eine ökonomische, eine politökonomische Größe.*

Verbesserungen des Gebrauchswertes bedeuten eine anwenderorientierte, absatzorientierte Erneuerung der Produktion. Gerade in den letzten Jahren konnten in der Industrie der DDR bemerkenswerte Fortschritte mit einem Erneuerungsgrad von gegenwärtig etwa 21 % erzielt werden. Er muß, um das in Wissenschaft und Technik steckende Effektivitätspotential vollständiger ausschöpfen zu können, weiter gesteigert werden, was fortgeschrittenen internationalen Entwicklungstendenzen entspricht.

Ein anhaltend hohes Tempo der Erneuerung der Erzeugnisse ist ein untrennbarer Bestandteil der ökonomischen Verwertung moderner Wissenschaft und Technik – und das aus zwei Gründen: Einmal, weil Forschung, Entwicklung und technologische Umsetzung in kürzeren Zeitabständen neue bzw. weiterentwickelte Erzeugnislösungen hervorbringen, wovon die Bedürfnis- und Bedarfsentwicklung bei den potentiellen Anwendern maßgeblich beeinflußt wird.

Neue bzw. weiterentwickelte Erzeugnisse mit höheren technisch-ökonomischen Leistungsparametern, die in kürzeren Zeitabständen auf den Markt gelangen, verringern in der Tendenz zugleich die ökonomische Lebenszeit bereits auf dem Markt befindlicher Erzeugnisse gleicher Verwendung. An Intensität zunehmender moralischer Verschleiß – eine zwangsläufige Folge der Beschleunigung des wissenschaftlich-technischen Fortschritts – wirkt über die Erhöhung des Erneuerungsgrades des Produktionssortiments in Richtung auf eine in Breite und Tiefe zunehmende Verminderung des gesellschaftlichen Gebrauchswertes aller Erzeugnisse. Davon ist auch der gesellschaftliche Nutzen, wie überhaupt der gesellschaftliche Reichtum, soweit er durch veraltete Erzeugnisse stofflich repräsentiert wird, betroffen.

Mit der Verminderung dieses Teils des gesellschaftlichen Gebrauchswertes geht zugleich eine Minderung ihres Wertes einher. Angesichts wachsender internationaler Maßstäbe der Produktivkraftentwicklung wird auch der in den einzelnen Volkswirtschaften zunächst für sich traditionell gewachsene und (in den Aussonderungsquoten und Abschreibungsarten) praktisch regulierte moralische Verschleiß immer mehr internationalisiert. Dieser objektiven Tendenz ist nur mit einer Erzeugniserneuerung erfolgreich zu begegnen. Sie darf sich jedoch nicht nur punktuell vollziehen und selektiv auf einen Anwenderbereich beschränken. Erzeugniserneuerungen müssen im Hinblick auf ihre Leistungsparameter (Gebrauchswertmerkmale) bei den Anwendern sowohl durchgreifende Verbesserungen (Erneuerungsgrad) aufweisen als auch in kürzeren Zeiträumen (Ausbreitungsgeschwindigkeit) ein größeres Anwendungsfeld (Anwendungsbreite) erreichen.

Zum anderen erweist sich ein anhaltend hohes Tempo der Erzeugniserneuerung deshalb als unerläßlich, um die arbeitszeitsparende und die ressourcensparende Variante der Intensivierung in volkswirtschaftlichen Maßstäben dauerhaft und unumkehrbar miteinander zu kombinieren.

Bei unverändertem Erzeugnissortiment ist das Einsparungspotential an Energie und Material sogar bei beträchtlichen technologischen Veränderungen begrenzt und in relativ kurzen Zeiträumen aufgebraucht. Um dauerhafte Steigerungsraten der Arbeitsproduktivität mit der relativen und absoluten Senkung des Energie- und Materialverbrauchs zu kombinieren und dabei *gleichzeitig* die Grundfondseffektivität zu verbessern, ist es notwendig, das Erzeugnissortiment anhaltend zu erneuern.

In der Erneuerung des Erzeugnissortiments liegt die durch nichts zu ersetzende Möglichkeit, mit weniger Aufwand an lebendiger und vergegenständlichter Arbeit Erzeugnisse herzustellen, die vom Standpunkt ihrer Gebrauchswertmerkmale imstande sind, auf einem höheren Niveau entweder bereits bestehenden Bedürfnissen zu entsprechen oder neue Bedürfnisse erstmals überhaupt befriedigen zu können. Vom Standpunkt der sozialistischen Gesellschaft handelt es sich dabei stets um eine Verbesserung des Aufwand-Ergebnis-Verhältnisses, d. h. um einen Effektivitätszuwachs.

Die Erzeugniserneuerung als eine an Bedeutung zunehmende Seite der ökonomischen Verwertung von Wissenschaft und Technik dynamisiert vor allem den Anwendernutzen, und zwar in Abhängigkeit von ihrer Tiefe und Ausbreitungsgeschwindigkeit. Gerade die verstärkte Dynamisierung des Anwendernutzens und ihre wachsende Rolle bei der Verbesserung des volkswirtschaftlichen Verhältnisses von Aufwand und Ergebnis reflektiert neue Effektivitätsquellen.

Dieses aus Wissenschaft und Technik resultierende Effektivitätspotential kann nur dann erschlossen und real genutzt werden, wenn die Erzeugniserneuerung mit der Erneuerung der Technologien einhergeht. Anhaltende Aufwandssenkung erfordert schließlich eine beschleunigte Erzeugnisentwicklung, die mit progressiven Veränderungen ihrer technologischen Grundlagen in der Forschung und Entwicklung, der Fertigung, des Absatzes und nach Möglichkeit auch mit der künftigen Wiederverwendung als Sekundärrohstoff abgestimmt sind. Deshalb wäre es falsch, die Erzeugniserneuerung und die ständige Aufwandssenkung schematisch einander gegenüberzustellen oder gar davon auszugehen, daß die eine gegenüber der anderen Komponente des Ergebnis-Aufwand-Verhältnisses dominiert. Ebenso wie die Verbesserung des Erneuerungsgrades der Produktion (der Erzeugnisse und ihrer technologischen Grundlagen) für einen stabilen Effektivitätszuwachs unerläßlich ist, so trifft das ohne Einschränkung auch für die anhaltende Senkung des Aufwandes zu.

Hierbei spielt die Aufwandssenkung eine Doppelrolle. Zunächst ist die Aufwandssenkung bei der Erzeugniserneuerung (oder anders ausgedrückt: die schnellere Erhöhung der technisch-ökonomischen Leistungsparameter eines neuen Erzeugnisses gegenüber der Aufwandsentwicklung) eine wesentliche Voraussetzung für die Realisierung des Herstellernutzens. Eine durchgreifende Aufwandssenkung beim Hersteller durch technologische Veränderungen erweist sich aber auch deshalb als notwendig, weil die dadurch erzielten Einsparungen an Arbeitszeit und materiellen Ressourcen für die rasche Erweiterung der Produktion neuer Erzeugnisse genutzt werden können. Anwendungsbreite und Ausbreitungsgeschwindigkeit der Erzeugniserneuerung sind in erster Linie davon abhängig, in welchem Zeitraum entsprechende Stückzahlen bei neuen Erzeugnissen erreicht werden und nach Erfüllung der Exportverpflichtungen für die Deckung des produktiven Inlandsbedarfs real zur Verfügung stehen.

Außerdem erweisen sich nicht nur beim Hersteller, sondern auch beim Anwender neuer Technik technologische Erneuerungen ebenso als unerläßlich wie die Nutzung neuer Erzeugnisse selbst. Oft ist die produktive Nutzung neuer Erzeugnisse ohne technologische Veränderungen beim Anwender überhaupt nicht möglich. Erzeugnis- *und* Technologieerneuerung beim Hersteller *und* beim Anwender vermehren das in der Produktionserneuerung steckende Effektivitätspotential.

1.1.3. Zur Entwicklung des sozialökonomischen Inhalts der Effektivität

Mitunter werden Unzulänglichkeiten in der Erfassung der sozialökonomischen Komplexität der Effektivität auf Schwierigkeiten des Messens zurückgeführt. Ohne Zweifel spielt die Kommensurabilität der Effektivität keine untergeordnete Rolle, und das um so weniger, da nur über die Messung der Effektivität der gesellschaftlichen Produktion und Reproduktion der jeweils erreichte qualitative und quantitative Realisierungsgrad des ökonomischen Grundgesetzes des Sozialismus, wie überhaupt der Wirkungs- und Ausnutzungsbedingungen der ökonomischen Gesetze des Sozialismus (einschließlich des Gesetzes der Ökonomie der Zeit) bewertet werden kann.

Das dialektische Verhältnis von Ziel und Mitteln der Produktion umfaßt in jeder Etappe wissenschaftlich-technische, ökonomische, soziale und politische Dimensionen, die ohnehin von einem *ein*dimensionalen Verhältnis von Ergebnis und Aufwand nicht zu erfassen sind. Ein spezifisches Merkmal der entwickelten sozialistischen Gesellschaft besteht gerade in ihrer bedeutend zunehmenden Komplexität aller gesellschaftlichen Bereiche, was bedeutet, „die Vorzüge und Triebkräfte, alle Seiten und Bereiche des gesellschaftlichen Lebens, die Produktivkräfte und Produktionsverhältnisse, die sozialen und politischen Beziehungen, die Wissenschaft und das Bildungswesen, die sozialistische Ideologie und Kultur, die Gesamtheit der Arbeits- und Lebensbedingungen sowie die Landesverteidigung planmäßig auf hohem Niveau zu entwickeln“[9].

Schon aus dieser zunehmenden Komplexität resultieren einige Schwierigkeiten des Messens der Effektivität und des ökonomischen Bewertens.[10] Darin liegt jedoch nicht das eigentliche Problem. Es besteht vielmehr darin, das Ergebnis-Aufwand-Verhältnis in Übereinstimmung mit den ökonomischen und sozialen Entwicklungsbedingungen der Gesellschaft zu vervollkommnen. Die sozialökonomische Ausgestaltung der Effektivität der Produktion und Reproduktion erweist sich als jener gesellschaftliche Vorgang, bei dem Ergebnis und

[9] IX. Parteitag der SED. Programm der SED, Berlin 1976, S. 19.

[10] Die sozialistische Gesellschaft verfügt mit der Planung der Volkswirtschaft über Möglichkeiten, auch dort soziale Aspekte der Effektivität zu berücksichtigen, wo sie aus verschiedenen Gründen nicht oder noch nicht durch das bloße Aufwand-Ergebnis-Verhältnis in Teilbereichen (Wirtschaftseinheiten) berücksichtigt werden können.

Aufwand und deren Beziehungen zueinander mit den veränderten Wirkungs- und Ausnutzungsbedingungen der ökonomischen Gesetze durch die sozialistische Gesellschaft in Übereinstimmung gebracht werden. Sie ist ein Teil dieser Ausnutzungsbedingungen selbst. Jede Entwicklungsetappe des Sozialismus prägt den spezifischen sozialökonomischen Inhalt der Katagorie der Effektivität.

Was die Ergebnisseite im volkswirtschaftlichen Maßstab betrifft, so ist darin stets die gesellschaftliche Anerkennung der Bedürfnisse und damit gleichzeitig die Entscheidung der sozialistischen Gesellschaft darüber eingeschlossen, in welcher Höhe bestimmte Ressourcen für die Befriedigung dieser Bedürfnisse aufgewandt werden. Diese Entscheidung schließt jedoch eine andere, vielfach in der Literatur wenig beachtete ein, nämlich jene, für welchen Zeitraum Ressourcen für die Befriedigung bestimmter Bedürfnisse gebunden und für den Einsatz in anderen Bedürfnisbereichen daher nicht verfügbar sind. *Das heißt, die gesellschaftliche Anerkennung von Bedürfnissen hat eine Rang- und Reihenfolge in ihrer Befriedigung zum Inhalt, die zugleich für andere Bedürfnisse einen Verzicht darstellt.* Dieser Verzicht ist, bedingt durch die Kontinuität in der Entwicklung der Bedürfnisse, meist mit einem zeitlichen Hinausschieben ihrer gesellschaftlichen Anerkennung gleichbedeutend. Bis dahin müssen zunächst die erforderlichen materiellen Bedingungen der Aufwandssenkung geschaffen werden, die die sozialistische Gesellschaft in die Lage versetzen, Ressourcen zugunsten der Befriedigung dieser Beürfnisse umzuverteilen.

Die gesellschaftliche Anerkennung von Bedürfnissen vollzieht sich in Veränderungen ökonomischer und sozialer Effekte im Rahmen des Ergebnis-Aufwand-Verhältnisses. Sie äußert sich vor allem in strukturellen Verschiebungen der Produktions- und Reproduktionsergebnisse. Nach Marx verlaufen sie in einem ständigen Nach- und Nebeneinander folgender Kreisläufe: „Erstens: quantitative Erweiterung der bestehenden Konsumtion, zweitens: Schaffen neuer Bedürfnisse dadurch, daß vorhandne in einem größren Kreis propagiert werden, *drittens:* Produktion *neuer* Bedürfnisse und Entdeckung und Schöpfung neuer Gebrauchswerte.“[11]

Der wachsende Grad der Befriedigung bereits vorhandener Bedürfnisse sowie die gesellschaftliche Anerkennung neu sich herausbildender Bedürfnisse haben bei der weiteren Gestaltung der entwickelten

[11] K. Marx, Grundrisse der Kritik der politischen Ökonomie, a. a. O., S. 312.

sozialistischen Gesellschaft zunehmende Komplexität und einen veränderten Zeithorizont in der Ausgestaltung der volkswirtschaftlichen Effektivitätsrelation zur Folge.

Eine spezielle Variante wachsender Komplexität des sozialökonomischen Inhalts der Effekte besteht in der zunehmenden Berücksichtigung sozialer Wirkungen. Mitunter wird die Einbeziehung sozialer Wirkungen in Effektivitätsmessungen auch als „soziale Effektivität" oder gar als „sozialer Tribut" an die ökonomische Effektivität bezeichnet. Alles das läßt offensichtlich auf die Absicht der Autoren schließen, streng zwischen ökonomischer und sozialer Effektivität zu unterscheiden. Für kurzfristige, punktuelle Effektivitätsmessungen mag dieses Vorgehen noch gerechtfertigt sein; für Untersuchungen zur politökonomischen Kategorie der Effektivität hingegen keineswegs.

Gelegentlich wird hervorgehoben, daß die ökonomische Effektivität Grundlage und Voraussetzung der sozialen Effektivität sei. Auch das ist eine vereinfachende, weil einseitige Darstellung. Allen diesen Auffassungen ist letzten Endes gemeinsam, daß sie faktisch sozialen Errungenschaften (wie beispielsweise der Verwirklichung des Rechts auf Arbeit, der ständigen Verbesserung der Arbeitsbedingungen, dem wachsenden Bildungsniveau der Werktätigen, der Förderung der Jugend während ihrer Ausbildung, dem Gesundheitsschutz und der Senkung des Krankenstandes usw.) in der Zielrealisierung der Produktion den Platz eines Restpostens zuweisen würden. Ohne Zweifel ist die Verwirklichung sozialer Errungenschaften stets das Ergebnis wachsender Effektivität der gesellschaftlichen Produktion und Reproduktion. *Doch zugleich erweisen sich die sozialen Errungenschaften als wichtige und an Bedeutung zunehmende Bedingung für die Steigerung der Arbeitsproduktivität und für ein kontinuierliches, hohes Wachstum des Nationaleinkommens selbst.* Bei einem einseitigen Herangehen an die ökonomischen und sozialen Aspekte der Effektivität würde die sozialistische Gesellschaft faktisch auf die rückkoppelnden Wirkungen sozialer Errungenschaften auf die Steigerung der Effektivität verzichten.

Von der Anerkennung dieser rückkoppelnden Wirkung durch die Gesellschaft werden nicht nur der Effekt und der Aufwand für sich genommen berührt, sondern gerade das *sachliche und zeitliche* Verhältnis dieser beiden Bezugspaare der Effektivität selbst.

Effekte sind auf das engste mit dem Grad der Befriedigung der Bedürfnisse der sozialistischen Gesellschaft verbunden. Das macht den objektiven Zusammenhang von Zielrealisierung und Niveau und Dynamik der Effektivität deutlich. Weder eine Trennung des Ziels der sozialistischen Produktion von ihrer Effektivität noch eine bloße Identifizierung des Ziels der sozialistischen Produktion mit der Effektivität entspricht diesem objektiven Zusammenhang.

Gerade dieser Aspekt hat eine besonders praktische Bedeutung, wenn auf volkswirtschaftlicher, mehr noch aber auf der Ebene der Wirtschaftseinheiten (Kombinate, Betriebe) das Erzeugnissortiment in kürzeren Zeiträumen umschlägt. In diesem Fall ist das Ergebnis erheblichen Veränderungen unterworfen, d. h., daß die Grundlage sich erheblich verändert, worauf sich der Aufwand bezieht und durch deren Bezug er überhaupt erst seinen sozialökonomischen Sinn erhält. Wird dieser objektive Vorgang in der Leistungsbewertung der Wirtschaftseinheiten nicht oder nur ungenügend berücksichtigt, können ökonomische Verhaltensweisen gefördert werden, die nicht auf eine zügige Erneuerung des Erzeugnissortiments in Übereinstimmung mit dem Bedarf im Inland und auf den Außenmärkten gerichtet sind. Vielmehr wird das Verharren auf veralteten Erzeugnisstrukturen um den Preis scheinbar kurzfristiger Effektivitätserhöhung begünstigt, die aber für die sozialistische Gesellschaft keine reale Effektivitätserhöhung darstellen, obwohl sie zeitweilig auf der Ebene der Wirtschaftseinheiten als solche ausgewiesen werden können.

Veränderungen im sozialökonomischen Inhalt der Effektivität erstrecken sich nicht allein auf das Ergebnis, sondern ebenso auf den Aufwand. Hierbei gehen die stärksten Impulse von den Erfordernissen der weiteren Vertiefung des intensiven Typs der erweiterten sozialistischen Reproduktion aus

Werden Effektivitätserhöhungen bei vorwiegend extensiver Reproduktion vor allem durch *zusätzlichen* Ressourceneinsatz eingeleitet, so werden sie bei vorwiegend intensiver Reproduktion gerade durch die effektivere Nutzung der bereits im ökonomischen Kreislauf fungierenden Ressourcen getragen. Zusätzlicher Einsatz von Ressourcen in bestimmten Bereichen der Reproduktion wird nunmehr vor allem durch ihre vorangegangene Freisetzung in anderen Bereichen möglich. Bezogen auf den sozialökonomischen Inhalt des Aufwandes bedeutet das, daß bei der gesellschaftlichen Bewertung in stärkerem Maße die bereits eingesetzten Ressourcen (Ausstattungsgrad) und ihre Nutzung, statt allein ihr Zuwachs berücksichtigt werden müssen.

Hiervon werden insbesondere die Aufwandskennziffern der Wirtschaftseinheiten betroffen. Neben der Berücksichtigung des Einsatzes von bereits fungierenden Grundfonds wird nunmehr auch die Anerkennung gesellschaftlicher Aufwendungen für die Reproduktion der Arbeitskräfte über die Lohnkosten hinaus als Aufwand der Wirtschaftseinheiten ein aktuelles Erfordernis. Die bis dahin tatsächlich auftretende „Unterbewertung“ der lebendigen Arbeit, verglichen zu ihrem vollständigen Reproduktionsaufwand im gesellschaftlichen Maßstab wurde durch den Beitrag für gesellschaftliche Fonds unterbunden. Gleichzeitg wurden bessere Bedingungen für den Ausweis des gesellschaftlichen Aufwandes für die Einsparung einer Arbeitskraft durch neue Technik geschaffen. Der in Geld ausgedrückte Aufwand an Energie, Rohstoffen und Material erhält sowohl bei volkswirtschaftlichen als auch bei betriebswirtschaftlichen Effektivitätsmessungen und -bewertungen ebenfalls mehr Gewicht. Ein Charakteristikum besteht darin, daß angesichts wachsender volkswirtschaftlicher Verflechtungen die sozialistische Gesellschaft in ihrem entwickelten Stadium dazu übergeht, die vollen Aufwendungen (bezogen auf das Endprodukt der Volkswirtschaft) immer vollständiger zu erfassen und zu bewerten. Das ist notwendig, da die Ergebnis-Aufwand-Relationen nur noch selten in einem Industrie- bzw. Wirtschaftszweig enden. Sie entfalten sich in immer größeren Komplexen, an denen mehrere Industrie- und Wirtschaftszweige einschließlich nichtproduzierender Bereiche beteiligt sind.

Veränderungen im sozialökonomischen Inhalt des Aufwandes werden auch durch die zunehmende Berücksichtigung von Aufwendungen außerhalb der Produktion verursacht. Sie entstehen vorwiegend im Bereich der Konsumtion und treten nicht in ihrem Geldausdruck als Kosten auf, wenngleich sie für die sozialistische Gesellschaft Aufwendungen darstellen. Dazu gehört beispielsweise der Zeitaufwand für die Führung der individuellen Haushalte, das qualitative Niveau der Gesundheitsbetreuung usw. Die gesellschaftliche Anerkennung derartiger Aufwendungen in Effektivitätsbewertungen wird immer wichtiger, weil sie im Maße der ökonomischen Möglichkeiten für die entwickelte sozialistische Gesellschaft zunehmend charakteristisch sind.

Praktischer Ausdruck der Anerkennung durch die sozialistische Gesellschaft ist die Ausarbeitung und verbindliche Bestätigung sogenannter sozialer Normative, wie sie den Effektivitätsmessungen und Planungsvarianten besonders im Investitionsbereich zugrunde gelegt werden.[12] Eine spezielle Variante dieser Aufwendungen sind

[12] Vgl. Autorenkollektiv, Die Wirtschaft des entwickelten Sozialismus, Berlin 1979, S. 399ff.

die für den Umweltschutz, d. h. für die Reproduktion natürlicher Bedingungen und Ressourcen. Sie gewinnen in der entwickelten sozialistischen Gesellschaft deshalb an Bedeutung, weil einmal die Beziehungen zwischen Gesellschaft und Natur infolge der Errungenschaften von Wissenschaft und Technik intensiver werden und zum anderen sich die ökonomischen Möglichkeiten zur Nutzung und Erhaltung der natürlichen Ressourcen erweitern. Gerade durch Intensivierung des sozialistischen Reproduktionsprozesses wird es im gestiegenen Maße zugleich möglich und erforderlich, die Bildung und Erhaltung der Natur aktiv zu beeinflussen, indem geschlossene Stoffkreisläufe geschaffen werden, die vielfältigere Nutzungsmöglichkeiten sowohl der Rohstoffe im Stufenprozeß der gesellschaftlichen Produktion als auch der Verwertung von Exkrementen der Produktion und Konsumtion für eine bessere Bedürfnisbefriedigung einschließen. Diese Aufwendungen haben bekanntlich nicht nur ökonomischen (direkt produktiven), sondern auch sozialen Charakter.

Heute schon übertrifft der Wertumfang von Einsparungen an Energie bzw. Rohstoffen (auch durch Wiederverwendung als Sekundärenergie und -rohstoffe) den einmaligen Aufwand für die Extraktion äquivalenter zusätzlicher Primärenergie bzw. Rohstoffmengen. Zugleich wächst der Anteil an den Investitionen bei bestimmten Produktionen (vor allem in der Grundstoffindustrie), die ausschließlich entweder der Beseitigung von bereits eingetretenen Umweltschäden oder dem vorbeugenden Umweltschutz dienen. Diese Zweige sind in der Regel überdurchschnittlich investitionsintensiv. Solche Aufwendungen allein mit Kriterien der Produktionseffektivität zu bewerten, würde bedeuten, deren beträchtliche soziale Wirkungen zu negieren, die sie beispielsweise auf den Gesundheitszustand der Menschen der gegenwärtigen und künftigen Generationen, auf die Reproduzierbarkeit der Natur als bedeutsame Ressourcenquelle und Stätte der Erholung und Lebensfreude ausüben. Die zunehmende Berücksichtigung sozialer Wirkungen von Reproduktionsaufwendungen für natürliche Ressourcen, die auf Normativen (höchstzulässige Schadstoffemissionen, Grad der Verunreinigung des Wassers usw.) beruhen, negiert keinesfalls die wachsende Bedeutung ihrer ökonomischen Wirksamkeit. Deshalb geht es darum, innerhalb der Investitionen für die Reproduktion der Naturressourcen optimale Relationen zwischen denen herzustellen, die einerseits dem Umweltschutz und andererseits der rationelleren Nutzung der Naturressourcen selbst dienen.

Normative des Umweltschutzes können nicht allein von dem technisch möglichen Standard ausgehen, gewissermaßen den „absoluten Reinheitsgrad" der Natur ohne Rücksicht auf die ökonomischen Möglichkeiten anstreben. Ein derartiges Herangehen würde zu einer Verlangsamung des ökonomischen Wachstumstempos durch die Verschlechterung der Kennziffern der Produktionseffektivität führen. Eine sorgfältige Berücksichtigung sowohl der ökonomischen als auch der sozialen Wirkungen von Aufwendungen für die Reproduktion der Naturressourcen ist deshalb für die Bestimmung der effektivsten Variante notwendig. Auf diese Weise werden die nichtantagonistischen Widersprüche in den Beziehungen zwischen Produktion und Natur, zwischen Effektivität und Ökologie immer wieder erneut und auf einem immer höheren sozialökonomischen Niveau gelöst.

Da die Bildung, der Schutz natürlicher Umweltbedingungen, die Arbeit einschließlich der Verbesserung ihrer Bedingungen zum Bedürfnissystem der sozialistischen Gesellschaft gehören und ihre Befriedigung im Gesamtsystem der Bedürfnisse einen immer höheren Rang einnehmen, erfordern sie gesellschaftlich notwendigen Aufwand. Höhere Bildung, progressive Arbeitsinhalte, die Eindämmung und Vermeidung von Schadstoffeinwirkungen auf natürliche Arbeits- und Lebensbedingungen der Menschen wie überhaupt alle sozialen Errungenschaften stellen Bedürfnisbefriedigung *und* Mittelaufwand dar, wenngleich Ergebnis und Aufwand dabei in zeitlicher Hinsicht zum Teil erheblich auseinanderfallen können. Sie berühren vor allem die Dialektik von Gegenwarts- und Zukunftsinteressen. Eine grundlegende Aufgabe der sozialistischen Gesellschaft besteht darin, die Faktoren der erweiterten sozialistischen Reproduktion in einer solchen Weise zu gestalten, daß sich lang- und kurzfristig wirkende Bedingungen der Effektivitätsentwicklung in optimaler Weise ergänzen.

Die langfristig wirkenden Bedingungen sind mit den ökonomischen Interessen der sozialistischen Gesellschaft an einem stabilen Effektivitätszuwachs auf das engste verbunden. Denn nur ein stabiler, über längere Zeiträume sich erstreckender Effektivitätszuwachs ist Bedingung für die Schaffung immer neuer ökonomischer Spielräume, um die grundlegenden sozialökonomischen Programme (z. B. Wohnungsbauprogramm) zu realisieren und um Ressourcenverteilungen vornehmen zu können.

Die vollständige Ausnutzung kurzfristig wirkender Effektivitätsbedingungen ist deswegen aber nicht von geringerem Wert. Sie berührt zumindest in zweifacher Hinsicht grundlegende Interessen der sozialistischen Gesellschaft. Einmal ist die vollständige Nutzung kurzfristig wirkender Effektivitätsbedingungen in spezifischer Weise Teil langfristig wirkender Effektivitätsbedingungen. So betrachtet erspart die vollständige Nutzung kurzfristig wirkender Effektivitätsbedingungen, für die gewöhnlich keine längerfristigen Ressourcenbindungen durch Fondsvorschuß nötig sind, der Gesellschaft Einbußen an Effektivität bei der Realisierung langfristiger Strategien. Zum anderen sind von der vollständigen Nutzung kurzfristig wirkender Effektivitätsbedingungen grundlegende Gegenwartsinteressen der Gesellschaft berührt, die wiederum mit der Funktionsweise des Leistungsprinzips wie überhaupt mit der Wirkungsweise verschiedener sozialer Triebkräfte zusammenhängen. In dieser oder jener Weise sind sie mit den persönlichen materiellen Interessen und dem Grad der materiellen Interessiertheit verbunden. Als Quelle für die Realisierung dieser Interessen und ihrer Reproduktion erweist sich aber stets ein stabiler Effektivitätszuwachs in Gegenwart und Zukunft.

1.2. Methodologische Fragen der Effektivität in der sozialistischen Wirtschaft

Die Steigerung der Effektivität gehört zu den wichtigsten Gesetzmäßigkeiten der Entwicklung der sozialistischen Gesellschaft. Sie ist die Grundlage für die Verwirklichung der Wirtschaftsstrategie in der UdSSR und in den anderen sozialistischen Bruderländern, d. h. für grundlegende soziale und ökonomische Veränderungen bei der Gestaltung der entwickelten sozialistischen Gesellschaft, ihrer Vervollkommnung und dem allmählichen Übergang zum Kommunismus.

1.2.1. Effekte – Aufwendungen – Effektivität

Die Effektivität – als Kategorie der politischen Ökonomie des Sozialismus – wird durch ökonomische, soziale und sozialökonomische Seiten bestimmt.[13]

[13] Gegenwärtig befindet sich die Theorie über die Effektivität im Sozialismus mit diesen drei genannten Seiten noch im Prozeß der Ausarbeitung.

In der *ökonomischen Effektivität* kommt zum Ausdruck, wie die produktive Sphäre wirksam geworden ist, bezogen auf die Prozesse der Produktion, der Verteilung und Zirkulation. Dabei geht es um maximale Produktionsergebnisse, verglichen mit der Gesamtheit von Ressourcen.

An die Beurteilung der Fortschritte in der sozialistischen Gesellschaft muß jedoch gleichfalls vom Standpunkt der *sozialökonomischen Effektivität* aus herangegangen werden. Diese ist grundsätzlich mehrdimensional. Hierbei kann nicht wie bei der ökonomischen Effektivität undifferenziert das physische Volumen des Nationaleinkommens als Effekt zugrunde gelegt werden. Bei der sozialökonomischen Effektivität geht es um Produktionsergebnisse, die wissenschaftlich begründeten Verbrauchsnormen entsprechen, der sozialistischen Lebensweise der Werktätigen dienen und in Übereinstimmung mit technischen Normen stehen, die durch den internationalen wissenschaftlich-technischen Höchststand und die strategischen Zielstellungen für die Entwicklung der Produktivkräfte und Produktionsverhältnisse bestimmt sind.

Die *soziale Effektivität* bezieht sich demgegenüber auf die Wirksamkeit der nichtproduktiven Sphäre. In ihr kommen insbesondere die Herausbildung der sozialistischen Lebensweise, die Entwicklung des schöpferischen Charakters der Arbeit und ihr allmähliches Fortschreiten zur kommunistischen Arbeit, die rationelle Verwendung der Freizeit in Richtung der allseitigen und freien Entfaltung der Persönlichkeit zum Ausdruck. In der Hauptsache betrifft es Kennziffern, welche die Ergebnisse (Effekte) der betreffenden nichtproduktiven Arbeit mit den dafür notwendigen Aufwendungen vergleichen. Kriterium der sozialen Effektivität ist also der Grad der Befriedigung von geistig-kulturellen und sozialen Bedürfnissen der Werktätigen im Verhältnis zu den dafür eingesetzten Ressourcen.

Beim Kriterium der sozialökonomischen Effektivität hingegen werden höchstmögliche ökonomische *und* soziale Ergebnisse, bezogen auf die Gesamtheit der Ressourcen, angestrebt. Das bedeutet, daß auch die natural-stoffliche Struktur der Ressourcen sowie Begrenzungen ihrer Entwicklung berücksichtigt werden müssen, die durch soziale, demografische, ökologische und politische Faktoren bedingt sind. Charakteristisch für den Prozeß der Effektivitätssteigerung ist, daß sie planmäßig erfolgt und durch das Gesamtsystem der sozialistischen Produktionsverhältnisse, in erster Linie das ökonomische Grundgesetz, bestimmt wird. Sie ist eine objektive Gesetzmäßigkeit des

Sozialismus. Nur durch Effektivitätssteigerung kann der Sozialismus die wachsenden materiellen und geistig-kulturellen Bedürfnisse der Gesellschaft befriedigen und seine Überlegenheit gegenüber der kapitalistischen Produktionsweise nachweisen.

Bereits die Klassiker des Marxismus-Leninismus betonten die grundlegende Funktion der Effektivitätssteigerung für die Entwicklung der sozialistischen Produktion, für die Durchsetzung der Planmäßigkeit. Das kommt besonders deutlich im Erfordernis nach Ökonomie der Zeit zum Ausdruck (vgl. S. 3).

Engels bemerkte – ohne auf Einzelheiten in der Wirtschaftsorganisation der sozialistischen Gesellschaft einzugehen –, daß in ihr unbedingt im voraus bestimmt werden muß, „wieviel Arbeit jeder Gebrauchsgegenstand zu seiner Herstellung bedarf. Sie wird den Produktionsplan einzurichten haben nach den Produktionsmitteln, wozu besonders auch die Arbeitskräfte gehören. Die Nutzeffekte der verschiednen Gebrauchsgegenstände, abgewogen untereinander und gegenüber den zu ihrer Herstellung nötigen Arbeitsmengen, werden den Plan schließlich bestimmen."[14]

Lenin wies mehrfach auf die Notwendigkeit hin, in den Plänen das Prinzip der Wirtschaftlichkeit zu realisieren. Er betonte, daß nur dann das ökonomische Fundament des Sozialismus geschaffen werden kann, wenn wir es lernen, die Ressourcen rationell zu nutzen.

Die wirtschaftswissenschaftlichen Untersuchungen der letzten Jahre in der UdSSR und den anderen sozialistischen Bruderländern haben dazu beigetragen, die ökonomische Effektivität im Sozialismus klarer zu bestimmen.

Die Auffassungen stimmen weitgehend darin überein, daß das *Ergebnis* der gesellschaftlichen Produktion zum Ausdruck kommt in dem für die Konsumtion und Akkumulation produzierten physischen Volumen materieller Gebrauchswerte. Seine Struktur wird durch die sich ständig weiterentwickelnden Bedürfnisse der Menschen und der sozialistischen Ordnung insgesamt bestimmt. Dabei ist die Qualität der materiellen Gebrauchswerte von wachsendem Einfluß. *Um dem Rechnung zu tragen, sollten die Preise nicht nur durch die Gesamtsumme der gesellschaftlich notwendigen Arbeitsaufwendungen in der Produktion gebildet werden, sondern auch vom tatsächlichen Bedarf der Konsumenten ausgehen, d. h. die Anerkennung der Qualität von seiten der*

[14] F. Engels, Herrn Eugen Dührings Umwälzung der Wissenschaft (Anti-Dühring), in: MEW, Bd. 20, Berlin 1962, S. 288.

Konsumenten einschließen. Für die sozialistische Wirtschaft ist es unerläßlich, Erzeugnisse mit den am besten geeigneten Gebrauchseigenschaften herzustellen, denn diese sind für die Werktätigen selbst bestimmt, für die Befriedigung ihrer gegenwärtigen und zukünftigen Bedürfnisse. Bei der Bestimmung der Struktur und Qualität der materiellen Gebrauchswerte ist deshalb von den strategischen Zielen der sozialistischen Gesellschaft auszugehen. Diese sind von grundlegender Bedeutung für die Bewertung der Produktionsergebnisse, ihres gesellschaftlichen Gebrauchswerts.

Die *Aufwendungen* werden gebildet durch das Gesamtvolumen der von der Gesellschaft verausgabten lebendigen und vergegenständlichten Arbeit, das notwendig ist, um den entsprechenden sozialökonomischen und ökonomischen Effekt zu erzielen. Im Geldausdruck treten sie in zwei unterschiedlichen Formen auf – als laufende Aufwendungen und als vorgeschossene Fonds. Die vorgeschossenen Fonds sind eine Form der Aufwendungen, die über eine Reihe von Reproduktionszyklen hinweg vorhanden sein müssen. damit überhaupt gesellschaftliche Gebrauchswerte produziert werden können. In den vorgeschossenen Grundfonds verkörpert sich ihr Gesamtbestand, der während des jährlichen Reproduktionszyklus für die Produktion des gesellschaftlichen Gesamtprodukts genutzt wird. Die vorgeschossenen Umlauffonds schlagen aber im Laufe eines Jahres mehrfach um; ihre jährlichen laufenden Aufwendungen sind also wesentlich höher als ihr Bestand.

Insgesamt werden die laufenden Aufwendungen im Geldausdruck durch die Summe der Reproduktionsaufwendungen für die in der materiellen Produktion beschäftigten Arbeitskräfte sowie die im Verlaufe des Jahres verbrauchten Produktionsmittel bestimmt. Bekanntlich steht vor der Effektivitätsrechnung die Frage, *wie vorgeschossene Fonds und laufende Aufwendungen zu einer Gesamtaussage zusammengefaßt werden können.* Als Lösungsansätze wurden u. a. vorgeschlagen: die direkte Addition von laufenden Aufwendungen und vorgeschossenen Fonds; der quantitative Ausweis der Fonds in den damit einzusparenden Ressourcen; die Zusammenfassung von laufenden Aufwendungen und vorgeschossenen Fonds durch Gewichtskoeffizienten; die Vergleichbarmachung von laufenden Aufwendungen, vorgeschossenen Fonds sowie Investitionen mittels „Reduktionskosten“. Alle vorgeschlagenen Methoden widerspiegeln jeweils spezifische Seiten bei der Bewegung der Ressourcen im Reproduktionsprozeß (entweder statisch oder dynamisch); ihre praktische Bedeutung für die Planung und Abrechnung der Aufwendungen bezieht sich deshalb immer auf ganz bestimmte Gebiete. Soweit es die Umlauffonds betrifft, sollte bei der Effektivitätsbestimmung für die Volkswirtschaft insgesamt ihr tatsächlicher laufender Verbrauch einbezogen werden. Demgegenüber ist es auf der Ebene der Vereinigungen und Betriebe richtiger, die vorgeschossenen Umlauffonds zugrunde zu legen, weil in ihnen mit zum Ausdruck kommt, welche Mittel vom Staat zur Nutzung übergeben wurden.

Gegenwärtig muß eingeschätzt werden, daß die Gesetzmäßigkeit der Effektivitätssteigerung im Sozialismus noch ungenügend untersucht worden ist. Intensivierung bedeutet aber, die Erfordernisse dieser Gesetzmäßigkeit wesentlich stärker in die Praxis umzusetzen, insbesondere in den Methoden der Planung und Preisbildung, den Formen der Arbeitsentlohnung, Finanzierung und Kreditierung, in der wirtschaftlichen Rechnungsführung. Das heißt, daß die gesetzmäßigen Erfordernisse der Effektivitätssteigerung zum unmittelbaren Bestandteil der Leitung, Planung und wirtschaftlichen Rechnungsführung werden müssen. Gleichzeitig gehört aber deren weitere Vervollkommnung zu den wichtigsten Bedingungen für einen hohen volkswirtschaftlichen Effektivitätszuwachs. Die Wirtschaftswissenschaft trägt eine große Verantwortung, begründete Empfehlungen für die Bestimmung der Effektivität zu geben und auf der Grundlage des Marxismus-Leninismus die Erfahrungen beim sozialistischen Aufbau in der UdSSR und den anderen sozialistischen Bruderländern zu verallgemeinern. Aus den Erfordernissen der Effektivitätssteigerung durch Intensivierung ergeben sich in immer stärkerem Maße Konsequenzen für die Vervollkommnung der Leitung, Planung und wirtschaftlichen Rechnungsführung. Ausgehend von den Beschlüssen des XXVI. Parteitages und den letzten Plenartagungen des ZK der KPdSU werden deshalb in der UdSSR in einigen Zweigen und Gebieten in breitem Maßstab entsprechende Experimente durchgeführt.

Ziel ist, die zentrale Leitung und Planung mit neuen, ökonomisch zweckmäßigen Formen zu verbinden, um örtliche Ressourcen rationeller zu nutzen, innere Reserven aufzudecken und zu erschließen; die möglichst vollständige qualitative und rechtzeitige Deckung des Bedarfs besser zu stimulieren; die Grund- und Umlauffonds rationeller zu entwickeln und zu nutzen. Letztendlich geht es um eine stärkere Orientierung auf die Steigerung der ökonomischen Effektivität. Das bedeutet, daß mittels Planung, wirtschaftlicher Rechnungsführung, Preisbildung und Stimulierung die Produktionsbetriebe, die

Zirkulations- und Dienstleistungssphäre auf die maximale Befriedigung der gesellschaftlichen Bedürfnisse bei spezifischer Senkung der Aufwendungen für die Produktion materieller Gebrauchswerte und nichtproduktiver Leistungen orientiert werden müssen. Nur durch ständige Effektivitätssteigerung können die wachsenden Bedürfnisse der sozialistischen Gesellschaft befriedigt werden, wobei die bereitgestellten Waren immer mehr den Erfordernissen der sozialistischen Lebensweise zu entsprechen haben. Das heißt, die Einsparung von Ressourcen muß einen zunehmenden Beitrag leisten, um die Produktion pro Kopf der Bevölkerung zu erhöhen (auch deshalb, weil zusätzliche Arbeitskräfte und Produktionsmittel nicht proportional zum Produktionswachstum eingesetzt werden können).

1.2.2. Hauptfaktoren der Effektivitätssteigerung

Die weitere Vervollkommnung der Leitung, Planung und wirtschaftlichen Rechnungsführung hat die Aufgabe, die wichtigsten Faktoren der Effektivitätssteigerung auf dem Wege umfassender Intensivierung zu berücksichtigen. Auf damit verbundene methodologische Fragen soll im folgenden eingegangen werden.

Die Erhöhung der Qualität und die Entwicklung grundsätzlich neuer Erzeugnisse nehmen im Komplex der Intensivierungsfaktoren gegenwärtig einen außerordentlich wichtigen Platz ein. Sie bewirken nicht nur beträchtliche Einsparungen an materiellen Ressourcen, sondern sind ebenfalls für die Befriedigung und die weitere Entwicklung der materiellen, produktiven und nichtproduktiven Bedürfnisse von großer Bedeutung. So sind sie z. B. eine wesentliche Grundlage für Veränderungen im Charakter der Arbeit sowie in den Konsumtionsgewohnheiten der Werktätigen. Deshalb gehört die Qualitätsverbesserung zu den Hauptfaktoren der Effektivitätssteigerung.[15]

Erhöhung der Erzeugnisqualität erfordert insbesondere, in stärkerem Maße neue, hochpräzise und zuverlässige Ausrüstungen anzuwenden, neue Erzeugnisse sorgfältig zu entwickeln und zu konstruieren und sie vor Aufnahme der eigentlichen Produktion durch die

[15] Vgl. Sowjetunion verfolgt konsequent den Leninschen Kurs des Friedens. Aus dem Referat von M. Gorbatschow auf dem Plenum des ZK der KPdSU, in: Neues Deutschland vom 24. 4. 1985, S. 5.

Anwender gründlich zu testen. Wie praktische Erfahrungen zeigen, ist es auch notwendig, die Prämiierung für die Einführung neuer Erzeugnisse zu vervollkommnen und dafür Preiszuschläge anzuwenden. Zu verstärken ist die Kontrolle durch die staatlichen Organe. Weiterhin geht es um entsprechende Veränderungen in den Beziehungen zwischen den Produzenten, Konsumenten und staatlichen Planungs-, Kontroll-, Finanz- und Kreditorganen. Diese haben zum Ziel, Bedingungen zu schaffen, damit die Produzenten stärker auf den Bedarf und die tatsächlich realisierten Preise ihrer Erzeugnisse reagieren. *Den Handelsorganisationen als Vermittler zwischen Produzenten und Konsumenten kommt hierbei eine größere Rolle zu.* Es ist daher notwendig, ihre Rechte und Pflichten zu erweitern, um stärker auf das Volumen, das Sortiment, die Qualität und die Preisbildung der hergestellten Waren Einfluß zu nehmen. Wenn die gegenwärtig in der UdSSR durchgeführten Experimente zeigen, daß eine gewisse Erweiterung der Ware-Geld-Beziehungen zwischen den Produzenten positive Wirkungen bringt, dann sollte sie vor allem für die Qualitätsverbesserung genutzt werden. Weiterhin ist zu berücksichtigen, daß eine hohe Erzeugnisqualität gegenwärtig im allgemeinen nicht mehr das Arbeitsergebnis eines Einzelnen ist, sondern vieler arbeitsteilig miteinander verbundener Produzenten. Jedoch werden durch die wirtschaftliche Rechnungsführung ihre Interessen teilweise ungenügend miteinander verbunden und widersprechen sich manchmal sogar. Bis zur Gegenwart war die ungenügende Interessenkoordinierung zwischen einerseits Kollektivwirtschaften und Staatsgütern und andererseits Dienstleistungsbetrieben, die der Landwirtschaft nicht zugeordnet sind, dafür ein charakteristisches Beispiel. Ähnlich in der Bauwirtschaft: hier erfordert es die Qualitätssicherung von Bauvorhaben, in stärkerem Maße die Interessen der Projektanten, Bauschaffenden, Montagearbeiter und Auftraggeber zu koordinieren.

Hauptfaktor der Effektivitätssteigerung auf dem Wege der Intensivierung ist der wissenschaftlich-technische Fortschritt. Eine *erste* Frage betrifft seine beschleunigte Einführung in die Produktion. Die Perspektivpläne sollten darauf orientieren, jeweils ein bis zwei grundlegende Innovationen je Betrieb durchzusetzen.

Aus den Patentinformationen sind jene Erfindungen und Rationalisierungsvorschläge auszuwählen und entsprechend den Bedingungen schöpferisch anzuwenden, deren Effektivitätspotenzen möglichst vollständig realisierbar sind. Dabei dürfen die Pläne Wissenschaft und Technik, insbesondere zur Einführung neuer Technik für die Betriebe und Zweige nicht durch zu viele Einzelmaßnahmen überfordert werden, die nicht organisch miteinander verbunden sind. Im Vordergrund steht immer die Entscheidung über die Grundrichtung der technischen Politik für den gegebenen Betrieb mit dem Ziel, die jeweils modernsten und gesellschaftlich günstigsten Ergebnisse des wissenschaftlich-technischen Fortschritts in ihrer Komplexität einzuführen. Deshalb müssen bei der Einführung neuer Technologien ergänzende Maßnahmen mit berücksichtigt werden, wie beispielsweise die Modernisierung von Ausrüstungen, Veränderungen in der Arbeitsorganisation, Anwendung von neuen Arbeitsmethoden, Auswahl der geeignetsten Materialarten. Dazu gehört auch die Terminabstimmung für die Einführung einzelner Maßnahmen und die komplexe Inbetriebnahme; denn eine hohe Wirtschaftlichkeit der Produktion hängt mit davon ab, daß die Effekte aus den verschiedenen Maßnahmen möglichst *gleichzeitig* eintreten. Die Lösung dieser Aufgaben erfordert, daß die Wirtschaftswissenschaft sich stärker einsetzt für die Vervollkommnung der Wechselbeziehungen zwischen allen, die mit der Durchsetzung des wissenschaftlich-technischen Fortschritts und der Anwendung seiner Ergebnisse zu tun haben.

Eine *zweite Frage* betrifft die *Koordinierung der Pläne Wissenschaft und Technik mit dem Gesamtprozeß der erweiterten Reproduktion in den Betrieben.* Das gilt z. B. für den Ersatz der Grundfonds in ihrer Naturalform und im Geldausdruck; für die Reproduktion der Kader, ihre Ausbildung und systematische Qualifikation.

In Verbindung mit der intensiven Reproduktion hat Marx verschiedene Perioden im Reproduktionsprozeß des Betriebes herausgearbeitet. So können z. B. die Ressourcen intensiver genutzt werden, indem ein Teil des Mehrwerts für Verbesserungen bestehender Fonds eingesetzt wird oder lediglich zusätzliche Umlauffonds ohne Erhöhung der Grundfonds geschaffen werden. Hierbei erfolgt die Produktionserweiterung allmählich. Ferner wies Marx darauf hin, daß es in bestimmten Perioden nicht mehr möglich ist, teilweise zu erneuern oder den Arbeitstag zu verlängern, sondern bedeutende zusätzliche Fonds notwendig sind, um die Produktion weiter proportional zu steigern. Voraussetzung dafür ist die Akkumulation von Mehrwert über mehrere Jahre. Gleichzeitig befindet sich aber jährlich ein Teil der Arbeitsmittel periodisch im Stadium ihrer Erneuerung und wird ebenfalls vom wissenschaftlich-technischen Fortschritt beeinflußt. Die Reproduktion der Betriebe vollzieht sich also in den jeweiligen Perioden nicht gleichartig. In bestimmten Perioden erfolgen nur teilweise Verbesserungen an den Grundfonds; dafür wird nur ein Teil der akkumulierten Amortisationen und des Mehrwerts gebraucht. In anderen Perioden wird die vollständige Wiederherstellung der Grundfonds auf der Grundlage des wissenschaftlich-technischen Fortschritts realisiert. Die dafür notwendigen Mittel werden über längere Zeit akkumuliert. Vollständige Wiederherstellung ist herangereift, wenn teilweise Vervollkommnungen die Leistungsfähigkeit nicht mehr wesentlich erhöhen. In bestimmten Fällen jedoch kann es zweckmäßig sein, mit der vollständigen Wiederherstellung der Grundfonds solange zu warten, bis grundlegend neue technische Lösungen angeboten werden, die aus der Sicht der Effektivität für den Betrieb annehmbar sind. Werden dagegen veraltete Grundfonds nur durch neue Maschinen mit unveränderter Konstruktion ersetzt, würde das bedeuten, faktisch auf Gestriges zu orientieren und die Effektivität des wissenschaftlich-technischen Fortschritts zu beeinträchtigen.

Daraus folgt, daß in die Perspektivpläne für die Produktion und für Wissenschaft und Technik große, fondsintensive und grundlegend neue wissenschaftlich-technische Maßnahmen nicht für jedes Jahr, sondern nur für bestimmte Perioden aufgenommen werden können. Demgegenüber stehen über längere Zeiträume weniger fondsintensive Maßnahmen im Vordergrund, die dazu beitragen, die bessere Ausnutzung vorhandener Grundfonds zu sichern, ihre technischen Potenzen möglichst vollständig auszuschöpfen, was in der Hauptsache durch konstruktive Vervollkommnungen der Erzeugnisse bewirkt wird. In diesen Perioden sollten Veränderungen in der Technologie, die Modernisierung von Ausrüstungen u. ä. m. nur in dem Maße erfolgen, in dem sie für die Qualitätsverbesserung, für die Erzeugniserneuerung notwendig sind. Die Rekonstruktion ist also keineswegs ein permanenter Zustand für den gegebenen Betrieb, sondern eine seiner Lebensperioden. Sie wird sowohl durch die ökonomische Notwendigkeit als auch durch die technischen Entwicklungsbedingungen bestimmt. Die zentrale staatliche Kontrolle und die wirtschaftliche Rechnungsführung müssen in stärkerem Maße dahingehend wirken, daß konsequent nach den Effektivitätskriterien entschieden wird und unbegründete Anforderungen an staatliche Finanzmittel und Ressourcen für Rekonstruktionen vermieden werden.

Ein *drittes Problem* besteht in der *effektiveren Einführung neuer*

Technik durch die weitere Vertiefung der gesellschaftlichen Arbeitsteilung. In den letzten 10 bis 20 Jahren hat die Wissenschaftsintensität der Produktion in einem solchen Maße zugenommen, daß nicht alle Betriebe in der Lage waren, die notwendigen Kapazitäten für die Auswahl, Einführung und Aneignung technischer Neuerungen selbst zu sichern. Es ist deshalb wichtig, weitere Fortschritte in der gesellschaftlichen Arbeitsteilung zwischen allen an der Entwicklung, Einführung und Ausnutzung technischer Neuerungsprozesse Beteiligten zu erreichen. Dabei hat sich bewährt, daß Betriebe Leistungen spezieller Institutionen (wie z. B. von Ingenieurbetrieben) in Anspruch nehmen. Diese arbeiten nach der wirtschaftlichen Rechnungsführung und verfügen über modernste wissenschaftlich-technische Entwicklungen, Kapazitäten für die industrielle Produktion der entsprechenden Ausrüstungen und für den Bau und die Montage. Solche Spezialbetriebe haben die Aufgabe, die Einführung wissenschaftlich-technischer Neuerungen zu leiten und ihre produktionsseitige Beherrschung zu organisieren, bis die im Vertrag fixierte Rentabilität erreicht ist. Reale Quelle für die materielle Stimulierung aller an der Einführung technischer Neuerungsprozesse Beteiligten ist die damit verbundene tatsächliche Einsparung von Ressourcen im Produktionsprozeß. Dafür notwendige Vorleistungen werden entweder aus eigenen Mitteln oder durch einen Bankkredit finanziert. Die Stimulierungsfonds werden auf der Grundlage differenzierter spezifischer Kriterien bestimmt. Das sind: die Höhe des projektierten Effektes für den Projektanten und Entwickler, der geplante Effekt für den Hersteller und Einrichter der neuen Technik, die tatsächlichen Einsparungen, wie sie sich in der wirtschaftlichen Rechnungsführung niederschlagen, für die Arbeiter des Betriebes, die die neue Technik anwenden, sowie für die Arbeiter von speziellen Ingenieurbetrieben. Dabei geht der Betrieb ein bestimmtes Risiko ein, weil den Nachauftragnehmern entsprechende Stimulierungsfonds gewährt werden, noch bevor die Einsparungen in der Realität erreicht wurden. Gerade das erhöht aber auch seine eigene Verantwortung für die Auswahl der einzuführenden technischen Neuerungen und für die konsequente Gestaltung der Beziehungen zu den Nachauftragnehmern auf der Grundlage der wirtschaftlichen Rechnungsführung. Deshalb unterstützen die genannten Maßnahmen die beschleunigte Einführung neuer Technik und die Erhöhung ihrer Effektivität.

Zusammenfassend ist die Vervollkommnung der gesellschaftlichen

Organisation der sozialistischen Produktion ausschlaggebend dafür, daß die jeweiligen technischen Neuerungsprozesse und ihre beschleunigte Einführung einen hohen Beitrag zur Steigerung von Arbeitsproduktivität und Effektivität leisten. Bereits Marx hat darauf hingewiesen, daß ohne die entsprechende gesellschaftliche Organisation der Produktion der technische Fortschritt seine Effektivitätspotenzen nicht entfalten kann.

Zu den wichtigen Faktoren der Effektivitätssteigerung gehört unter den gegenwärtigen Bedingungen auch die *weitere Vervollkommnung der gesellschaftlichen Organisation der Arbeit.* Das betrifft ihre Leitung und Stimulierung, die Erhöhung von Disziplin und Verantwortlichkeit für den Arbeitsauftrag, neue Formen des sozialistischen Wettbewerbs der Werktätigen und ihrer Kollektive. Sie werden dadurch charakterisiert, daß sich neue, sozialistische und kommunistische Beziehungen zwischen den Werktätigen herausbilden; sich ihr Bewußtseinsstand und ihr Verantwortungsbewußtsein weiterentwickeln, die Arbeitsinhalte sich weiter zugunsten der schöpferischen Arbeit verändern und immer mehr auf den Schutz und die Erhaltung der natürlichen Umwelt Einfluß genommen wird.

Wesentlich ist die weitere Ausprägung des sozialistischen Verhältnisses zur Arbeit, zum Kollektiv, zum Betrieb, die für die Mehrheit der Stammbelegschaften charakteristisch ist. Es geht darum, daß sich alle Werktätigen diese Eigenschaften zu eigen machen und bereits die Jugend in den Schulen in diesem Sinne erzogen wird. In dieser Richtung orientiert auch der Beschluß über Vervollkommnungen in der Arbeit der allgemeinbildenden und Berufsschulen in der UdSSR. Die Anerziehung der Liebe zur Arbeit ist eine aus ökonomischer und sozialer Sicht gleichermaßen wichtige Aufgabe, deren Lösung entsprechende Zeit erfordert. Der Charakter, die Bedingungen, der Inhalt und die Organisation der Arbeit werden nicht allein durch das Lebensniveau, die Prokopf-Konsumtion und das Realeinkommen beeinflußt, sondern gleichfalls durch die Erziehung zum kommunistischen Arbeitsverhalten, durch die wachsende Zufriedenheit jedes Werktätigen mit seiner Arbeit.

Deshalb nehmen in den Parteibeschlüssen diese Aufgaben einen wichtigen Platz ein. Insbesondere gilt das für die weitere Ausprägung des schöpferischen Charakters der Arbeit, ihre größere Attraktivität, für die komplexe Mechanisierung und Automatisierung der Arbeit nicht nur im produzierenden, sondern auch im nichtproduzierenden Bereich, in dem der Anteil nicht mechanisierter Arbeit zur

Zeit noch besonders hoch ist. Ein wichtiger Weg zur Lösung dieser Aufgaben ist gegenwärtig die Vervollkommnung der Produktionsleitung, vor allem durch die Anwendung der EDV-Technik, insbesondere der Mikroelektronik, Automatisierung, Programmierung. Ihr Haupteffekt besteht in der besseren Begründung der Planentscheidungen und in der Beschleunigung aller Operationen.

Die Arbeitsorganisation wird in einem großen Teil der Betriebe durch die Anwendung der *Brigadeform* weiter vervollkommnet.[16] Ziel ist, dadurch den persönlichen Beitrag jedes Werktätigen stärker auf die Effektivität zu richten. Das bedeutet, die Prinzipien der wirtschaftlichen Rechnungsführung und der Orientierung der Planung am Endergebnis nicht nur auf Betriebe, Betriebsabschnitte und -abteilungen anzuwenden, sondern auch auf Brigaden.

Die Brigadeform — insbesondere wenn sie auf der wirtschaftlichen Rechnungsführung beruht — trägt dazu bei, das psychologische „Klima" in den Arbeitskollektiven zu verändern. Verantwortungsbewußtsein für das Ganze, gegenseitige Hilfe und Liebe zur Arbeit werden gefördert. Die Erfahrungen zeigen, daß die Liebe zur Arbeit, das Zusammengehörigkeitsgefühl in der Arbeit, die gegenseitige Kontrolle und Verantwortung für die Endergebnisse des Kollektivs sehr wichtig sind, um eine hohe Effektivitätssteigerung zu erreichen.

Die Wirksamkeit der wirtschaftlichen Rechnungsführung hängt weiterhin wesentlich davon ab, daß zwischen den Arbeitsergebnissen der Vereinigungen, Betriebe, Abteilungen, Abschnitte und dem Arbeitslohn des einzelnen Werktätigen eine enge Beziehung hergestellt wird, so daß der Arbeiter verbindlich einen bestimmten Teil des Gesamteffekts erhält. Letztendlich schließt das eine strenge Kontrolle über die Ausnutzung aller Produktionsmittel (Rohstoffe, Energie, Hilfsmaterialien, Produktionsgrundfonds) und über den Effekt ein.

Eine große Bedeutung hat die *Vervollkommnung der Entlohnung* der Arbeit, der Stimulierung für die Arbeitsergebnisse der Kollektive und jedes Werktätigen. Sowohl aus theoretischer als auch aus praktischer Sicht geht es hierbei um das optimale Verhältnis zwischen den Steigerungsraten der Arbeitsproduktivität und der Entlohnung der Arbeit, um den Anteil des Tariflohns (bzw. des Grundgehalts)

[16] Entsprechend den Beschlüssen des XXVI. Parteitages der KPdSU soll diese in der Industrie der UdSSR zum Ende des XI. Fünfjahrplanes in einem großen Teil der Betriebe verbreitet sein.

am Gesamtlohn. Es gilt, engere Beziehungen zwischen den Arbeitsergebnissen und der Aktivität des einzelnen, seinem Beitrag zur Effektivität der gesellschaftlichen Produktion und seinem materiellen sowie geistig-kulturellen Lebensniveau herzustellen.

Die sozialistische Verteilung ist dadurch gekennzeichnet, daß entsprechend den jeweils gegebenen Bedingungen die Bedürfnisse aller Werktätigen befriedigt werden, dabei aber eine Differenzierung in Abhängigkeit von der geleisteten Arbeit erfolgt. Gerade die Differenzierung nach den Unterschieden in der Menge und Qualität der Arbeit, einschließlich ihrer Bedingungen und ihres Charakters wirkt stimulierend. Sie ist die Grundlage, um die Interessen der Gesellschaft, der Produktionskollektive und jedes Werktätigen miteinander zu koordinieren.

Die engere Verbindung des Arbeitslohns mit der persönlichen Arbeitsleistung und ihrem Beitrag zum Ergebnis des gesamten Produktionskollektivs nimmt gegenwärtig den ersten Platz ein, um eine maximale Stimulierung der Effektivität zu erreichen und die gesellschaftliche Arbeitsproduktivität gegenüber dem Arbeitslohn vorrangig zu steigern. Es kommt darauf an, die Verteilungsverhältnisse (besonders den Arbeitslohn und die Einkommen der Genossenschaftsbauern) in noch stärkerem Maße für die Intensivierung der sozialistischen Wirtschaft und die Effektivitätssteigerung zu nutzen. Diese Aufgabe stellte der XXVI. Parteitag der KPdSU.

Das heißt, den Arbeitslohn stärker von den konkreten Arbeitsergebnissen abhängig zu machen, und das nicht nur bei Arbeitern mit Stücklohn, sondern auch bei allen übrigen Produktionsarbeitern und bei einem bedeutenden Teil der im nichtproduzierenden Bereich Beschäftigten. Für die im Zeitlohn Arbeitenden bedeutet das stärkere Einbeziehung in die Brigaden und die engere Abhängigkeit des Arbeitslohns für das Hilfspersonal von der Leistung der von ihnen betreuten Ausrüstungen (bei Einhaltung der Leistungsparameter dieser Ausrüstungen und der normativen Zahl der Arbeitskräfte insgesamt). Das Arbeitseinkommen für das ingenieurtechnische Personal sollte direkt von der Effektivität der Arbeit der von ihm geleiteten Abteilungen abhängig gemacht werden.

Die materielle Interessiertheit des gesamten Produktionskollektivs an den Endergebnissen der Produktion darf keineswegs unterschätzt werden. Jedoch ist darin eingeschlossen, gerade durch die verstärkte *persönliche* materielle Interessiertheit die gesellschaftlichen Interessen noch besser durchzusetzen. Bei der Leistung jedes

Kollektivmitglieds gilt es, unabhängig von seinem Platz und seiner Rolle in der Produktion zu berücksichtigen, wie rationell Rohstoffe und Energie verausgabt, wie effektiv die Ausrüstungen genutzt werden, inwieweit die hergestellten Erzeugnisse dem Bedarf entsprechen.

Die Verteilungsverhältnisse müssen noch mehr dazu beitragen, den Wettbewerb zwischen einzelnen Werktätigen, zwischen den Kollektiven, besonders in den vor- und nachgelagerten Betrieben zu stimulieren. Jedoch wird das in der UdSSR gegenwärtig dadurch beeinträchtigt, daß das jeweilige Kollektiv (das die Hauptleistungen erbringt) über keine realen Möglichkeiten verfügt, um andere Beteiligte an der Erfüllung ihres Teils der Gesamtaufgabe materiell zu interessieren.

Der Übergang zur umfassenden Intensivierung erfordert eine aktivere Teilnahme der Werktätigen an der Leitung der Produktion. Deshalb geht es vor allem darum, *den sozialistischen Wettbewerb enger mit der Volkswirtschaftsplanung zu verbinden.* Auf diese Weise kann sein Einfluß auf die Effektivitätssteigerung verstärkt werden. Dazu gehört auch, mit der Ausarbeitung des Jahresplans von unten her – von den Produktionsvereinigungen (Betrieben) – zu beginnen. Natürlich nehmen die Arbeitskollektive und Werktätigen bereits in vielfältigen Formen an der Ausarbeitung der Pläne teil. Jedoch kommt es gegenwärtig darauf an, ein komplexes System der Einbeziehung der Werktätigen in die Planung zu schaffen, das auf eine maximale Effektivitätssteigerung bei Sicherung der Bilanziertheit und Proportionalität des Volkswirtschaftsplans ausgerichtet ist.

Eine weit verbreitete Methode, um den sozialistischen Wettbewerb mit der Volkswirtschaftsplanung zu verbinden, ist in der UdSSR der Gegenplan. Dieser ist eine spezifische Form des Wettbewerbs, indem er die Planaufgaben mit den Initiativen der Werktätigen zusammenführt. Gleichzeitig ist er eine wichtige Etappe bei der Planausarbeitung. Die Verpflichtungen der Gegenpläne sind dabei sorgfältiger zu begründen und diese auch tiefgründiger durchzuarbeiten, um die Stabilität der Pläne zu erhöhen.

Wichtig ist, daß im Wettbewerb um eine größere Effektivität der Arbeit sowohl auf die Verbesserung der Qualität der Produktion als auch auf die Senkung der Selbstkosten und auf die Bedarfsgerechtheit orientiert wird. Bei der Beurteilung der Wettbewerbsergebnisse müssen auch die Preiszu- und -abschläge für die Qualität der Erzeugnisse sowie Sanktionen bei Nichteinhaltung der Liefertermine berücksichtigt werden. Damit sind entsprechende Konsequenzen für die Arbeitseinkommen verbunden.

Auch bei der Planung der Fonds für die materielle Stimulierung kommt es darauf an, konsequenter das Normativprinzip durchzusetzen. *Deshalb müssen die Lohnfondsnormative je Rubel Produktion genutzt werden, um die Interessiertheit der Produktionsvereinigungen (Betriebe) an der Aufstellung angespannter Jahrespläne zu erhöhen.* Bei der Erarbeitung und Erfüllung angespannter Pläne haben die Betriebe in der UdSSR die Möglichkeit, den Lohnfonds zusätzlich zu steigern. Werden Lohnfonds eingespart (gemessen am normativen oder am geplanten Lohnfonds), dann können sie zum Jahresende für den Fonds der materiellen Interessiertheit verwendet werden. Diese zusätzlichen Mittel sind konsequenter für die Stimulierung der Wettbewerbssieger einzusetzen, denn diese haben einen großen Anteil an der Erwirtschaftung zusätzlicher Stimulierungsmittel durch Steigerung der Arbeitsproduktivität und der Endergebnisse der Produktion.

Im Rahmen von Experimenten sollte untersucht werden, ob es möglich und zweckmäßig ist, einen einheitlichen Stimulierungsfonds für die besten Produktionskollektive zu schaffen und einen Teil der eigenen Stimulierungsmittel des Betriebes für die Prämierung von Zulieferern zu verwenden.

2. Ökonomische Dynamik durch umfassende Intensivierung

2.1. Gesetzmäßigkeiten der Reproduktion bei sozialistischer Intensivierung

Mit der Herausbildung der intensiv erweiterten Reproduktion zur vorherrschenden, dem entwickelten Sozialismus gemäßen Reproduktionsform[1] unterliegen ihre Gesetzmäßigkeiten veränderten Wirkungsbedingungen und entfalten sich voll. Ihre bewußte Ausnutzung wird immer wichtiger, um die mit dem Übergang zur umfassenden Intensivierung verbundenen neuen und komplizierten Probleme zu lösen. Die Analyse der Gesetzmäßigkeiten der Intensivierung ist deshalb gegenwärtig eine unumgängliche Voraussetzung, um die dem Sozialismus immanenten Vorzüge bei der rationellen Nutzung der Ressourcen immer besser in die Wirklichkeit umzusetzen.

2.1.1. Technische Zusammensetzung und Struktur des Gesamtarbeiters

Die Intensivierung des volkswirtschaftlichen Reproduktionsprozesses erfordert zunehmend wissenschaftlich-technische Lösungen, die grundlegend neue Effektivitätspotenzen hervorbringen. Diese bedingen, daß die technische Zusammensetzung der Produktion auch weiterhin schnell steigt. Die Zunahme der technischen und organischen Zusammensetzung der Produktion wurde bereits von den Klassikern des Marxismus-Leninismus als genereller Indikator einer intensiven Entwicklung durch wissenschaftlich-technischen Fortschritt begründet.[2]

[1] Vgl. dazu Abschnitt 1.1.

[2] Vgl. K. Marx, Das Kapital. Dritter Band, in: MEW, Bd. 25, Berlin 1964, S. 221 bis 241; W. I. Lenin, Der Kapitalismus in der Landwirtschaft, in: Werke, Bd. 4, Berlin 1955, S. 101; W. I. Lenin, Zur sogenannten Frage der Märkte, in: Werke, Bd. 1, Berlin 1961, S. 78.

Unter sozialistischen Verhältnissen geht es demgegenüber darum, materielle Grundlagen zu schaffen, die ein höheres Tempo der Produktivitätssteigerung gewährleisten, und zwar unter Arbeits- und Lebensbedingungen, wie sie den sozialistischen Produktionsverhältnissen gemäß sind. Deshalb stand von Anfang an die Aufgabe, die Wege zur Produktivitäts- und Effektivitätssteigerung auf neuer technischer und ökonomischer Grundlage zu organisieren.[3]

Beim Übergang zur umfassenden Intensivierung ist die Bewältigung folgender Probleme von erstrangiger Bedeutung:

– Neue technische Lösungen sind erforderlich, um ausreichend hohe Ressourceneinsparungen zu sichern, die in der Lage sind, Tendenzen der Verteuerung von Roh- und Brennstoffen sowie von Ausrüstungen zu überwinden.[4] Das bedeutet vor allem, das technische und technologische Niveau des Maschinenbaus zu erhöhen. So können z. B. durch Vervollkommnungen in der Technologie der Metallbearbeitung noch große Reserven bei der Ausnutzung der Rohstoffe erschlossen werden. Der Ausnutzungskoeffizient von Metallen bewegte sich in der UdSSR in den letzten 1 1/2 Jahren auf dem Niveau von 0,72–0,73.[5] Reserven bestehen auch bei der Ausnutzung der Effektivitätspotenzen neuer Technik im Maschinenbau. So führt Gluškov an, daß „bei neuer und modernisierter Technik lediglich ein Zuwachs der Produktivität sowie eine Erhöhung der produkti-

[3] Lenin betonte bei der Wiederherstellung der Volkswirtschaft nach dem ersten Weltkrieg und dem Bürgerkrieg: „. . . aber auf der alten ökonomischen und technischen Grundlage können wir sie nicht wiederherstellen. Das ist technisch unmöglich und wäre auch Unsinn; wir müssen eine neue Grundlage finden. Eine solche neue Grundlage ist der Elektrifizierungsplan." (W. I. Lenin, Rede in der III. Gesamtrussischen Beratung über außerschulische Bildung, in: Werke, Bd. 30, Berlin 1961, S. 369). – Die sich ständig entwickelnde sozialistische Wirtschaft stellt die Frage nach der Veränderung der technischen Grundlage immer wieder neu. So sind auch die Beschlüsse des XXVI. Parteitages der KPdSU zu verstehen, alle Zweige der Volkswirtschaft auf der Grundlage der fortgeschrittenen Wissenschaft und Technik zu entwickeln. (Vgl. XXVI. Parteitag der KPdSU. Rechenschaftsbericht des Zentralkomitees der Kommunistischen Partei der Sowjetunion und die nächsten Aufgaben der Partei in der Innen- und Außenpolitik, Berichterstatter: L. I. Breshnew, Berlin 1981, S. 58ff.)

[4] Experten der Staatlichen Plankommission behaupten z. B., daß „die Periode billiger mineralischer und Rohstoffressourcen zu Ende geht". (A. Lalajanc, Problemy ėkonomii toplivno-ėnergetičeskich resūrsov v narodnom chozjajstve, in: Planovoe chozjajstvo (Moskva), 1/1981, S. 37).

[5] Vgl. Ja. Rjabov, Reservy povyšenija ėffektivnosti ėkonomiki, in: Planovoe chozjajstvo (Moskva), 9/1980, S. 6.

ven Maschinenzeit um 10 bis 20% gegenüber einer notwendigen Steigerung auf das 1,5- bis 2fache erreicht wurde."[6] Notwendig ist, die noch zu lange Anlaufperiode neuer Technik zu verkürzen und die projektierten Effekte zum geplanten Termin tatsächlich zu erreichen. Weitere Reserven bestehen in der zeitlichen Nutzung. Der Schichtkoeffizient der Ausrüstungen beträgt in der UdSSR durchschnittlich 1,2 bis 1,4.

– Die komplexe Mechanisierung und Automatisierung der Produktion hat die Aufgabe, künftig die Abnahme von manuellen Arbeiten und die Beseitigung unqualifizierter Arbeit schneller voranzubringen. Hierin besteht ein Kernproblem bei der weiteren Ausgestaltung der sozialen Ziele des Sozialismus. Auch aus sozialer Sicht ist deshalb eine Beschleunigung des wissenschaftlich-technischen Fortschritts erforderlich. So ist geplant, in der RSFSR und der Belorussischen SSR allein im Zeitraum von 1981 bis 1985 die Anzahl der manuell Tätigen um 15% zu senken.[7]

Die Analyse der technischen und organischen Zusammensetzung der Produktion[8] (vgl. Tab. 2) in der Volkswirtschaft der UdSSR bestätigt, *daß der Übergang zur umfassenden Intensivierung die verstärkte produktive Nutzung wissenschaftlich-technischer Ergebnisse sowie weitere Vervollkommnungen der gesellschaftlichen Organisation von Produktion und Arbeit verlangt.* Deutlich wurde, daß bei insgesamt beständigem Wachstum der technischen Zusammensetzung der Produktion sich ihr Entwicklungstempo in der zweiten Hälfte der 70er Jahre verringert hat. Gleichzeitig sank der Effektivitätsbeitrag aus der Anwendung von Maschinen (Fonds) im Zeit-

[6] N. Gluškov, O dalnejšem soveršenstvovanii planovogo cenoobrazovanija i ego vozdejstvii na povyšenie ėffektivnosti proizvodstva i kačestva raboty, in: Planovoe chozjajstvo (Moskva), 6/1980, S. 4.

[7] Iz rodnikov iniciativy, Sozialističeskie objazatelstva trudjaščichsja rossijskoj federacii na 1982 god i odinnadcatuju pjatiletki, in: Pravda vom 2. Februar 1982, S. 3.

[8] Diese Berechnungen basieren auf dem Herangehen der Klassiker des Marxismus-Leninismus (vgl. K. Marx, Das Kapital. Erster Band, in: MEW, Bd. 23, Berlin 1962, S. 640; Leninskij sbornik, Bd. XXXVIII, Moskva 1970, S. 90). Danach wurde entweder der Gesamtbestand an Produktionsfonds oder der Produktionsverbrauch (Ersatzfonds des gesellschaftlichen Gesamtprodukts) zugrunde gelegt. Im Verhältnis zum notwendigen Produkt („Subsistenzfonds" für die Beschäftigten in der materiellen Produktion) wurde daraus die organische Zusammensetzung und im Verhältnis zur Zahl der Beschäftigten in der materiellen Produktion die technische Zusammensetzung ermittelt.

Tabelle 2: Technische und organische Zusammensetzung der Produktion in der UdSSR

	1965	1970	1975	1980	1982
Produktionsverbrauch (Mrd. Rubel)	226,5	353,6	499,4	613,8	776,6
Beschäftigte der materiellen Produktion (Mio Personen)	84,4	90,5	96,4	100,9	102,3
Produktionsverbrauch je Beschäftigten in der materiellen Produktion (Tsd. Rubel)	2,68	3,91	5,18	6,08	7,6
Gesamtumfang der Produktionsfonds (Mrd. Rubel, 1973er Preise)	568,7	857,0	1256,1	1694,6	1950,6
Produktionsfonds je Beschäftigten in der materiellen Produktion (Tsd. Rubel)	6,7	9,5	13,0	16,8	19,1
Notwendiges Produkt (Mrd. Rubel)	85,3	114,6	148,2	166,2	183,5
Produktionsverbrauch je Einheit notwendiges Produkt (Tsd. Rubel)	2,7	3,1	3,4	3,7	4,2
Produktionsfonds je Einheit notwendiges Produkt (Tsd. Rubel)	6,7	7,5	8,5	10,2	10,6

Quellen: G. Sorokin, Zakonomernosti socialističeskoj intensifikacii, in: Voprosy ėkonomiki, 10/1982, S. 110 und in: Finansy i statistika, 1983, S. 45/46.

raum von 1971 bis 1980 um etwa ein Viertel.[9] Deshalb besteht ein Kernproblem darin, die Effektivitätspotenzen der komplexen Mechanisierung und Automatisierung umfassender zu nutzen.
Bereits bei der Vorbereitung von Entscheidungen ist es notwendig, konsequenter die ökonomischen und sozialen Kriterien der Effektivität zugrunde zu legen. Die untere Grenze für die Ablösung von Handarbeit durch Maschinen ist im Sozialismus dadurch bestimmt, daß das während der Nutzungsdauer der Maschinen zusätzlich geschaffene Nationaleinkommen[10] mindestens so hoch ist wie der Gesamtaufwand für die Maschine. Im Ergebnis der sozialistischen Intensivierung *muß diese Untergrenze der Effektivität in zunehmendem Maße überschritten werden.* Das ist eine unverzichtbare Voraussetzung, um mit fortschreitender Intensivierung die Einheit ökonomischer und sozialer Effekte immer besser zu gewährleisten, die Arbeit weiter zu erleichtern, gesundheitsschädliche und monotone Arbeiten einzuschränken bzw. zu beseitigen. In bestimmten Fällen noch auftretende Widersprüche zwischen ökonomischen und sozialen Effekten werden auf diese Weise nicht nur seltener, sondern den sozialistischen Produktionsverhältnissen gemäße soziale Lösungen werden stärker zum zusätzlichen Stimulus für die Anwendung hochproduktiver Technik.

Um die neuen Effektivitätspotenzen des wissenschaftlich-technischen Fortschritts immer besser zu nutzen, ist die weitere Vervollkommnung der gesellschaftlichen Organisation der Arbeit sowie der Leitung und Planung eine elementare Voraussetzung. Sie beeinflußt sowohl die notwendigen Vorleistungen als auch die spezifischen Einsparungen an gesellschaftlicher Arbeit, die mit den jeweiligen technischen Veränderungen verbunden sind. Hier beweist sich im gesellschaftlichen Maßstab die bereits von Marx herausgearbeitete Erkenntnis, daß an zusätzlicher Akkumulation gespart werden kann, wenn ein und dieselben Arbeitsmittel intensiver und damit effektiver genutzt werden.[11] Gerade die Maßstäbe der umfassenden Intensivierung sind eine große Herausforderung, die Vorzüge sozialistischer Produktionsverhältnisse bei der gesellschaftlichen Organisation der Arbeit noch besser zu nutzen. Es gilt, das mit der wissen-

[9] Nach Berechnungen des Autors.

[10] Damit wird die Einsparung der gesamten Arbeit berücksichtigt und nicht allein von „bezahlter" Arbeit, wie das für den Kapitalismus charakteristisch ist.

[11] Vgl. K. Marx, Das Kapital. Zweiter Band, in: MEW, Bd. 24, Berlin 1963, S. 355/356.

schaftlich-technischen Revolution verbundene höhere Niveau der Vergesellschaftung planmäßig zu beherrschen, die gesellschaftliche Gesamtarbeit rationeller zu verteilen, sie wirksamer mit den Arbeitsmitteln zu kombinieren und dabei flexibler zu reagieren. Ausdruck dafür ist die *Entwicklung und Struktur des gesellschaftlichen Gesamtarbeiters sowie seiner Produktivität* in der UdSSR (vgl. Tab. 3 und Abb. 4).

Entsprechend den Funktionen im gesellschaftlichen Reproduktionsprozeß setzt sich der gesellschaftliche Gesamtarbeiter aus folgenden Gruppen zusammen:

- den Beschäftigten in der materiellen Produktion, etwa 100 Mio;
- den Beschäftigten in Bereichen der gesellschaftlichen Organisation der Produktion (in der Tabelle werden dazu gezählt: Beschäftigte in der Wissenschaft, in Bereichen der Leitung und Planung sowie Hoch- und Fachschulkader in der materiellen Produktion),[12] etwa 22 Mio;
- den Beschäftigten in Bereichen, die der Reproduktion der Arbeitskraft dienen (wie Bildungs- und Gesundheitswesen, Kultur und Kunst), etwa 17 Mio.

Aus der Tabelle 3 ist ersichtlich, *daß sich die Struktur des gesellschaftlichen Gesamtarbeiters im Zeitraum von 1971 bis 1980 bedeutend verändert hat.* Bezogen auf jeweils 100 Beschäftigte in der materiellen Produktion erhöhte sich die Anzahl der Produktionsarbeiter um 8%, der Beschäftigten in der Forschung und Entwicklung um 30%, der Beschäftigten in Bereichen der Leitung und gesellschaftlichen Organisation der Produktion um 25%, der Beschäftigten im Bildungs- und Gesundheitswesen sowie in Kultur und Kunst um 13%. Die Hoch- und Fachschulkader haben einen relativ hohen Anteil an den Beschäftigten in der Volkswirtschaft.

In diesen Ergebnissen, insbesondere im Wachstum der Zahl der Hoch- und Fachschulkader sowie der in der Wissenschaft, im Gesundheits- und Bildungswesen sowie in Kultur und Kunst Beschäftigten drücken sich Fortschritte bei der Intensivierung aus. Wesentliches Kriterium für die Effektivität dieser Veränderungen ist ihr Einfluß auf die Steigerung der gesellschaftlichen Arbeitsproduktivität. Die Abnahme des Anteils der Beschäftigten in der materiellen

[12] Bei Gesamtbetrachtungen sind die hiermit verbundenen Doppelzählungen zu eliminieren.

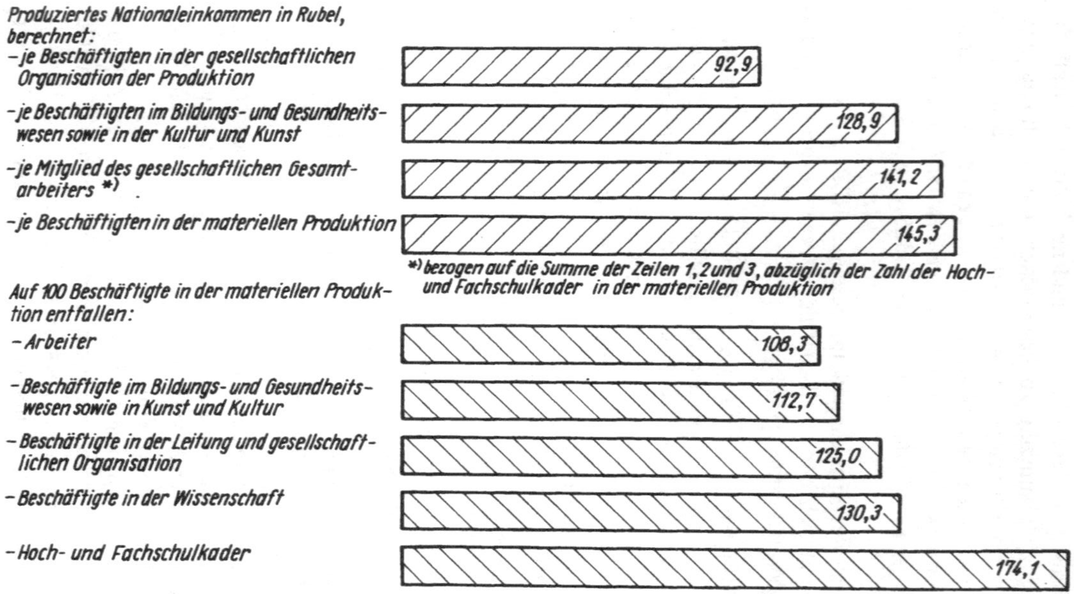

Abbildung 4: Die Dynamik des gesellschaftlichen Gesamtarbeiters und seiner Produktivität in der UdSSR (1980:1970 in %)

Quelle: G. Sorokin, Zakonomernosti socialističeskoj intensifikacii, in: Voprosy ėkonomiki, 10/1982, S. 114.

Tabelle 3: Der gesellschaftliche Gesamtarbeiter und seine Produktivität in der UdSSR

	1970	1980	1980:1970 (in %)
1. Beschäftigte in der materiellen Produktion gesamt (Mio Personen)	90,4	100,9	115,5
darunter			
– Produktionsarbeiter (Mio Personen)	64,9	78,8	121,4
– Genossenschaftsbauern in der gesellschaftlichen Wirtschaft (Mio Personen)	17,0	13,5	79,4
2. Beschäftigte in Bereichen der gesellschaftlichen Organisation der Produktion			
– Arbeitskräfte im Bereich von Wissenschaft und Technik' (Tsd. Personen)	2999	4379	146,0
– Leitung und gesellschaftliche Organisation (Tsd. Personen)	1838	2495	135,7
– Hoch- und Fachschulkader in der materiellen Produktion (Tsd. Personen)	7659	14937	195,0
Gesamtzahl der Beschäftigten in der gesellschaftlichen Organisation der Produktion (Mio Personen)	12,5	21,8	174,4
3. Beschäftigte im Bildungs- und Gesundheitswesen sowie in Kunst und Kultur (Tsd. Personen)	13,6	17,1	125,7
4. Produziertes Nationaleinkommen (Mrd. Rubel)	283,0	458,5	162,0

Quelle: G. Sorokin, Zakonomernosti socialističeskoj intensifikacii, in: Voprosy ėkonomiki, 10/1982, S. 114.

Produktion und die Zunahme ihres Anteils in Dienstleistungsbereichen sowie der Leitung und Planung würde – einseitig allein am statistischen Struktureffekt beurteilt – das Wachstum des Nationaleinkommens verringern. Jedoch muß das im Ergebnis der Intensivierung mehr als ausgeglichen werden durch die schnellere Steigerung der gesellschaftlichen Arbeitsproduktivität und damit auch des Nationaleinkommens je Mitglied des gesellschaftlichen Gesamtarbeiters.

Daran zeigt sich letztendlich auch die progressive Wirksamkeit der Veränderungen in der Struktur des Gesamtarbeiters, die für die Entfaltung qualitativer Wachstumsfaktoren von zunehmender Bedeutung sind. Für den Zeitraum von 1971 bis 1980 weist die Analyse darauf hin, daß hierbei noch Reserven bestehen. In diesem Zeitraum stieg in der UdSSR das Nationaleinkommen je Beschäftigten in der materiellen Produktion um 46%, je Mitglied des gesellschaftlichen Gesamtarbeiters um 15%.[13] Daraus kann die Schlußfolgerung gezogen werden, *daß gerade in den Bereichen außerhalb der materiellen Produktion noch erhebliche Reserven bei der rationelleren Nutzung des Arbeitszeitfonds sowie bei der Erhöhung ihres Beitrages zur Produktivitätssteigerung in der materiellen Produktion bestehen.* Maßnahmen zur besseren Wirksamkeit des gesellschaftlichen Arbeitsvermögens können deshalb nicht auf die materielle Produktion beschränkt bleiben.

Neben der rationellen Organisation der gesellschaftlichen Gesamtarbeit gehört die Sicherung des gesellschaftlichen Normalgrades der Arbeitsintensität zu den elementaren Voraussetzungen für eine hohe Effektivität des wissenschaftlich-technischen Fortschritts. Lenin kennzeichnete als „Voraussetzung des wirtschaftlichen Aufstiegs. . . die Hebung der Disziplin der Werktätigen, ihres produktiven Könnens, ihrer Geschicklichkeit, die Steigerung der Arbeitsintensität und die bessere Arbeitsorganisation“[14]. Sozialistische Intensivierung schließt also den gesellschaftlichen Normalgrad der Arbeitsintensität ein, bedeutet jedoch keineswegs automatisch und zwangsläufig, daß die Arbeitsintensität steigt. Wie die Klassiker des Marxismus-Leninismus herausarbeiteten, ist der gesellschaftliche Normalgrad der Ar-

[13] Offensichtlich einschließlich der Doppelzählungen durch die Hoch- und Fachschulkader in der materiellen Produktion (Anmerkung der DDR-Redaktion).

[14] W. I. Lenin, Die nächsten Aufgaben der Sowjetmacht, in: Werke, Bd. 27, Berlin 1960, S. 248.

beitsintensität stets durch die jeweiligen Produktionsverhältnisse bestimmt. Er bedeutet, daß die Arbeitskraft in dem konkret-historisch bestimmten Durchschnittsmaß an Anstrengung, mit dem gesellschaftlich üblichen Grad an Intensität verausgabt wird, der ihre ständige Reproduktion entsprechend den für den Sozialismus kennzeichnenden sozialen Kriterien sichert.

Negative Auswirkungen der Arbeitsintensität auf die Arbeits- und Lebensbedingungen sind also grundsätzlich nicht mit dem gesellschaftlichen Normalgrad vereinbar. Sie werden auch dadurch vermieden, daß der Arbeitstag verkürzt und die Freizeit verlängert wird. Die Sicherung des gesellschaftlichen Normalgrades der Arbeitsintensität erhält spezifische Züge durch die Intensivierung des Gesamtprozesses der Reproduktion, insbesondere durch das verstärkte Wirksamwerden qualitativer Wachstumsfaktoren. Es bestehen enge Wechselbeziehungen zur rationellen Nutzung von Energie, Rohstoffen und Grundfonds, zur Festigung von Ordnung, Organisation und Disziplin. Bei der sozialistischen Intensivierung spielt die rationellere Verteilung und Nutzung der gesellschaftlichen Gesamtarbeit, die den für den Kapitalismus typischen Raubbau an den einzelnen Werktätigen ausschließt, eine entscheidende Rolle für die je Zeiteinheit verausgabte Arbeit. Überhöhte Arbeitsintensität würde letztlich gegen die Intensivierung, gegen die gesellschaftliche Effektivität wirken (die grundsätzlich die Verbesserung der Arbeits- und Lebensbedingungen und damit auch die Beseitigung körperlich schwerer, gesundheitsschädlicher Arbeit einbezieht).

2.1.2. Intensivierung des Gesamtprozesses der Reproduktion

Das Hauptfeld der Intensivierung umfaßt die materielle Produktion. Jedoch hängt die volkswirtschaftliche Effektivität auch wesentlich davon ab, wie zeitlich aufeinander abgestimmt der *Gesamtprozeß der Reproduktion intensiviert wird.* Der in der Produktion erzielte Effekt ist möglichst weitgehend auch für die erweiterte Reproduktion der Arbeits- und Lebensbedingungen der Werktätigen sowie der Produktionsfonds wirksam zu machen. *Die Intensivierung der Produktion und der anderen Phasen der Reproduktion müssen aufeinander abgestimmt und synchron verlaufen.* Gerade durch den kontinuierlichen Verlauf des Gesamtprozesses der Reproduktion und seine Beschleunigung sind noch viele Intensivierungsreserven erschließbar. So können z. B. Unzulänglichkeiten in der technischen Ausstattung sowie der gesellschaftlichen Organisation der Arbeit in der Zirkulations-, Verteilungs- und Konsumtionsphase beträchtliche volkswirtschaftliche Effektivitätsverluste hervorrufen, wobei der in der Produktion erwirtschaftete Effekt teilweise wieder aufgehoben wird. Andererseits kann der mit gegebenen Fonds erzielbare Effekt wesentlich erhöht werden, indem ihr Umschlag im Gesamtprozeß der Reproduktion beschleunigt wird. Hierbei handelt es sich faktisch um eine Substitution von Fonds- oder Produktionsvolumen durch höhere Umschlagszahl.

Die jetzt herangereifte umfassende Durchdringung des gesellschaftlichen Reproduktionsprozesses mit Hilfe der Intensivierung erfordert und ermöglicht es, durch die bessere Berücksichtigung der Wechselbeziehungen zwischen den Reproduktionsphasen Effektivitätsreserven im größeren Maße zu erschließen. Das ist ein hoher Anspruch gerade an die überzeugende Nutzung der Vorzüge des Sozialismus. Bereits Lenin leitete bei der Untersuchung der Standortverteilung als Kriterium für die Rationalität u. a. ab, daß in den volkswirtschaftlichen Verflechtungen zwischen der Rohstofförderung, -verarbeitung bis zum Finalerzeugnis die Verluste so gering wie möglich gehalten werden.[15] Einschätzungen für die UdSSR kamen zum Ergebnis, daß durch rationellere gesellschaftliche Organisation der Arbeit im Verlaufe eines längeren Zeitraums die Ökonomisierung der lebendigen Arbeit um das 1,5- bis 2fache verbessert werden könnte. Darin eingeschlossen sind solche Reserven, wie die Verstärkung der Verteilung nach der Leistung als Stimulus zur Effektivitätssteigerung, Vervollkommnungen in der Arbeitsnormung und die Verbesserung der Arbeitsdisziplin.

Die Analyse des Gesamtprozesses der Reproduktion ist auch Voraussetzung, um die *Intensivierung der einfachen Reproduktion und der Akkumulation* voranzutreiben. Hierbei handelt es sich um Effektivitätsquellen, deren Bedeutung zunimmt. Aus methodologischen Gründen werden im folgenden die Intensivierung der einfachen Reproduktion und der Akkumulation getrennt untersucht. Tatsächlich sind sie jedoch miteinander verflochten und stehen in engen Wechselbeziehungen zueinander. Das kommt darin zum Ausdruck, daß eine höhere Effektivität zusätzlicher Investitionen Veränderungen

[15] Vgl. W. I. Lenin, Entwurf eines Plans wissenschaftlich-technischer Arbeiten, in: Werke, Bd. 27, a. a. O., S. 312.

in der Art und Weise der Produktion und ihrer Technik voraussetzt[16] und damit in der Regel auch die Wirksamkeit vorhandener Fonds beeinflußt. Andererseits ist die effektivere Nutzung der Elemente der einfachen Reproduktion die materielle Voraussetzung für die künftige Reproduktion auf erweiterter Stufenleiter.[17]

In welchem Maße das Gesamtprodukt der einfachen und der erweiterten Reproduktion dient, ist schwierig abzugrenzen. Als gewisser Indikator der erweiterten Reproduktion kann das Akkumulationsvolumen dienen. Mit 107,2 Mrd. Rubel nahm in der Volkswirtschaft der UdSSR die Akkumulation im Jahre 1980 ebenso wie 1974 einen Anteil von etwa 10% am Gesamtprodukt ein. Im Jahre 1959 betrug dieser Anteil 12,8%. Wird die Verwendung des Gesamtprodukts für die einfache Reproduktion sowie die Akkumulation nach ihrer Wertstruktur analysiert (vgl. Tab. 4), so ergeben sich wichtige Hinweise auf Faktoren und Wirkungen der Intensivierung. Aus der Tabelle geht hervor, *daß das Gesamtprodukt zu einem sehr hohen Anteil der einfachen Reproduktion dient, deren Intensivierung deshalb einen ganz entscheidenden Platz einnehmen muß.* Weiterhin wird bestätigt, daß in diesem Rahmen die intensivere Nutzung des Produktionsverbrauchs eine Hauptreserve für die Effektivitätssteigerung darstellt. Das bezieht sich vor allem auf die spezifischen Einsparungen an Roh- und Brennstoffen sowie generell am Materialverbrauch. Der Anteil des Ersatzfonds am Gesamtprodukt betrug im Jahre 1980 in der UdSSR 56%. Demgegenüber beliefen sich die Abschreibungen nur auf 6,6%, bezogen auf den Teil des Gesamtprodukts, der zur einfachen Reproduktion diente. *Daraus folgt jedoch keineswegs, daß die Intensivierung der einfachen Reproduktion der Grundfonds außer acht gelassen werden kann.* Immerhin entfielen auf die Abschreibungen in ihrem absoluten Volumen 1980 in der UdSSR 68,1 Mrd. Rubel, im Verhältnis zum Akkumulationsfonds sind das 62,3%. Noch deutlicher wird die Notwendigkeit zur verstärkten Ökonomisierung vorhandener Fonds angesichts des hohen Gesamtbestandes an Produktionsfonds, der 1980 1694,6 Mrd. Rubel betrug. Ein Prozent Einsparung an Produktionsfonds würde demzufolge 3,7% des Nationaleinkommens entsprechen. Jedoch wuchsen in den letzten 20 Jahren die Produktionsfonds rascher als

16 Vgl. W. I. Lenin, Die Agrarfrage und die „Marxkritiker“, in: Werke, Bd. 5, Berlin 1955, S. 103.

17 Vgl. K. Marx, Das Kapital, Zweiter Band, in: MEW, Bd. 24, a. a. O., S. 26.

Tabelle 4: Die Wertstruktur des gesellschaftlichen Gesamtprodukts, der Akkumulation und der einfachen Reproduktion im Jahre 1979 in der UdSSR (in Mrd. Rubel)[1]

	c	*v*	*m*	insgesamt
Gesellschaftliches Gesamtprodukt	590,1	220,0	218,0	1028,1
davon				
einfache Reproduktion	519,0	181,8	218,0	918,8
Akkumulation	71,1	38,2	–	109,3
in %:				
Gesellschaftliches Gesamtprodukt	57,4	21,4	21,2	100,0
einfache Reproduktion	56,5	19,8	23,7	100,0
Akkumulation	64,9	35,1	–	100,0

Dabei bedeuten:
c = verbrauchte Produktionsmittel,
v = notwendiges Produkt,
m = Mehrprodukt.

Quelle: G. Sorokin, Zakonomernosti socialističeskoj intensifikacii, in: Voprosy ėkonomiki, 10/1982, S. 116.

[1] Die Berechnungen gehen von folgenden Voraussetzungen aus: Dem „*c*" der einfachen Reproduktion liegt zugrunde c_1 und c_2 des gesellschaftlichen Gesamtprodukts (590,1 Mrd. Rubel). Das wurde vom Produktenwert der Abteilung I abgesetzt, so daß für den Anteil von „*c*" an der Akkumulation 71,1 Mrd. Rubel verblieben. Bei einem gesamten „*c*" von 590,1 Mrd. Rubel entfallen dann auf „*c*" der einfachen Reproduktion 519 Mrd. Rubel. Das Verhältnis zwischen „*m*" und „*v*" wurde so gewählt, daß es dem gesellschaftlichen Durchschnitt entsprach. Die Ergebnisse tragen Näherungscharakter. Möglicherweise ist der Anteil von „*c*" an der Akkumulation zu niedrig angesetzt. Die Akkumulation schließt auch die Reserven ein, in deren Struktur „*c*" überwiegt.

das Nationaleinkommen. So waren 1980 für jeden Rubel Nationaleinkommen 60 Kopeken an Fonds mehr vorzuschießen als 1970. Infolgedessen erhöhte sich das Akkumulationsvolumen relativ stark (im Vergleich zu 1970 um fast 90 Mrd. Rubel), obwohl sich gleichzeitig die Akkumulation je Einheit Produktionsfonds verringerte, die Fondserweiterung sich also relativ verlangsamte. Zu den Hauptursachen für die Senkung der Grundfondsquote in der UdSSR[18] gehören:

– der zeitliche Nutzungsgrad der Grundfonds war noch nicht hoch genug;
– neue Grundfonds wurden mit zu großer Zeitverzögerung produktionswirksam;

[18] Grundfonds hierbei zu vergleichbaren Preisen bewertet.

– neue Grundfonds wurden teilweise noch mit einem unzureichenden technischen Niveau installiert und bewirkten deshalb eine zu geringe Senkung der spezifischen Aufwendungen. Dadurch gelang es bisher noch nicht im notwendigen Maße, Verteuerungen von Ausrüstungen, Roh- und Brennstoffen entgegenzuwirken.

Auch in bezug auf die spezifische Senkung des Produktionsverbrauchs verlief die Intensivierung – gemessen an den objektiven Erfordernissen – bisher noch zu langsam; die tatsächliche Einsparung blieb hinter dem erforderlichen Effektivitätsbeitrag zurück. So stieg in der UdSSR im Zeitraum von 1971 bis 1980 das Gesamtprodukt (in vergleichbaren Preisen) um 67%, während das produzierte Nationaleinkommen nur um 62% zunahm. Die Intensivierung der einfachen Reproduktion findet also ihren Ausdruck in der produktiveren Nutzung der Arbeitsmittel (Senkung der Grundfondsintensität), der Arbeitsgegenstände (Senkung der Materialintensität), der Amortisationsfonds sowie in der Senkung der Lohnkosten je Gebrauchswerteinheit (Steigerung der Produktivität der lebendigen Arbeit). Diese Richtungen gelten im grundsätzlichen auch für die Intensivierung im Bereich der Akkumulation.

Die Effektivität der Akkumulation ist ein wesentliches Kriterium dafür, wie die Intensivierung des Reproduktionsprozesses insgesamt voranschreitet. Deshalb darf die sozialistische Akkumulation auch nicht von vornherein als ein extensiver Prozeß klassifiziert werden. Die Struktur der Akkumulation ist relativ konstant. Etwa 60 bis 66% des Akkumulationsfonds dienen dem Grundfondszuwachs (dabei etwa 40% für die Produktionsgrundfonds); 33 bis 40% werden zur Erhöhung der materiellen Umlaufmittel verwendet. Daran wird deutlich, daß der Steigerung der Investitionseffektivität die Hauptrolle bei der intensiveren Nutzung des Akkumulationsfonds zukommt.[19] Es geht sowohl um die Verstärkung intensiver Quellen für das Wachstum des Akkumulationsvolumens als auch um seine effektivere Nutzung.

Ausgehend von der wachsenden Bedeutung, die der Intensivierung der einfachen Reproduktion zukommt, stellen einige Wirtschaftswissenschaftler den Amortisationsfonds und das Mehrprodukt als Quellen der Akkumulation einander gegenüber. Dabei wird faktisch die Bedeutung des Amortisationsfonds für die erweiterte Reproduk-

[19] Vgl. Abschnitt 3.2.

tion über- und die Rolle des Mehrprodukts unterschätzt. Eine reale Einschätzung der tatsächlichen Intensivierung der einfachen Grundfondsreproduktion erfordert, daß die Amortisation mit dem Wiederbeschaffungswert der Grundfonds in Verbindung gebracht wird. *Intensive Reproduktion der Grundfonds bedeutet letztlich, daß ihre Wiederbeschaffung billiger wird und je Einheit Fondsvorschuß eine höhere Produktion erzielt wird.* Der Vergleich des Amortisationsvolumens mit dem Wiederbeschaffungswert gibt wichtige Hinweise, in welchem Maße der Amortisationsfonds über die Intensivierung zur Quelle der Produktionserweiterung wird.

Im Ergebnis der Umbewertung der Grundfonds im Jahre 1972 zeigte sich, daß in der UdSSR die Wiederbeschaffungspreise um 11% gestiegen waren. Diese Aufwandserhöhung mußte ebenfalls mit aus dem Ersatzfonds gedeckt werden. Da sich nach der Umbewertung die spezifischen Selbstkosten der Industrieproduktion und des Bauwesens nicht sehr stark verringerten, kann davon ausgegangen werden, daß der Wiederbeschaffungswert der Grundfonds sich kaum veränderte. In der Senkung der Wiederbeschaffungspreise, bezogen auf die Leistung der Grundfonds, liegt ein wichtiger Schwerpunkt weiterer Intensivierung. Jedoch genügt es dabei nicht, lediglich die potentiellen Effekte zu kennen. Es muß entschiedener um die Schaffung von Bedingungen für ihre tatsächliche Realisierung gekämpft werden.

Das ist auch notwendig, um den Einfluß der Intensivierung auf die Rate des Mehrprodukts zu verstärken. Dem Wachstum des Mehrprodukts kommt eine Schlüsselrolle zu, denn es ist die grundlegende Voraussetzung, damit der Zuwachs des Nationaleinkommens zur erweiterten Reproduktion sowohl der Arbeits- und Lebensbedingungen der Werktätigen als auch der Produktionsfonds beitragen kann. Nach verschiedenen Berechnungen stieg in der UdSSR die Rate des Mehrprodukts von 1959 bis gegen Ende der 70er Jahre (bei gleichzeitiger Verbesserung des Lebensniveaus für die Werktätigen). Demgegenüber wiesen die Berechnungen für die letzten Jahre eine gewisse Senkung der Mehrproduktrate aus. Gleichzeitig bestehen aber Möglichkeiten für ihre künftige Steigerung, wie insbesondere weiter oben angeführte Intensivierungsreserven belegen.

Die Nutzung dieser Reserven erfordert weitere Vervollkommnungen der Effektivitätsbeurteilung[20], insbesondere in Richtung der

[20] Vgl. dazu Abschnitt 4.

Gesamteffektivität. Gesamteffektivität und Intensivierung des Gesamtprozesses der Reproduktion bedingen einander. Damit wird es unumgänglich, eine Reihe von bisher ungelösten Fragen der Effektivitätsbestimmung zu klären. Das gilt z. B. für die vollständige Berücksichtigung der Aufwendungen, die von der Gesellschaft für den Boden, die Bereitstellung von Wasser und überhaupt die wirtschaftliche Nutzung von Naturressourcen verausgabt werden. Die Bestimmung der Gesamteffektivität erfordert auch, die Entwicklung der Produktionselemente nicht allein aus der Sicht des Jahres- oder Fünfjahrplans, sondern für ihren gesamten Reproduktionszyklus zu beurteilen. Analysen zeigen, daß offensichtlich annähernd einheitliche Reproduktionszyklen von schätzungsweise 20 Jahren für die grundlegenden Produktionselemente, die Arbeitskräfte und die Grundfonds bestehen. Hierbei wird davon ausgegangen, daß sich in der UdSSR die Konsumtion der Bevölkerung etwa alle 20 Jahre verdoppelt. In diesem Zeitraum bildet sich faktisch ein qualitativ neues Lebensniveau der Werktätigen heraus, auf dessen Basis die Reproduktion auf höherem Niveau fortgesetzt wird. Gesamtausdruck für den Effekt (auf der Ebene der Betriebe) wäre demnach das im Verlauf von 20 Jahren erzeugte Gesamtprodukt, abzüglich der verbrauchten Produktionsmittel und des notwendigen Produkts für die Beschäftigten in der materiellen Produktion. Ein Zeitraum von 10, 15 oder 20 Jahren ist aber auch erforderlich, um den wissenschaftlich-technischen Fortschritt und damit verbundene Veränderungen in den Strukturen zu überschauen und von seiten der Leitung und Planung gesellschaftlich zu beherrschen (einschließlich von Zielprogrammen für die effektivere Nutzung von Erdöl, Stahl, Mineraldünger, Holz u. a.).

2.1.3. Grundproportionen und Strukturen

Mit dem Übergang zur umfassenden Intensivierung in allen Zweigen und Bereichen, insbesondere mit der Beschleunigung des wissenschaftlich-technischen Fortschritts, sind Veränderungen der Wirtschaftsstruktur und volkswirtschaftlichen Grundproportionen verbunden. Für die schöpferische Anwendung von generellen Gesetzmäßigkeiten der Reproduktion unter den Bedingungen des entwickelten Sozialismus ergibt sich damit eine Vielzahl von neuen Fragestellungen. Dabei sind vor allem die Einflüsse der Intensivierung auf die

Grundelemente der Struktur des gesellschaftlichen Reproduktionsprozesses tiefgründiger zu analysieren. Das betrifft

- die wertmäßige Struktur des gesellschaftlichen Gesamtprodukts;
- seine gebrauchswertmäßige Struktur;
- die technische und organische Zusammensetzung der Produktion;
- das jeweilige Verhältnis zwischen den spezifischen Einsparungen von lebendiger und vergegenständlichter Arbeit und die damit verbundenen Gesetzmäßigkeiten in der Dynamik der Produktivitätssteigerung.

Weiterhin gehören dazu die Dynamik des Material-, Fonds- und Investitionswachstums und ihre Beziehungen zur technischen Zusammensetzung der Produktion sowie das Verhältnis zwischen der Dynamik des notwendigen Produkts für die Beschäftigten in der materiellen Produktion und der Arbeitsproduktivität unter dem Einfluß der Intensivierung.

Welche Veränderungen in der Struktur und den Grundproportionen des volkswirtschaftlichen Reproduktionsprozesses beim Übergang zur umfassenden Intensivierung jeweils vor sich gehen, wird wesentlich dadurch beeinflußt, wie sich grundlegende (in der Regel langfristige) Umgestaltungen der materiell-technischen Basis zugunsten ressourcensparender Technologien und die rationellere Nutzung des bereits vorhandenen Produktionspotentials zueinander verhalten bzw. miteinander verflechten. Gerade in den 80er Jahren kommt es darauf an, daß sich mit der Intensivierung neue Quellen für das wirtschaftliche Wachstum rascher herausbilden. Das betrifft vor allem die schnellere Entwicklung des real verfügbaren Endprodukts im Verhältnis zu den materiellen Ressourcen (einschließlich der Investitionen) sowie zum gesellschaftlichen Arbeitsvermögen.

Dabei orientiert die Partei auf die rationellere Nutzung der natürlichen Ressourcen, der Arbeitsmittel und des Arbeitsvermögens als wirksamsten Weg zur Erhöhung des Nationaleinkommens.[21] Als Beispiel seien vor allem höhere spezifische Einsparungen an Roh- und Brennstoffen genannt. So sind für 1985 relative Einsparungen in

[21] Vgl. XXVI. Parteitag der KPdSU. Rechenschaftsbericht des Zentralkomitees der Kommunistischen Partei der Sowjetunion und die nächsten Aufgaben der Partei in der Innen- und Außenpolitik, Berichterstatter: L. I. Breshnew, a. a. O., S. 51–57.

Höhe von mehr als 200 Mio t Brennstoffeinheiten vorgesehen. Das sind etwa 10,5% der im Jahre 1980 in der UdSSR geförderten Gesamtmenge von Brennstoffen. Im Maschinenbau und in anderen Zweigen der metallverarbeitenden Industrie ist geplant, im gleichen Zeitraum den spezifischen Verbrauch von Walzstahl um 18 bzw. 20% zu senken. Damit wird es aber auch immer wichtiger zu untersuchen, wie die bessere Nutzung der vorhandenen Ressourcen auf volkswirtschaftliche Proportionalitätsbedingungen einwirkt, insbesondere auf das Verhältnis zwischen der Entwicklung von Produktions- und Konsumtionsmitteln. Diese Frage ist nur zu beantworten, wenn gleichfalls andere wesentliche Einflußfaktoren berücksichtigt werden. Zu analysieren ist der Gesamteinfluß der Intensivierung auf die Proportion zwischen den Produktions- und Konsumtionsmitteln. Diese Proportion wird im folgenden in den Mittelpunkt gestellt, weil sie mit einer Vielzahl von anderen Proportionen und Reproduktionsbedingungen verbunden ist und grundlegende Zusammenhänge ausdrückt, die für das planmäßige Funktionieren des Gesamtprozesses von Bedeutung sind.

Unter den Bedingungen des Übergangs zur umfassenden Intensivierung ist die vorrangige Entwicklung der Produktionsmittel aus langfristiger Sicht vor allem durch die Umgestaltung der materiell-technischen Basis aller Volkswirtschaftszweige infolge des wissenschaftlich-technischen Fortschritts bedingt. Diese stellt wachsende Anforderungen an die Bereitstellung von modernen Ausrüstungen, aber auch von neuen bzw. weiterentwickelten Arten von Werkstoffen, Roh- und Brennstoffen. Der untrennbare Zusammenhang zwischen wissenschaftlich-technischem Fortschritt und vorrangigem Wachstum der Abteilung I der gesellschaftlichen Produktion bleibt also in der langfristigen Tendenz für den Übergang zum intensiven Reproduktionstyp bestimmend.[1]

Das beruht darauf, daß der wissenschaftlich-technische Fortschritt die Arbeitsproduktivität steigert, wobei lebendige Arbeit im Vergleich zur vergegenständlichten relativ stärker eingespart wird, was die vorrangige Entwicklung von Produktionsmitteln bedingt. Die Einsparung an lebendiger Arbeit verläuft in einem höheren Tempo als die Einsparung vergegenständlichter Arbeit: „Die Steigerung der Produktivität der Arbeit besteht eben darin, daß der Anteil der lebendigen Arbeit vermindert, der der vergangnen Arbeit vermehrt wird, aber so, daß die Gesamtsumme der in der Ware steckenden Arbeit abnimmt; daß also die lebendige Arbeit um mehr abnimmt als die vergangne zunimmt."[22] Das heißt, die Gesetzmäßigkeiten des wissenschaftlich-technischen Fortschritts[23], sein Einfluß auf die Steigerung der technischen Zusammensetzung der Produktion und der Arbeitsproduktivität bestimmen unmittelbar die Proportion zwischen den Abteilungen I und II. In der „Ersetzung der manuellen durch die maschinelle Arbeit. . . besteht ja die ganze progressive Wirksamkeit der menschlichen Technik".[24]

Die sozialistische Intensivierung hebt diese Wirkung nicht auf. Sie beruht ebenfalls auf der schnelleren Steigerung der Produktionsfonds im Vergleich zum notwendigen Produkt der Beschäftigten in der materiellen Produktion. Dabei werden durch die dem Sozialismus gemäße Art und Weise der Intensivierung grundsätzlich die Widersprüche überwunden, die für die kapitalistische Anwendung der Technik charakteristisch waren. Lenin ging deshalb in seinen hypothetischen Rechnungen davon aus, daß der Kapitalismus den Grad der Vorrangigkeit im Verhältnis zwischen der Abteilung I und II gegenüber den vorkapitalistischen Klassenformationen auf das 10fache steigert, der Sozialismus gegenüber dem Kapitalismus auf das 2fache.[25]

Jedoch ermöglicht es die bessere Nutzung von vorhandenen Ressourcen, in bestimmten Etappen der Intensivierung den Anteil der Abteilung I nicht zu vergrößern bzw. diese langsamer zu entwickeln. Auf den ersten Blick bestehen solche Möglichkeiten solange, wie dadurch das Produktionswachstum gefördert wird, also noch Reserven zur besseren Nutzung vorhandener Produktionsfonds erschließbar sind. Jedoch wird damit der Zusammenhang zwischen der effektiveren Nutzung vorhandener Produktionsfonds und der Proportion zwischen der Abteilung I und II sehr vereinfacht. Es kommt darauf an, die Einflüsse der Intensivierung konkreter zu berücksichtigen. Das bedeutet:

1. Da sich die bessere Nutzung des Vorhandenen auf *alle* Produktionselemente bezieht, werden außer den Produktionsfonds auch Arbeitskräfte in der materiellen Produktion relativ eingespart. Unter sonst

[22] K. Marx, Das Kapital. Dritter Band, in: MEW, Bd. 25, a. a. O., S. 271.

[23] Vgl. K. Marx, Das Kapital. Dritter Band, in: MEW, Bd. 25, a. a. O., S. 90; vgl. W. I. Lenin, Zur sogenannten Frage der Märkte, in: Werke, Bd. 1, a. a. O., S. 76, 78.

[24] W. I. Lenin, Zur sogenannten Frage der Märkte, in: Werke, Bd. 1, a. a. O., S. 97.

[25] Vgl. Leninskij sbornik, Bd. XXXVIII, a. a. O., S. 89–91.

gleichbleibenden Bedingungen würden sich dadurch verhältnismäßig geringere Anforderungen an das Wachstumstempo der Abteilung II ergeben.[26]
2. Die Einsparung von Materialien und Energieträgern durch bessere Nutzung des Vorhandenen erfordert vielfach zusätzliche Investitionen – wenn auch mit relativ geringerem Volumen –, d. h. also Produktionsmittel anderer Art.
3. Die Sicherung dauerhafter spezifischer Einsparungen von Produktionsfonds erfordert, ihr wissenschaftlich-technisches Niveau ständig zu erhöhen, wobei die dafür notwendigen Vorleistungen wiederum ein höheres Aufkommen von Produktionsmitteln verlangen.

Zusammenfassend kann folglich festgestellt werden, daß es durch Effektivitätssteigerung auf dem Wege der besseren Nutzung vorhandener Produktionsfonds in bestimmten Zeiträumen möglich wird, die Produktion von Konsumtionsmitteln schneller zu erhöhen. Langfristig gesehen jedoch stützt sich die Intensivierung auf den wissenschaftlich-technischen Fortschritt als Hauptfaktor, und damit wird über längere Zeiträume die Proportion zwischen der Abteilung I und II durch die vorrangige Entwicklung der Produktionsmittel bestimmt.

Die Praxis bestätigt die genannten Zusammenhänge. Im Zeitraum von 1959 bis 1979 stieg der Verbrauch von vergegenständlichter Arbeit je Einheit des Endproduktes um 8,5%, der Aufwand an lebendiger Arbeit sank auf zwei Drittel. Bei stärkerer Nutzung von Reserven würde der Verbrauch vergegenständlichter Arbeit zweifellos auch noch stärker sinken. Jedoch erscheint eine Ökonomisierung des Materialverbrauchs im gleichen Tempo wie bei der lebendigen Arbeit langfristig als unwahrscheinlich.

Ausgehend von Verflechtungsbilanzen des Gesamtprodukts kann nachgewiesen werden, daß sich im untersuchten Zeitraum (1959 bis 1979) die Produktion der Abteilung I in der UdSSR vorrangig entwickelt hat (vgl. Tab. 5). Grundlage dafür war, daß im Verhältnis zum notwendigen Produkt für die Beschäftigten in der materiellen Produktion die Produktionsmittel insgesamt (Ersatzfonds für die verbrauchten Produktionsmittel sowie produktive Akkumulation) schneller gewachsen sind. Dabei nahm der Vorrangigkeitsgrad der Abteilung I im Zeitverlauf ab.

[26] Der Autor hat hier wahrscheinlich den speziellen Fall im Auge, daß das Wachstum des Mehrprodukts vollständig zugunsten der produktiven Akkumulation verwendet wird (Anmerkung der DDR-Redaktion).

Tabelle 5: Proportionen der Reproduktion in der UdSSR[1]

Jahr	Anteil der Produktionsmittel am gesellschaftlichen Gesamtprodukt	Anteil der Gruppe A an der Industrieproduktion	Produktionsverbrauch: notwendiges Produkt $\left(=\frac{c}{v}\right)$	Produktion der Abteilung I: Produktion der Abteilung II (das entspricht größenmäßig $\frac{c'}{v'})^2$
1959	58,9	72,0	1,94:1	1,44:1
1966	62,2	74,4	2,26:1	1,49:1
1972	63,3	73;6	2,55:1	1,73:1
1975	63,9	73,7	2,72:1	1,77:1
1977	64,2	73,9	2,65:1	1,79:1
$\frac{1977}{1959}$ (%)	–	–	137,0	124,0

[1] Der Anteil der Abteilung I am Gesamtprodukt wurde in laufenden Preisen ausgewiesen. Jedoch hat sich auch in vergleichbaren Preisen die Abteilung I auf lange Sicht vorrangig entwickelt.

[2] Das heißt, das gleiche Resultat ergibt sich, wenn die Akkumulation in ihre *c*- und *v*-Bestandteile zerlegt wird. Gegenüber der dritten Spalte werden dabei die volle Größe von *c* (gekennzeichnet durch *c*') und die volle Größe von *v* (gekennzeichnet durch *v*') zueinander ins Verhältnis gesetzt.

Quellen: G. Sorokin, Problemy teorii socialističeskogo, vozproizvodstva, in: Voprosy ėkonomiki, 1/1979, S. 27; M. Eidel'man, Narodnochozjajstvennye proporcii v uslovijach intensifikacii obščestvennogo proizvodstva, in: Planovoe chozjajstvo, 7/1982, S. 59.

Während in der ersten Hälfte der 60er Jahre die Vorrangigkeit der Abteilung I relativ stark ausgeprägt war, näherten sich mit dem Ende der 60er/Anfang der 70er Jahre die Entwicklungstempi beider Abteilungen an. Das betraf auch die Gruppen A und B der Industrieproduktion. Diese Entwicklungstendenzen zeigten sich auch beim Wachstum der Akkumulation und Konsumtion. So war im Jahre 1959 die Produktion der Abteilung I um 14% höher als der Ersatzfonds für die verbrauchten Produktionsmittel, im Jahre 1979 nur noch um 11%. Diese wichtigen Strukturveränderungen resultierten vor allem aus schnelleren Verbesserungen in den Arbeits- und Lebensbedingungen. Ihre Grundlage sind Forts^hritte in der umfassenden Intensivierung.

Es sind also Etappen der Intensivierung möglich, in denen sich der Anteil der Abteilung I nicht vergrößert bzw. in denen sich diese mit geringeren Tempi entwickelt. Das bedeutet aber nicht, daß die Intensivierung zur Aufhebung der Gesetzmäßigkeit von der vorrangigen Entwicklung der Produktion von Produktionsmitteln führt.

Eine ganze Reihe von Ursachen bedingen, daß — über einen hinreichend langen Zeitraum betrachtet — die Abteilung I der gesellschaftlichen Produktion auch zukünftig vorrangig entwickelt wird. Insbesondere hängt das mit der Kontinuität zusammen, mit der die dem Sozialismus gemäße Einheit der Aufgaben zur weiteren Vervollkommnung der materiell-technischen Basis und zur Verbesserung der Arbeits- und Lebensbedingungen realisiert wird.

Zu den hauptsächlichen Ursachen gehören:

— Zusätzliche Produktionsmittel sind notwendig, um die Konsumgüterproduktion zu steigern.[27] Dabei muß berücksichtigt werden, daß in der Regel mehrere Jahre erforderlich sind, um die Kapazitäten für die Produktion von Produktionsmitteln zu erweitern, was seinerseits für bestimmte Etappen in Richtung des vorrangigen Wachstums von Produktionsmitteln wirkt. Die Zunahme der Konsumgüterproduktion kann deshalb keineswegs nach subjektivem Ermessen festgelegt werden, sondern muß von der wechselseitigen Bedingtheit der Entwicklung beider Abteilungen der gesellschaftlichen Produktion ausgehen. Mit dem Übergang zur umfassenden Intensivierung ist sowohl das Wachstum als auch das qualitative Niveau der Konsumgüterproduktion immer enger mit dem wissenschaftlich-technischen Fortschritt verbunden. Die Erweiterung auch der Konsumgüterproduktion hängt gegenwärtig stärker als zuvor von den Steigerungsraten der Arbeitsproduktivität ab und ist deshalb unmittelbar mit der grundlegenden Aufgabe verbunden, ein höheres Niveau der Arbeitsproduktivität zu erreichen.[28] Beschleunigung des wissenschaftlich-technischen Fortschritts ist deshalb Grundvoraussetzung, um auch in der Konsumgüterproduktion einen höheren Zuwachs zu erzielen.

— Die weitere Industrialisierung der Landwirtschaft und die Erhöhung ihres technischen Niveaus wird auch zukünftig stark vom Wachstum der in der Industrie hergestellten Produktionsmittel ab-

[27] Vgl. Materialy XXVI, sezda KPSS, Moskva, 1981, S. 38.
[28] Vgl. W. I. Lenin, Die große Initiative, in: Werke, Bd. 29, a. a. O., S. 416; Materialy Plenuma ZK KPSS, 14.—15. ijunja 1983, Moskva 1983, S. 9.

hängig sein (Gruppe A der Industrieproduktion). Dabei beeinflußt die Entwicklung der Landwirtschaft selbst den Vorrangigkeitsgrad der Abteilung I, denn etwa vier Fünftel der landwirtschaftlichen Produktion werden als Produktionsmittel verwendet. Von Bedeutung sind hierbei aber auch konkret-historische Unterschiede. Besonders kompliziert ist die Hebung des Niveaus der landwirtschaftlichen Produktion in Ländern mit einem hohen Anteil der Landwirtschaft und mit historisch gewachsenen Disproportionen zwischen industrieller und landwirtschaftlicher Produktion. Dafür sind sehr hohe Aufwendungen erforderlich. So wurde z. B. in der UdSSR im Zeitraum von 1976 bis 1980 7,2mal mehr in die Landwirtschaft investiert als während der Periode der sozialistischen Industrialisierung in die Industrie. Für die Landwirtschaft wird auch in den 80er Jahren ein hohes Wachstumstempo und ein großer Anteil der Investitionen kennzeichnend sein.

— Steigende Anforderungen an die Produktion von Produktionsmitteln stellen auch die dem Sozialismus eigenen sozialen Kriterien. Deshalb nimmt die Produktion von neuen Maschinen und Ausrüstungen, die der Arbeitserleichterung dienen und generell die Arbeitsbedingungen verbessern, gerade im entwickelten Sozialismus einen wachsenden Stellenwert ein. In der UdSSR ist z. B. geplant, von 1981 bis 1985 die Arbeitsbedingungen von mehr als 10 Mio Menschen zu verbessern.[29]

— Ein zusätzlicher Bedarf an Produktionsmitteln wird durch die Maßnahmen zur Erhaltung und Wiederherstellung der Umwelt hervorgerufen.

— Der Außenhandel, insbesondere die Export- und Importstruktur beeinflussen das konkrete Verhältnis zwischen der *Produktion* und dem *Aufkommen* von Produktions- und Konsumtionsmitteln.

— Die Sicherung der Verteidigungsfähigkeit stellt wachsende Anforderungen an die Abteilung I, insbesondere an die Schwerindustrie.

Ausgehend von der Anwendung der marxistisch-leninistischen Reproduktionstheorie auf die konkreten Entwicklungsbedingungen des Sozialismus muß deshalb auch für den Übergang zur umfassenden Intensivierung die Wirkung des Gesetzes der vorrangigen Entwicklung der Abteilung I anerkannt werden. Da es sich — wie jedes

[29] Vgl. A. Bačuin, Intensifikacija: Predposylki, puti osuščestulenija, in: Planovoe chozjajstvo (Moskva), 9/1981, S. 25.

ökonomische Gesetz – in der Tendenz langfristig realisiert, schließt es mehr oder weniger gleiche Wachstumsraten beider Abteilungen ein. Das ist zu berücksichtigen, um die Gesetzmäßigkeiten der erweiterten sozialistischen Reproduktion unter den jeweils konkreten Bedingungen der Intensivierung bewußt anzuwenden.

2.2. Effektivität und Proportionalität beim Übergang zum intensiven Reproduktionstyp[30]

Die Erschließung von Effektivitätsreserven wird in wachsendem Maße dadurch bestimmt, wie die Bilanzierung auf die Erfordernisse der umfassenden Intensivierung eingestellt wird. Grundlage dafür sind die Wechselbeziehungen zwischen Proportionalität und Effektivität.

Im folgenden wird die Wirkung der Intensivierung auf die Wechselbeziehungen zwischen Proportionalität und Effektivität anhand der Zusammenhänge analysiert, die bestehen zwischen

- der Reproduktion der Produktionsgrundfonds und der Produktion von Arbeitsmitteln;
- der Entwicklung der Produktionsgrundfonds und der Produktion von Arbeitsgegenständen;
- den Wachstumstempi der Produktion von Arbeitsmitteln und Arbeitsgegenständen;
- der stofflichen Produktion und der Produktionsinfrastruktur.

Ausgangspunkt dafür ist die Tatsache, daß in der Grundfondsreproduktion sich ein wichtiger Teil des Eigentums an Produktionsmitteln widerspiegelt und über die Grundfondsreproduktion enge Beziehungen zu den volkswirtschaftlichen Proportionen, Wachstumsrelationen der Produktion, Konsumtion und Akkumulation bestehen. Außerdem gehört die Intensivierung der Grundfondsreproduktion zu den Faktoren, die zukünftig in wachsendem Maße zur Aufwandsminimierung beitragen werden.

[30] Dieser Beitrag ist entnommen und unwesentlich gekürzt aus: A. I. Notkin, Sbalansirovannost' faktorov proizvodstva i častij konščestvennogo produkta v usloviach intensifikacii proizvodstva, Punkt 2., in: Voprosy intensifikacii i sbalansirovannosti rasširennogo vosproizvodstva v period razvitogo socializma, Redaktion: A. I. Notkin, Moskva 1981, S. 20–38.

2.2.1. *Reproduktion der Grundfonds und vorrangige Produktionsmittelproduktion*

Die Grundfondsreproduktion wirkt auf die Produktion von Arbeitsmitteln und -gegenständen im allgemeinen über die Rate der produktiven Akkumulation, die Steigerung der Arbeitsproduktivität und die Ökonomisierung der Produktionsmittel. *Dabei wird sie bei noch vorwiegend extensiv erweiterter Reproduktion, bei Intensivierung auf Teilgebieten und bei einzelnen Faktoren sowie bei allseitiger (umfassender) Intensivierung durch jeweils spezifische Merkmale gekennzeichnet.*[31] Bereits mit der Intensivierung auf Teilgebieten wächst die Rolle der Grundfonds, insbesondere der Ausrüstungen. Beim Übergang zur umfassenden Intensivierung hängen von ihrem Umfang, dem wissenschaftlich-technischen Niveau und der Struktur in großem Maße das Niveau der Arbeitsproduktivität, der Materialintensität und der Fondsquote ab, d. h. die Hauptkennziffern der ökonomischen Effektivität der sozialistischen Produktion. Weitere Einflüsse gehen von der Rate der produktiven Akkumulation aus. Ihre Erhöhung würde auch bei unveränderter Produktionstechnik und gleichbleibender organischer Zusammensetzung der Produktion zu einem beschleunigten Wachstum der Produktion von Produktionsmitteln führen. Von Bedeutung ist weiterhin, daß bei der Produktion von Produktionsmitteln andere Proportionen zwischen Produktionsgrundfonds, den Arbeitskräften und Arbeitsgegenständen bestehen als bei der Produktion von Konsumtionsmitteln.

Die Proportionen zwischen der Produktion von Arbeitsmitteln und -gegenständen werden jedoch nicht allein durch die Effektivität beeinflußt, sondern es wirkt darüber hinaus noch eine Reihe von Faktoren in unterschiedlichen Richtungen. Zu einer schnellen Produktionssteigerung von Erzeugnissen des Maschinenbaus und der elektronischen Industrie führen: ein höherer Ersatz veralteter Grundfonds; die weitere Mechanisierung der Produktion; ein zunehmender Anteil der Ausrüstungen an den Produktionsgrundfonds; das wachsende Volumen von Ausrüstungsinvestitionen, welche die zukünftige Produktion (über den laufenden Fünfjahrplan hinaus) vor-

[31] Zur Bestimmung der Merkmale und Stufen der Intensivierung des Reproduktionsprozesses vgl.: A. I. Notkin, Vorwiegend intensiver Typ der erweiterten Reproduktion und Effektivität, in: Wirtschaftswissenschaft, 3/1983, S. 339 bis 357.

bereiten helfen; die mit dem technischen Fortschritt verbundene Entwicklung neuer Zweige, wie u. a. Energetik, Chemie, Automatisierungsmittelbau. Die Reproduktionserfordernisse der Grundfonds können ohne ein rascheres Wachstum der Investitionsgüterproduktion gesichert werden, wenn ein hohes Produktionsvolumen an Ausrüstungsgütern erreicht wurde oder die Grundfondsquote steigt. In der Regel überwiegen jedoch Faktoren, die ein schnelleres Produktionswachstum bei Ausrüstungsgütern bedingen.

Zwischen der Intensivierung der Grundfondsreproduktion und dem Wachstum der Produktion von Arbeitsgegenständen bestehen ebenfalls enge Zusammenhänge. Ein zusätzlicher Bedarf nach Arbeitsgegenständen ergibt sich z. B. aus der wachsenden Leistungsfähigkeit von Maschinen und Maschinensystemen im Gefolge des wissenschaftlich-technischen Fortschritts, aus der Steigerung der Fondsquote und aus der Inbetriebnahme neu geschaffener Produktionskapazitäten. In einzelnen Jahren können die Anforderungen an das Produktionswachstum von Arbeitsgegenständen sogar größer sein als bei Investitionsgütern. Das wäre z. B. dann der Fall, wenn die Auslastung bisher nicht voll genutzter Produktionsfonds erhöht wird und der zusätzliche Materialbedarf nicht sofort durch eine entsprechende Senkung der Materialintensität der Produktion gedeckt werden kann. Gleichzeitig haben aber Veränderungen im Verbrauch von Arbeitsgegenständen wesentliche Auswirkungen auf volkswirtschaftliche Proportionen. Die Zweige, die Arbeitsgegenstände herstellen, sind gewöhnlich fonds- und arbeitskräfteintensiv. Deshalb fördert die spezifische Einsparung von Arbeitsgegenständen das schnellere Wachstum des Endprodukts und den Übergang zum umfassend intensiven Typ der erweiterten Reproduktion. Das Verhältnis zwischen den Wachstumstempi der Produktionsgrundfonds in der Volkswirtschaft und der Produktion von Arbeitsmitteln in der Industrie läßt sich wie folgt charakterisieren (vgl. Tab. 6).[32]

Dabei konzentriert sich die Analyse auf die Industrie, denn die dort hergestellten Produktionsinstrumente sind für den Einsatz in allen Produktionszweigen bestimmt. Laut Tabelle *erhöhte sich die Industrieproduktion von Investitionsgütern insgesamt schneller als die Produktionsgrundfonds der Volkswirtschaft.* Ist dieses Verhältnis ge-

[32] Der Originalbeitrag von A. I. Notkin enthält die entsprechenden Daten nur bis zum Jahre 1979. Die restlichen Jahre für die UdSSR sowie die Daten für die DDR und VRB wurden durch die DDR-Redaktion ergänzt.

Tabelle 6: Jährliche Wachstumstempi von Produktionsgrundfonds und Investitionsgütern (in %)

Jahre	Grundmittelbestand der produzierenden Bereiche UdSSR	DDR	VRB	Produktion von Arbeitsmitteln UdSSR	VRB
1965–1970	5,7	3,9	7,1	8,4[1]	17,0[1]
1970–1975	8,7	5,9	8,9	10,0[2]	6,6[2]
1975–1980	10,5	5,9	11,5	4,7	11,3
1980–1983	6,7[3]	5,4	7,7	5,4	9,7

[1] Angaben von 1966–1970.
[2] Angaben von 1971–1975.
[3] Angaben von 1980–1982.

Quellen: Statistisches Jahrbuch der DDR 1983, S. 5, ebenda, 1984, S. 15; Statističeski godišnik na narodna republika B'lgarija, Sofija 1982, S. 198–203, 1976, S. 168 und 173, 1984, S. 208; CSU narodnoe chozjajstvo SSSR 1922–1982, Moskva, S. 151/152 für die Jahre von 1975 bis 1981, ebenda, 1983, S. 47, 121, 151.

setzmäßig? Diese Frage muß für den Untersuchungszeitraum bejaht werden. Bedingt war das insbesondere durch die verschiedenen Maßnahmen zur Ablösung von Handarbeit, die den Anteil der Ausrüstungen an den Grundfonds erhöhen.

Die technologische Struktur der Investitionen der sozialistischen Wirtschaft (ohne Kollektivwirtschaften) veränderte sich eindeutig zugunsten des Ausrüstungsanteils. 1965 betrug in der UdSSR der Anteil der Bau- und Montagearbeiten am Gesamtumfang der Investitionen 52%, der Anteil der Ausrüstungen, Instrumente und des Inventars 40%, 1975 entsprechend 48 und 42%, 1980/81 41 und 47%. Per 1. Januar 1965 entfielen in der Industrie auf den Anteil der Gebäude und baulichen Anlagen an den Produktionsgrundfonds 53%, auf den Anteil der Produktionsausrüstungen 46%, per 1. Januar 1980 entsprechend 47,9 und 51,2%.

Weiterhin war von Bedeutung, daß verschiedene Elemente der Produktionsgrundfonds (Gebäude, bauliche Anlagen, Arbeits- und Kraftmaschinen, Transportmittel, Meß- und Regelungsapparaturen usw.) einer unterschiedlichen Dynamik unterliegen. Produktionsausrüstungen müssen infolge ihres physischen, besonders aber moralischen Verschleißes wesentlich häufiger teilweise oder vollständig ersetzt werden als Gebäude und bauliche Anlagen, deren Lebensdauer in der Regel Jahrzehnte umfaßt. So betrug im Jahre 1979 in den Industriebetrieben in der UdSSR die Aussonderungsrate aller Produktionsgrundfonds 1,4%, darunter der Gebäude und baulichen Anlagen 0,5%, der Maschinen und Ausrüstungen 2,4%, der sonstigen Grundfonds 1,6%. Die Nachfrage nach Produktionsinstrumenten erhöht sich schneller als nach anderen Elementen der Arbeitsmittel, und sie wächst rascher als die Produktionsgrundfonds insgesamt, weil der Anteil der Ausrüstungen an den Produktionsgrundfonds zunimmt und sie auch häufiger erneuert werden.

Die genannte Wachstumsproportion zwischen den Produktionsgrundfonds und dem Aufkommen an Investitionsgütern wird z. B. für die UdSSR noch deutlicher, wenn die Nettoimporte an Ausrüstungen mit einbezogen werden. Das erklärt sich daraus, daß der in der Industrie der UdSSR erreichte Umfang der Produktion von Ausrüstungsgütern zwar sehr groß ist, jedoch noch nicht ausreicht, um gleichzeitig die wachsenden Bedürfnisse nach dem Ersatz veralteter Ausrüstungen und der Erweiterung der Produktionskapazitäten vollständig zu befriedigen. Deshalb übersteigt der Import von Maschinen, Ausrüstungen und Transportmitteln in der UdSSR wesentlich ihren Export (vgl. Tabelle 7). (In der DDR sind die Relationen umgekehrt, was seit etwa 1980 auch für die VRB gilt. Anmerkung der DDR-Redaktion).

Tabelle 7: Export und Import der UdSSR mit Maschinen, Ausrüstungen und Transportmitteln (in Mrd. Rubel)

	1960	1965	1970	1975	1979	1980	1983
Export	1,04	1,47	2,48	4,49	7,42	7,84	8,49
Import	1,57	2,42	3,75	9,04	14,39	15,07	22,76

Quelle: CSU narodnoe chozjajstvo SSSR Moskva 1983, S. 560, 563.

Der Anteil des Imports von Ausrüstungsgütern am Gesamtimport der UdSSR betrug 1965 33,4%, 1970 35,5%, 1975 sowie 1980 33,9% und 1981 30,2%. Darauf wirkte sich vor allem die Entwicklung der sozialistischen ökonomischen Integration außerordentlich positiv aus. Insgesamt überstieg deshalb der Zuwachs des Aufkommens an Ausrüstungsgütern in der UdSSR (Inlandsproduktion und Nettoimport) das Wachstum der Produktionsgrundfonds wesentlich stärker, als das allein in ihrem Produktionswachstum zum Ausdruck kommt. Hierbei bestehen Reserven zur Effektivitätssteigerung durch schnelle Montage der gelieferten Ausrüstungen. Auch das ist ein Faktor zur verstärkten Intensivierung der gesellschaftlichen Produktion.

Die Wachstumsindizes für die Produktion von Produktionsinstrumenten und die Produktionsgrundfonds erlauben jedoch nur sehr globale Aussagen. Um zu berücksichtigen, welche Anforderungen die Intensivierung der Grundfondsreproduktion an die volkswirtschaftlichen Proportionen stellt, muß vor allem die Entwicklung des *Ausrüstungsparks* analysiert werden. Dabei ist auch von Einfluß, daß sich dieser allmählich zum Hauptbestandteil der Produktionsgrundfonds entwickelt.

Dafür folgendes Beispiel: Es wird angenommen, daß im Basisjahr in der Volkswirtschaft Produktionsgrundfonds in Höhe von 1000 Mrd. Rubel vorhanden sind, davon Ausrüstungen von 300 Mrd. Rubel. Die jährliche Produktion von Ausrüstungsgütern beträgt 30 Mrd. Rubel. Für den Ersatz ausgesonderter Ausrüstungen sind (bei einer Aussonderungsrate von 3%) 9 Mrd. Rubel erforderlich, für die Erweiterung (wofür ein Tempo von 10% angenommen wird) werden Ausrüstungen von 30 Mrd. Rubel gebraucht (300 Mrd. Rubel × 0,1). Daraus folgt, daß im folgenden Jahr für den Ersatz und die Akkumulation Ausrüstungen in Höhe von 39 Mrd. Rubel erforderlich sind; bei einer Produktion im Basisjahr von 30 Mrd. Rubel bedeutet das eine Produktionssteigerung um 9 Mrd. Rubel (vgl. Tab. 8). Der Tabelle wurde zugrunde gelegt, daß sich in vier Jahren der Bestand an Ausrüstungen fast auf das 1,5fache erhöhte, wobei die jährliche Produktion von Ausrüstungen auf das 1,7fache stieg. Um einen 10%igen Zuwachs des Bestandes an Ausrüstungen je Jahr zu gewährleisten, müßte die Produktion des Maschinenbaus im ersten Jahr sprunghaft nicht nur um 10, sondern um 30% steigen (vorausgesetzt, daß eine solche Erhöhung nicht das optimale Verhältnis zwischen Konsumtion und Akkumulation verletzt).

In dem Maße, wie die Produktion von Ausrüstungsgütern zur besseren Bedarfsdeckung beiträgt, gleichen sich ihre Tempi und die des Bestandes an Ausrüstungen an (vgl. Tab. 8).

Wenn im fünften Jahr das Zuwachstempo des Ausrüstungsbestandes auf 12%, d. h. auf 491,9 Mrd. Rubel erhöht werden soll, so müßten bei einer unveränderten Rate des Ersatzes dafür Ausrüstungsgüter in einem Umfang von 13,2 Mrd. Rubel produziert werden sowie für die Erweiterung des Bestandes im folgenden Jahr 52,7 Mrd. Rubel, insgesamt also 65,9 Mrd. Rubel. Das notwendige

Tabelle 8: Entwicklung der Produktion und des Bestands von Ausrüstungen bei vorgegebenen Tempi (in Mrd. Rubel)

Jahr	Bestand an Ausrüstungen	Jährliche Produktion von Ausrüstungen		Bedarf an Ausrüstungen		
		insgesamt	Zuwachs zum vorangegangenen Jahr in %	zum Ersatz (3% des Bestandes)	zur Erweiterung für das folgende Jahr (10% des Bestandes)	Gesamtbedarf
Basisjahr	300,0	30,0	—	9,0	30,0	39,0
erstes Jahr	330,0	39,0	30,0	9,9	33,0	42,9
zweites Jahr	363,0	42,9	10,0	10,9	36,3	47,2
drittes Jahr	399,3	47,2	10,0	12,0	39,9	51,9
viertes Jahr	439,2	51,9	10,0	13,2	43,9	57,1

Quelle: Nach Berechnungen des Ökonomischen Instituts der AdW in Moskau.

Wachstumstempo der Produktion von Ausrüstungsgütern würde also nicht mehr 10% betragen, sondern 27% (was bedingt ist durch das einmalige Angleichen der Produktion an den Bedarf und das beschleunigte Wachstum des Bestandes um 12 anstatt 10%).

Im fünften Jahr ist es erforderlich, für den Ersatz Ausrüstungsgüter in Höhe von 14,8 Mrd. Rubel zu produzieren (d. h. 491,9 Mrd. Rubel × 0,03) sowie für die Akkumulation in Höhe von 59 Mrd. Rubel (bei einer 12%igen Erweiterung des Ausrüstungsbestandes im sechsten Jahr auf 550,9 Mrd. Rubel). Es müßten also insgesamt Ausrüstungsgüter in Höhe von 73,8 Mrd. Rubel produziert werden, d. h. 12% mehr als im vierten Jahr.

Anhand dieser Berechnungen sollte verdeutlicht werden, daß zwecks Sicherung der Proportionalität ein schnelleres Wachstum der Produktion von Ausrüstungsgütern solange erforderlich ist, bis sie sich an die Wachstumstempi des Ausrüstungsbestandes annähert (gleichbleibende Aussonderungsquote vorausgesetzt). Dabei kann dieser Annäherungsprozeß sehr langwierig sein. Da der Bestand an Ausrüstungen einen großen und weiter zunehmenden Teil der Produktionsgrundfonds umfaßt, beeinflußt dieser Annäherungsprozeß auch das Verhältnis zwischen dem Wachstum der Produktionsgrundfonds in der Volkswirtschaft und der Produktion von Ausrüstungsgütern wesentlich. Von Bedeutung sind weiterhin der Außenhandelssaldo bei Ausrüstungsgütern, die Dynamik der Aussonderungsrate und des Ersatzes von Produktionsausrüstungen.

Die Beziehungen zwischen den Produktionsgrundfonds und der Produktion von Arbeitsgegenständen werden relativ stark von den jeweiligen Entwicklungsstufen der Intensivierung beeinflußt. Während sie nicht sehr ausgeprägt sind, solange die Intensivierung erst Teilgebiete des Reproduktionsprozesses erfaßt, werden sie immer enger, je mehr zur umfassenden Intensivierung übergegangen wird. Hierfür sind folgende Beziehungen von Bedeutung:

Die Produktionsgrundfonds entwickeln sich bei der Mechanisierung der Arbeit im allgemeinen schneller und die Arbeitskräfteanzahl langsamer als der Materialverbrauch. Bei verbesserter Ausnutzung der Produktionsgrundfonds jedoch nähern sich die Wachstumstempi von Grundfonds und produzierten Arbeitsgegenständen einander an. Insgesamt zeigen statistische Angaben (und das ist für den bisherigen Entwicklungsstand der intensiv erweiterten Reproduktion gesetzmäßig), *daß die Wachstumstempi der Produktion von Arbeitsgegenständen in der Industrie der UdSSR stärker an die Zuwachstempi der Industrieproduktion als an die der Grundfonds angenähert sind* (vgl. Tab. 9).

Bei der Interpretation der Tabelle müssen die spezifischen Anforderungen berücksichtigt werden, die sich aus dem Übergang zur umfassenden Intensivierung ergeben. Mit Fortschritten bei der Herausbildung des intensiven Reproduktionstyps wird eine harmonische Entwicklung aller Zweige der Volkswirtschaft möglich. Von Bedeutung sind insbesondere die Veränderungen in den Quellen und in der Dynamik der Effektivitätssteigerung, die mit der wissenschaftlich-technischen Revolution verbunden sind. Damit werden letztlich auch Bedingungen geschaffen, unter denen eine qualitativ neue Stufe bei der Verbesserung der Arbeits- und Lebensbedingungen möglich und notwendig ist. Priorität kommt folglich den Zweigen zu, die dafür Ausrüstungen und andere Güter bereitstellen, bei generell vorrangiger Entwicklung der Zweige, die Arbeits- und Konsumtionsmittel herstellen.[33] Das bedeutet, daß auf ein Maximum an Endprodukt bei Einsparung von Zwischenprodukten orientiert wird, wobei die Möglichkeiten dafür mit dem Übergang zu einer höheren Etappe der wissenschaftlich-technischen Revolution wachsen werden.

Bei der Interpretation der Tabelle muß aber gleichzeitig beachtet werden, daß die Wachstumsraten und -relationen auch durch die Entwicklungstendenz der Grundfondsquote, Veränderungen in der Industriestruktur und Lücken im Aufkommen von einzelnen Energieträgern und Rohstoffen beeinflußt werden. Deshalb geht es neben einer schnelleren Entwicklung der Elektroenergetik und der Verbesserung der Leistungen im Transportwesen und Maschinenbau um eine beschleunigte Entwicklung der Brennstoffwirtschaft, der Schwarz- und Buntmetallurgie sowie der Chemie und um eine konsequente Weiterentwicklung der Landwirtschaft, weil nur auf dieser Grundlage eine weitere Erhöhung der Konsumtion der Bevölkerung gewährleistet werden kann. In der gegenwärtigen Etappe der Intensivierung wächst der Einfluß von Maßnahmen zur Energie- und Rohstoffsicherung. Dabei kann diese auf vorwiegend extensive und intensive Weise erfolgen und bezieht sowohl Maßnahmen zur Sicherung des Aufkommens als auch zur Einsparung von Energieträgern und Rohstoffen ein, die den Bedarf entsprechend verringern.

Dabei darf aber nicht außer acht gelassen werden, daß ein schnelles

[33] Vgl. Abschnitt 2.1.

Tabelle 9: Jahresdurchschnittliche Wachstumstempi der Produktionsgrundfonds, der Industrieproduktion und der Produktion von Arbeitsgegenständen in der Industrie (in %)

Jahre	Produktionsgrundfonds			Industrieproduktion			Produktion von Arbeitsgegenständen	
	UdSSR	DDR	VRB	UdSSR	DDR	VRB	UdSSR	VRB
1971–1975	8,7	5,9	8,9	7,4	6,5	9,1	7,3	1,5
1976–1980	10,5	5,9	11,5	4,4	4,9	6,0	3,5	17,6
1981–1983	6,7[2]	4,9	8,2[1]	3,1	3,9	4,6	2,6[1]	7,0

[1] Angaben von 1980–1981.
[2] Angaben von 1980–1982.

Quellen: Statistisches Jahrbuch der DDR 1983, Berlin 1983, S. 5*, ebenda, 1984, S. 15; Statističeskij ežegodnik stran-členov soveta ėkonomičeskoj vzaimopomošči, Moskva 1983, S. 44 und 55, ebenda, 1984, S. 25, 28 und 34; CSU narodnoe chozjajstvo SSSR 1922–1982, Moskva, S. 151/152, für die Jahre von 1975 bis 1981, ebenda, 1983, S. 121; Statističeski godišnik na narodna republika B'lgarija, Sofija 1982, S. 198 und 203; 1976, S. 168 und 173, ebenda, 1984, S. 208.

Wachstum bestimmter Zweige der Grundstoffindustrie auch mit konkreten Bedingungen der erweiterten Reproduktion in der UdSSR verbunden ist.

Soweit und solange die Intensivierung noch hauptsächlich auf die Einsparung lebendiger Arbeit gerichtet ist, diese vorwiegend durch steigende Grundfondsausstattung der Arbeit erzielt wird, ist ein schnelleres Wachstumstempo der Grundfonds gegenüber dem Wachstum der Produktion von Arbeitsgegenständen unvermeidlich. Wenn unter diesen Bedingungen die Produktion bestimmter Arbeitsgegenstände zurückbleibt, wird die Nutzung der Produktionsgrundfonds gehemmt. Für die Lösung dieses Widerspruchs ist sowohl eine zeitweilig schnellere Entwicklung von Produktionskapazitäten der Roh- und Brennstoffindustrie von Bedeutung als auch alle Möglichkeiten zur Heranführung der vorhandenen Energie- und Rohstoffbasis an das erreichte Entwicklungsniveau der Grundfonds zu nutzen (was die vollständige Nutzung von Möglichkeiten zur Einsparung von Arbeitsgegenständen einschließt).

Demgegenüber sind die Proportionen zwischen dem Wachstum der Produktionsgrundfonds und der Produktion von Arbeitsgegenständen bei umfassender Intensivierung der gesellschaftlichen Produktion durch folgende Merkmale gekennzeichnet:

Erstens erhöht sich mit einer Kapazitätserweiterung der Maschinen und Maschinensysteme auch der Bedarf nach Arbeitsgegenständen. Jedoch wird für Länder, wie die UdSSR, in denen der Übergang zur umfassenden Intensivierung noch einige Zeit mit der massenhaften Mechanisierung der Handarbeit verbunden sein wird, noch ein schnelleres Wachstum der Produktionsgrundfonds gegenüber der Produktion von Arbeitsgegenständen kennzeichnend sein. Je mehr aber die massenhafte Mechanisierung der Handarbeit abgeschlossen wird und die Fondsquote sich günstiger zu entwickeln beginnt, kann sich in der UdSSR die Tendenz einer Annäherung des Wachstums der Grundfonds und der Produktion von Arbeitsgegenständen durchsetzen.

Zweitens verstärkt sich bei der umfassenden Intensivierung die Senkung der Materialintensität der Produktion. Die Einsparung von Arbeitsgegenständen erhält ein bedeutend größeres volkswirtschaftliches Gewicht als bei der Intensivierung auf Teilgebieten und bei einzelnen Faktoren. Bei umfassender Intensivierung wird der Bedarf nach zusätzlichen Arbeitsgegenständen relativ weniger als bisher mit dem Wachstum der Grundfonds, aber bedeutend stärker mit der Entwicklung der Grundfondsquote und der Verringerung der Materialintensität der Produktion verbunden sein.

2.2.2. *Proportionen zwischen Arbeitsmitteln und -gegenständen*

Die Proportionen zwischen der Produktion, Akkumulation und Konsumtion, darunter auch der Produktion von Produktionsmitteln und Konsumgütern, haben für die Bestimmung der Hauptrichtungen der ökonomischen Entwicklung im Sozialismus eine außerordentlich große Bedeutung und dürfen deshalb nicht allein aus der Sicht einer abstrakten Realisierungstheorie betrachtet werden.

Die allgemeinsten Proportionen bilden zwar den Ausgangspunkt aller Maßnahmen, um die Ausbilanziertheit der sozialistischen Wirtschaft zu sichern; in ihnen erschöpfen sich aber keineswegs die dabei zu beachtenden Bestimmungsfaktoren. Für ihre Konkretisierung spielen die Proportionen zwischen der Industrie und der Landwirtschaft, zwischen der Schwer- und Leichtindustrie, die auch von großer sozialer Bedeutung sind, eine wichtige Rolle. Wesentlich mehr Aufmerksamkeit muß in Verbindung damit der Proportion zwischen der Produktion von Arbeitsmitteln und von -gegenständen geschenkt werden. Sie beeinflußt nicht nur die Proportionen zwischen der Industrie und der Landwirtschaft und zwischen der Schwer- und Leichtindustrie. Ohne ihre Analyse kann auch die Proportion zwischen den Abteilungen I und II nicht planmäßig durchgesetzt werden.

Eine wichtige Grundlage dafür sind die Beziehungen zwischen dem Wachstum der Produktionsgrundfonds und der Produktion von Arbeitsmitteln und -gegenständen. Jedoch müssen darüber hinaus spezifische Faktoren berücksichtigt werden, die das Wachstum der Produktion von Arbeitsgegenständen bestimmen. Das betrifft vor allem die Stufenprozesse (z. B. die Umwandlung von Erz in Metall, Metall in Maschinen, Baumwolle und Wolle in Stoffe, Stoffe in Kleidung usw.). Dabei kommt die „Doppelzählung" im Geldausdruck der Arbeitsgegenstände durch Summierung des Aufwands für die jeweiligen Gebrauchswerte auf den verschiedenen Produktionsstufen zustande. Das gesellschaftliche Gesamtprodukt ist deshalb unverzichtbarer Ausgangspunkt, um das gesamte System der Proportionen zu planen, das die Grundlage für das Funktionieren der gesellschaftlichen Arbeitsteilung ist. *Ohne die Einbeziehung der Zwi-*

schenprodukte und ihres Umschlags ist es unmöglich, alle Stadien der Entstehung des Endprodukts zu kontrollieren und das Verhältnis von Zwischen- und Endprodukt zu beeinflussen. Die langjährigen Erfahrungen der Planung und Statistik in der UdSSR und den anderen sozialistischen Ländern bestätigen die Bedeutung des Zwischenprodukts, z. B. bei der Aufstellung von Verflechtungsbilanzen des Gesamtprodukts. Deshalb wäre es auch falsch, die Hinweise von Marx auf die besondere Rolle der Arbeitsmittel so zu interpretieren, als ob die Arbeitsgegenstände für die Planung der gesellschaftlichen Produktion und Reproduktion geringere Bedeutung hätten.

1981 betrug der Anteil der Produktionsmittel an der Industrieproduktion der UdSSR 73,7%, der Anteil der Arbeitsgegenstände an den Produktionsmitteln der Industrie 79,4% und somit der Anteil der Arbeitsgegenstände an der Industrieproduktion insgesamt 58,5%. Die Kennziffer „normatives Nettoprodukt", die für die Effektivitätsanalyse große Bedeutung hat, ist dagegen für die Planung dieser volkswirtschaftlichen Proportionen unbrauchbar. *Ausbilanzierung gegeben, hängt die Proportion zwischen dem Wachstum der Produktion von Arbeitsmitteln und -gegenständen in erster Linie vom Charakter des technischen Fortschritts ab.* In den Perioden, in denen die Mechanisierung von Handarbeit im Vordergrund steht, wächst die Produktion von Arbeitsmitteln in einem beschleunigten Tempo, was mit der Erhöhung der Fondsausstattung der Arbeit in Verbindung steht. Zusätzliche Arbeitsgegenstände sind hierbei notwendig für die Produktion der Maschinen sowie zusätzliche Hilfsmaterialien und Energie für ihre Nutzung. Daneben erfordert die Erweiterung von Produktionskapazitäten eine zusätzliche Produktionssteigerung von Arbeitsgegenständen. Insgesamt ist jedoch für die Mechanisierung der Handarbeit charakteristisch, daß die Produktion von Arbeitsmitteln vorrangig wächst. Wenn auf einem höheren Entwicklungsniveau die Mechanisierung der Hilfsprozesse größere Bedeutung erlangt und dadurch die Technik in den Hauptprozessen besser genutzt werden kann, würden bei Annahme von gleichbleibenden spezifischen Aufwendungen mehr Arbeitsgegenstände verbraucht werden.

Die umfassende Intensivierung der gesellschaftlichen Produktion stellt widersprüchliche Anforderungen an den zusätzlichen Bedarf nach Arbeitsmitteln und -gegenständen. So erhöht sich z. B. bei einer steigenden Fondsquote der Bedarf nach Arbeitsgegenständen, während die Senkung der Materialintensität dem entgegenwirkt. Die Analyse der Produktion von Arbeitsmitteln und -gegenständen in

Tabelle 10: Struktur und Wachstumstempi der Produktion von Produktionsmitteln (Gruppe A der Industrieproduktion) (in %)

Jahr	Struktur der Produktion von Produktionsmitteln						Produktion von Produktionsmitteln für	
	Gruppe A[1]	Arbeitsmittel	Arbeitsgegenstände	Gruppe A	Arbeitsmittel	Arbeitsgegenstände	die Abteilung I der gesellschaftlichen Produktion	die Abteilung II der gesellschaftlichen Produktion
	in der UdSSR			in der VRB			in der UdSSR	
1975	100	19,4	80,6	100	32,3	67,7	71,3	28,7
1976	100	19,5	80,5	100	33,6	66,4	73,5	28,5
1977	100	19,6	80,4	100	35,9	64,1	71,6	28,4
1978	100	19,7	80,3	100	38,2	61,8	71,6	28,4
1979	100	20,2	79,8	100	38,5	61,5	71,7	28,3
1980	100	20,3	79,7	100	39,0	61,0	71,9	28,1
1981	100	20,6	79,4	100	30,1	69,9	72,0	28,0
1982	100	18,6	81,4	100	30,5	69,5	•	•
1983	100	18,7	81,3	100	32,1	67,9	•	•

Jahr	Wachstumstempi (1970 = 100) der Produktion von Produktionsmitteln						Produktion von Produktionsmitteln für:	
	Gruppe A[2]	Arbeitsmittel	Arbeitsgegenstände	Gruppe A	Arbeitsmittel	Arbeitsgegenstände	die Abteilung I der gesellschaftlichen Produktion	die Abteilung II der gesellschaftlichen Produktion
	in der UdSSR			in der VRB			in der UdSSR	
1975	146	161	142	162	209	146	146	144
1976	154	178	148	175	236	155	155	150
1977	163	194	155	192	277	164	164	158
1978	171	207	163	204	313	167	173	165
1979	177	222	167	215	332	176	179	170
1980	183	233	172	229	359	186	186	175
1981	189	245	177	240	395	191	192	176
1982	194	259	180	247	428	193	•	•
1983	202	272	187	259	473	197	•	•

[1] Nach Angaben über die Bruttoproduktion der Betriebe zu effektiven Großhandelspreisen.
[2] Nach Angaben über die Bruttoproduktion zu vergleichbaren Großhandelspreisen der Betriebe.

Quellen: CSU narodnoe chozjajstvo SSSR 1922—1982, Moskva, S. 152, ebenda, 1983, S. 121; Statističeski godišnik na narodna republika B'lgarija, Sofija 1982, S. 203, ebenda, 1984, S. 208.

der Industrie der UdSSR zeigt eine Tendenz zum schnelleren Wachstum der Produktion von Arbeitsmitteln (vgl. Tab. 10).
Zum Vergleich wurde die Dynamik der Produktion von Arbeitsmitteln und -gegenständen in den USA analysiert (vgl. Tab. 11). Bei der Interpretation der Tabelle 11 gilt es zu berücksichtigen, daß in den kapitalistischen Ländern die Proportionalität spontan und mit großen Verlusten zeitweilig im Krisenzyklus hergestellt wird. Deshalb wurde eine Periode zugrunde gelegt, die es erlaubt, die zyklische Entwicklung einigermaßen genau einzubeziehen. Die Jahre 1948 und 1979 wurden gegenübergestellt, weil sie jeweils das Produktionsmaximum im Zyklus charakterisieren. Würde stattdessen als Ausgangsjahr das Jahr der Krise zugrunde gelegt, dann würden sich überhöhte Wachstumstempi ergeben; würde als Ausgangsjahr z. B. das Jahr des Produktionsmaximums und als Endjahr das Jahr der Krise erfaßt, dann ergäben sich zu niedrige Tempi. Aus der Tabelle 11 geht hervor, daß die Produktion von Produktionsausrüstungen mit

Tabelle 11: Strukturveränderungen in der Industrieproduktion der USA

	Wachstumstempo 1948–1979 (in %)	Jahresdurchschnittliches Wachstumstempo (in %)
Industrieproduktion insgesamt	371,2	4,30
Endprodukte[1] insgesamt	370,3	4,30
Konsumgüter	342,0	4,00
Ausrüstungen[2]	455,8	5,00
darunter		
für die Produktion	385,1	4,45
Zwischenprodukte[3]	356,3	4,20
Material[4]	376,8	4,40

[1] Die Gruppe „Endprodukte" faßt die Konsumgüter und die Ausrüstungen zusammen.
[2] die Gruppe „Ausrüstungen" beinhaltet die Produktion von Ausrüstungen für Produktions- und militärische Zwecke.
[3] unter „Zwischenproduktion" werden die Rohstoffe verstanden, die von der Industrie an andere Zweige verkauft werden,
[4] „Material" ist der Rohstoff, der innerhalb der Industrie verwendet wird.

Quellen: Berechnet auf folgender Grundlage: Survey of Current Business, January 1976, S. 6/7, 8/9; July 1976, S. 24; April 1977, S. 9; The Handbook of Basic Economic Statistics, April 1980, vol. XXXIV, vu. S. 73; Industrial Production, 1971 Edition, Washington 1972; Federal Reserve Bulletin, S. A46, A48, A50 der entsprechenden Jahre.

jahresdurchschnittlich 4,45% im Vergleich zum Zwischenprodukt (4,2%) und zum Material (4,4%) schneller wuchs. Jedoch erhöhten sich die Produktionsausrüstungen langsamer als die Ausrüstungen insgesamt, einschließlich der Ausrüstungen für reine Rüstungsproduktion. Das ist ein deutlicher Ausdruck für die Militarisierung der amerikanischen Wirtschaft.

Die Proportion zwischen der Produktion von Arbeitsmitteln und -gegenständen hängt auch davon ab, in welchem Maße die produzierten Arbeitsmittel für den Ersatz ausgesonderter Grundfonds und für ihre Erweiterung eingesetzt werden. Je größer der Anteil des Ersatzes, desto mehr muß die Produktion bzw. das Aufkommen von Arbeitsmitteln gegenüber der von Arbeitsgegenständen vorrangig wachsen. Dieses Erfordernis ist von außerordentlich großer Bedeutung, weil sich mit der Intensivierung das Verhältnis der Ersatz- zur Akkumulationsrate zugunsten der ersteren verändern muß. Wenn die ständige Erneuerung eines großen Produktionsapparates im Vordergrund steht, sind zusätzliche Arbeitsgegenstände nur für die Inbetriebnahme neuer und die Erhöhung der Leistung vorhandener Produktionskapazitäten notwendig.

Das erforderliche Wachstumstempo der Produktion von Arbeitsmitteln wird auch vom Zeitfaktor beeinflußt. Die Produktion von Arbeitsmitteln muß den Bedarf der laufenden Produktion übersteigen, damit die langfristigen Akkumulationsbedürfnisse befriedigt werden können. Bestimmte Produktionselemente müssen zu verschiedenen Zeiten verfügbar sein. Ausrüstungen und Baumaterialien z. B. müssen bereits im Prozeß der Investitionsdurchführung vorhanden sein, d. h. wesentlich vor dem Nutzungsbeginn neuer Produktionskapazitäten bereitgestellt werden. Roh- und Brennstoffe sowie Energie dagegen brauchen erst bei der Inbetriebnahme der Kapazitäten vorhanden zu sein. Sie werden also später bezogen als die Ausrüstungen. Dieser Unterschied in den Lieferfristen wirkt ebenfalls in Richtung eines schnelleren Wachstums der Produktion von Arbeitsmitteln. Jedoch müssen auch bei der Produktion von Arbeitsgegenständen wichtige Aspekte des Zeitfaktors beachtet werden, damit die Proportionalität gesichert wird. Das gilt z. B. für die rechtzeitige Beendigung geologischer Arbeiten, die Schaffung einer Produktionsinfrastruktur und anderer Maßnahmen, die mit der künftigen Produktion von Rohstoffen und Hilfsmaterialien verbunden sind.

Die Arbeitsgegenstände bilden unter Berücksichtigung ihres Umschlages die materiellen Umlauffonds. Ihre ständige Erneuerung ist für die Kontinuität der gesellschaftlichen Produktion unerläßlich. Dabei müssen die Zusammenhänge zwischen dem Wachstum der Produktionsgrund- und Produktionsumlauffonds berücksichtigt werden (vgl. Tab. 12).

Tabelle 12: Wachstumstempi der Produktionsgrund- und Produktionsumlauffonds der Industrie der UdSSR im Jahresdurchschnitt (in %)[1]

	1961–1965	1966–1970	1971–1975	1976–1979
Produktionsgrundfonds der Industrie (am Jahresende in vergleichbaren Preisen von 1973)	10,9	8,7	8,6	7,6
Umlauffonds an Warenbeständen und materiellen Gütern (am Jahresende)	8,8	7,4	5,9	6,2
darunter				
Produktionsvorräte und unvollendete Produktion sowie Halbfabrikate eigener Herstellung	9,2	8,1	5,8	6,3

[1] Die Frage der Bilanziertheit der Produktionsgrund- und Produktionsumlauffonds wird deshalb am Beispiel der Industrie betrachtet, weil sie der Hauptverbraucher an Arbeitsgegenständen ist (darunter auch aus der Landwirtschaft).

Quelle: Nach Berechnungen des Instituts für Ökonomie der Akademie der Wissenschaften der UdSSR in Moskau auf der Grundlage veröffentlichter Daten der Zentralverwaltung für Statistik in der UdSSR.

Laut Tabelle 12 verlangsamten sich die Wachstumstempi der Produktionsumlauffonds. Das kann nicht allein durch das Niveau und die Wege der Intensivierung erklärt werden, sondern wurde auch durch das Zurückbleiben der Produktion von Arbeitsgegenständen hinter dem Bedarf hervorgerufen. Ursache waren u. a. Mißernten in der Landwirtschaft (besonders 1971 bis 1975), eine zu geringe Produktion bei wichtigen Rohstoffarten (z. B. Metallen) sowie ein langsamerer Umschlag der Umlauffonds. Verletzungen der Proportionalitätserfordernisse bei den Arbeitsgegenständen hemmen die Erschließung von Effektivitätsreserven, indem sie erstens zu Unterbrechungen in der Materialversorgung der Betriebe führen und damit eine diskontinuierliche Produktion bewirken; zweitens bei einigen Betrieben das Bestreben fördern, Überplanbestände anzulegen, um eine kontinuierliche Planerfüllung zu sichern. Überplanbestände an Material in einigen Betrieben bewirken jedoch, daß in anderen Betrieben die Materialbestände nicht ausreichen.

Effektivitätsreserven lassen sich durch die Vervollkommnung der Komplexität in der Materialversorgung erschließen. Es gibt Beispiele, daß, obwohl eine Versorgung mit wichtigen Materialien im erforderlichen Umfang besteht, Stockungen in der Bereitstellung anderer Materialien dazu führen, daß Materialien nicht voll genutzt werden können und sich teilweise in Überplanbestände verwandeln. Wichtig ist auch, daß die Materialversorgung gleichmäßig erfolgt, lange Pausen zwischen den Lieferungen vermieden werden. Davon hängt wesentlich mit ab, wie die Proportionalitätserfordernisse und die Ökonomisierung aller Produktionselemente durchgesetzt werden können.

Zu den Bedingungen, die über die Ausbilanziertheit der Ressourcen wesentlichen Einfluß auf die Effektivitätssteigerung ausüben, gehört die Akkumulation von Reserven an Arbeitsmitteln und -gegenständen (sowie an Konsumgütern). Ihre Notwendigkeit für den Sozialismus begründete bereits Marx, als er den Prozeß der einfachen Reproduktion des konstanten Kapitals in der Naturalform analysierte: „Ist die kapitalistische Form der Reproduktion einmal beseitigt, so kommt die Sache darauf hinaus, daß die Größe des absterbenden und daher in natura zu ersetzenden Teils des fixen Kapitals... in verschiednen sukzessiven Jahren wechselt. ... Diesem kann nur abgeholfen werden durch fortwährende relative Überproduktion; einerseits ein gewisses Quantum fixes Kapital, das mehr produziert wird, als direkt nötig ist; andrerseits und namentlich Vorrat von Rohstoff etc., der über die unmittelbaren jährlichen Bedürfnisse hinausgeht (dies gilt ganz besonders von Lebensmitteln). Solche Art Überproduktion ist gleich mit Kontrolle der Gesellschaft über die gegenständlichen Mittel ihrer eignen Reproduktion. Innerhalb der kapitalistischen Gesellschaft aber ist sie ein anarchisches Element.“[34]

Diese Begründung einer notwendigen relativen Überproduktion von Arbeitsmitteln und -gegenständen sowie von Konsumgütern in der sozialistischen Planwirtschaft ist eine wichtige theoretische Grundlage für die planmäßige Sicherung von Reserven. Sie widerspricht primitiven Ansichten von der Planwirtschaft als bilanziertem Mangel. Reserven sind auch nötig, um neue Bedürfnisse — wie sie sich mit dem schnellen wissenschaftlich-technischen Fortschritt herausbilden — immer besser befriedigen zu können.

[34] K. Marx, Das Kapital. Zweiter Band, in: MEW, Bd. 24, a. a. O., S. 464/465.

Unter den Ökonomen der UdSSR wurde die Vorstellung überwunden, daß sich im Sozialismus die zahlungsfähige Nachfrage schneller entwickeln muß als die Produktion und daß das eine Triebkraft der Produktion darstelle. Durch eine solche Auffassung wurden faktisch Mangelerscheinungen in der Wirtschaft in den Rang eines Proportionalitätsgesetzes des Sozialismus gehoben. Das äußerte sich u. a. auch darin, daß manchmal angenommen wurde, daß die fehlenden materiellen Ressourcen durch eine Übererfüllung der Pläne bereitgestellt werden, was jedoch nicht immer real war.

Vom ZK der KPdSU und dem Ministerrat der UdSSR[35] wurde deshalb die Notwendigkeit hervorgehoben, materielle und finanzielle Reserven zu bilden, um eine proportionale und bilanzierte wirtschaftliche Entwicklung zu sichern. Dem liegt die Erkenntnis zugrunde, daß Bilanziertheit nur bei entsprechenden Reserven erreicht werden kann, die natürlich im rationalen Umfang und in Übereinstimmung mit den Proportionen gebildet werden müssen.

2.2.3. Proportionale Entwicklung der Produktionsinfrastruktur[36]

Beim Übergang zur umfassenden Intensivierung erhöht sich die Bedeutung der Produktionsinfrastruktur für das Wirtschaftswachstum, d. h. der Zweige der materiellen Produktion, die die Verbindung gewährleisten zwischen den verschiedenen Zweigen der Produktion und Reproduktion, wie z. B. das Transportwesen, das Kommunikationswesen, die materiell-technische Versorgung u. ä. Die zunehmende Komplexität und Kompliziertheit der Struktur des volkswirtschaftlichen Reproduktionsprozesses stellt neue Anforderungen an

[35] Vgl. Beschluß des ZK der KPdSU und des Ministerrats der UdSSR über die Verbesserung der Planung und die Stärkung des Einflusses des Wirtschaftsmechanismus auf die Erhöhung der Effektivität der Produktion und der Qualität der Arbeit (Juli 1979).

[36] Auszugsweise und redaktionell bearbeitet nach: Ja. T. Bronštejn, Proizvodstvennaja infrastruktura v sisteme obščestvennogo vosproizvodstva, in: Voprosy intensifikacii i sbalansirovannosti rasširennogo vosproizvodstva v period razvitogo socializma, Redaktion A. I. Notkin, a. a. O., S. 135—147. Unter Produktionsinfrastruktur werden hier immer diejenigen Bereiche der Infrastruktur verstanden, die zur materiellen Produktion gehören und deren Leistungen sowohl produktiven als auch konsumtiven Zwecken dienen. Diese Definition befindet sich noch in der Diskussion.

die Infrastruktur, weil diese gewissermaßen einem „Transmissionsmechanismus“ entspricht, der den gesamten Umschlag im Prozeß der Produktion, Verteilung, des Austausches und der Konsumtion des gesellschaftlichen Produkts sichert.

Ausdruck dafür sind das lawinenartige Anwachsen der Informationsströme, die zunehmende Komplexität von Produktionsverflechtungen, die Vergrößerung der Verwaltung u. a. m. Analysen zeigten beispielsweise, daß entgegen der lange Zeit vertretenen These vom langsameren Wachstum des Gütertransports gegenüber dem Volumen der stofflichen Produktion sich in der UdSSR faktisch eine entgegengesetzte Tendenz durchsetzte. In den letzten 25 Jahren stieg in der UdSSR bei einer Vergrößerung des Produktionsvolumens nach dem Gewicht auf das 4,4fache, das Volumen des Gütertransports auf das 7,3fache (was einem Vorrangigkeitskoeffizienten von 1,67 entspricht).[37] Wie mit Zunahme der Verflechtungen, insbesondere der Produktionsstufen, jede Produkteneinheit (gewichtsmäßig betrachtet) im Laufe der Zeit einen größeren anteiligen Transportaufwand erforderte, traten relativ wachsende Aufwendungen vielfach auch für andere Bereiche der Infrastruktur auf, wie die materiell-technische Versorgung.

Durch die Entwicklung der Infrastruktur können deshalb wichtige Effektivitätsreserven erschlossen werden. Die zunehmende Komplexität und Kompliziertheit der volkswirtschaftlichen Verflechtungen kann bewirken, daß in der Umlaufsphäre Reserven anwachsen. Vor allem bei größeren Produktionsmaßstäben verbirgt sich hinter anteilmäßig geringen Verlusten ein absolut hohes und wachsendes Volumen. So gehen z. B. in der UdSSR allein beim Transport etwa 10 bis 17% des Zements, der Ziegel, der Düngemittel u. a. Produkte verloren; in der Landwirtschaft werden Verluste von annähernd 2 Mrd. Rubel je Jahr eingeschätzt, darunter 1 Mrd. Rubel bei leicht verderblichen Produkten.[38] Außerdem sind Produkte teilweise zu lange in den verschiedenen Netzen der Infrastruktur gebunden, kommen nicht rechtzeitig zum Bestimmungsort, werden in ihren Gebrauchseigenschaften beeinträchtigt oder gehen verloren. Das bedeutet, daß ein Teil der produzierten materiellen Gebrauchswerte tatsächlich nicht zum volkswirtschaftlichen Endergebnis beiträgt.

[37] B. I. Safirkin, Povyšenie ėffektivnosti gruzovych perevozak transportnoj sistemy, Moskva 1978, S. 33.

[38] Soveršenstvovanie metodov opredelenija ėffektivnosti kapitalnych vloženij na transporte, ebenda, S. 50.

Die mit der Intensivierung verbundenen neuen Momente in der Reproduktionsfunktion der Infrastruktur erfordern, daß Entwicklungsrückstände gegenüber den volkswirtschaftlichen Bedürfnissen, die im Verlaufe einer längeren Periode entstanden, schnell überwunden werden. Dazu gehören auch Veränderungen in den Proportionen zwischen den Investitionen für die stoffliche Produktion und für die produktiven Zweige der Infrastruktur. Hierbei darf — im Unterschied zur stofflichen Produktion — die Erhöhung der Investitionen und der Anzahl der Beschäftigten in der Infrastruktur aus volkswirtschaftlicher Sicht nicht ohne weiteres als extensive Entwicklungsrichtung gewertet werden, sondern kann durchaus ein wichtiger Intensivierungsfaktor sein. Das wird gegenwärtig besonders deutlich, weil das Produktionsvolumen bei vielen wichtigen Erzeugnissen hoch genug ist, um die Bedürfnisse ausreichend befriedigen zu können. Wie es tatsächlich zur Konsumtion beiträgt, wird wesentlich von der Infrastruktur beeinflußt. Jedoch ist der Anteil der Infrastruktur, insbesondere des Transport- und Nachrichtenwesens an den Gesamtinvestitionen nicht nur niedrig, sondern er sank zudem noch über einen längeren Zeitraum, ehe er gegenwärtig wieder zu steigen beginnt. In der UdSSR betrug der Anteil des Transport- und Nachrichtenwesens an den Gesamtinvestitionen in den Vorkriegs-Planjahrfünften 18 bis 21 %, er schwankte in der Nachkriegsperiode zwischen 9,2 und 10,8 % und stieg lediglich seit dem 10. Planjahrfünft auf 12,0 %, 1980 auf 12,1 % und 1981 auf 12,2 %.

Probleme der Effektivitätsbestimmung, *insbesondere der ungenügenden Berücksichtigung ihrer Spezifik, bilden eine wesentliche Ursache für das Zurückbleiben der Infrastruktur hinter den Bedürfnissen der Volkswirtschaft*. Obwohl sich die Effektivitätsbeiträge der stofflichen Produktion und der Produktionsinfrastruktur stark unterscheiden, sind in der Typmethodik[39] der Industrie, der Landwirtschaft und anderer Zweige fast identische Methoden der Effektivitätsberechnung enthalten. Der spezifische Effekt der Infrastruktur realisiert sich jedoch nicht in dieser selbst, sondern in der stofflichen Produktion, deren Elemente durch die Infrastruktur miteinander verbunden werden. Er ist nicht nur dem Inhalt nach, sondern im allgemeinen auch in seiner zahlenmäßigen Größe der Haupteffekt der

[39] Tipovaja metodika opredelenija ėkonomičeskoj ėffektivnosti kapitalnych vloženij, Moskva 1969; Instrukcija po opredeleniju ėkonomičeskoj ėffektivnosti kapitalnych vloženij na železnodorožnom transporte, Moskva 1973.

Infrastruktur. So liegt z. B. der Haupteffekt des Eisenbahnnetzes einzelner Gebiete nicht allein in der Verringerung der Transportaufwendungen, sondern vor allem in der Reduzierung von Produktionsverlusten aller Art, in der Beschleunigung von Warenlieferungen, in der Förderung neuer Produktionen und der Nutzung natürlicher Ressourcen, in der beschleunigten wirtschaftlichen Entwicklung der Gebiete und letztlich in bedeutenden sozialen Veränderungen. Arbeiten des Instituts für komplexe Transportprobleme beim Staatlichen Plankomitee der UdSSR wiesen nach, daß das Transportwesen das Niveau der sozialökonomischen Entwicklung stark beeinflußt. Es wird eingeschätzt, daß durch die Entwicklung des Transportwesens in der UdSSR soziale Effekte hervorgebracht werden können, die mit etwa 1 Mrd. Rubel je Jahr zu bewerten sind.[40] Generell konnte ein enger Zusammenhang zwischen dem Entwicklungsniveau des Transportwesens und dem Nationaleinkommen Prokopf der Bevölkerung, dem Versorgungsgrad mit medizinischem Personal und Krankenhausbetten, der Bereitstellung von Dienstleistungen für die Bevölkerung nachgewiesen werden.

Gegenüber dem innerzweiglichen Effekt der Infrastruktur werden jedoch gerade diese Effekte bedeutend weniger untersucht und praktisch fast nicht berücksichtigt. Daraus ergeben sich auch die landläufigen Vorstellungen über den anscheinend so geringen Wirkungsgrad von Objekten der Infrastruktur. Berechnungen im Institut für Ökonomie der Tadshikischen AdW ergaben z. B., daß die Erhöhung der Festigkeit von Straßen, die für die Landwirtschaft von Bedeutung sind, die Produktivität der Landwirtschaft in einem solchen Maße steigert, daß ihr Investitionsbedarf um 10 bis 12% gesenkt werden kann. In Gebieten mit sehr schwach entwickeltem Straßennetz sind die Verluste der Landwirtschaft im Vergleich zu Gebieten mit durchschnittlichen Bedingungen um das 2- bis 4fache höher. Werden die Verluste der Landwirtschaft nach dem jeweiligen Entwicklungsniveau des Transportnetzes gruppiert, dann sind relativ große Schwankungen zu erkennen: von 10–30 Tsd. Rubel in Gebieten, in denen das Transportnetz am höchsten entwickelt war, bis zu 400 oder sogar 600 Tsd. Rubel in Gebieten mit am wenigsten entwickeltem Transportnetz (bezogen auf jeweils 100 ha landwirtschaftlicher Nutzfläche). Diese Untersuchungen führten zur Schlußfolgerung, daß

[40] Voprosy razvitija edinoj transportnoj seti SSSR. – Trudy instituta kompleksnych transportnych problem gosplana SSSR (Moskva), 46/1974, S. 123–149.

der Wirkungsgrad der Investitionen, die für Transportzwecke in landwirtschaftlichen Gebieten verausgabt werden, mindestens annähernd gleich hoch und höher als bei der Erschließung von Neuland ist. *Die Intensivierung der landwirtschaftlichen Produktion, die dem Zweck dient, Verluste durch die weitere Ausgestaltung der Infrastruktur zu verringern, ist gegenwärtig effektiver als die extensive Entwicklung der Landwirtschaft durch die Erweiterung der landwirtschaftlichen Nutzfläche.*

Es ist deshalb notwendig, die Berechnungen zur Effektivität der Infrastruktur (hinsichtlich ihrer Normativbasis) auf eine erweiterte methodische Grundlage zu stellen. Da das in der Infrastruktur geschaffene Nationaleinkommen nicht ihren tatsächlichen Beitrag zur Produktion materieller Gebrauchswerte widerspiegelt, sollte die Minimierung volkswirtschaftlicher Verluste zum Hauptkriterium werden (einschließlich von Bewertungen sozialer Effekte sowie von bedingten Verlusten, die sich aus Anpassungsmaßnahmen zurückgebliebener Gebiete der Infrastruktur an den volkswirtschaftlichen Bedarf ergeben, wie z. B. Schaffung von zusätzlichen Lagerkapazitäten). Außerdem muß die Effektivität der Infrastruktur grundsätzlich auf ihr Netz und nicht auf einzelne Objekte bezogen werden. Der Effekt eines Infrastrukturkomplexes ist ungleich der Summe der Effekte nach Objekten, weil seine Reproduktionsfunktion letztlich nur durch das wechselseitig miteinander verbundene Netz der Infrastruktur realisiert werden kann. Im Extremfall kann bei einzelnen Objekten der unmittelbare Effekt sogar gegen Null tendieren. So wird z. B. der Effekt des Straßenbaus in ländlichen Gebieten nicht durch einzelne Teilabschnitte bestimmt, sondern nur durch das gesamte Straßennetz, durch seine ausreichend hohe Dichte. Bei der isolierten Betrachtung einzelner Straßen ergibt sich oft eine unzulässig hohe Rückflußdauer der Investitionen, die aber den tatsächlichen Effekt verzerrt, weil ihre Bedeutung für den Reproduktionsprozeß der Volkswirtschaft unterbewertet wird. Wenn also versucht wird, ökonomische Kennziffern eines im Bau befindlichen Objektes zu „verbessern“, indem einfach an den Investitionen für die Infrastruktur „gespart“ wird, sind in der Regel volkswirtschaftliche Effektivitätsverluste die Folge.

Zusammenfassend sind folgende Veränderungen in der Effektivitätsbestimmung notwendig, um die Infrastruktur planmäßig im Interesse der Intensivierung des gesamten Reproduktionsprozesses zu entwickeln.

1. Es geht um die Anerkennung der neuen Rolle der Produktions-

infrastruktur als wichtigen Intensivierungsfaktor, was einschließt, daß ihr Einfluß auf die Minimierung von volkswirtschaftlichen Verlusten berücksichtigt wird und nicht allein die eigene Produktionsentwicklung in den Zweigen der Infrastruktur.

2. Notwendig sind Veränderungen in der Typmethodik zur Bestimmung der Effektivität der Investitionen sowie in den entsprechenden Zweiginstruktionen. Hierbei ist von den wesentlichen Unterschieden bei der Bestimmung der Effektivität in der stofflichen Produktion und in der Produktionsinfrastruktur auszugehen. Das bedeutet, den Schwerpunkt zu verlagern vom innerzweiglichen Effekt der Infrastruktur selbst zum — bisher noch weniger analysierten — außerzweiglichen Effekt, der gegenwärtig zum Hauptfaktor für den Effektivitätsbeitrag der Infrastruktur geworden ist.

3. In Ergänzung zu den üblichen Effektivitätsberechnungen nach Objekten müssen spezielle Methodiken erarbeitet werden, die sich auf das *Netz* der Infrastruktur beziehen, was unter territorialem Aspekt von besonderer Bedeutung ist.

4. Die außerzweiglichen Effekte der Infrastruktur werden gegenwärtig auch deshalb nicht berücksichtigt, weil entsprechende Normative fehlen. Um eine solche Normativbasis zu schaffen, muß der Einfluß der Infrastruktur auf die Minimierung volkswirtschaftlicher Verluste gründlich analysiert werden.

5. Gegenwärtig ist in der UdSSR die Notwendigkeit herangereift, die Proportionen bei der Verteilung der Ressourcen (insbesondere der Investitionen) zwischen der stofflichen Produktion und der Produktionsinfrastruktur zu verändern. Die Erhöhung des Anteils der Produktionsinfrastruktur an den Ressourcen ist ökonomisch gerechtfertigt, weil sie mehr als ausgeglichen wird durch ihren Effektivitätsbeitrag und die damit verbundene generelle Beschleunigung der Dynamik in der Wirtschaft.

6. Bei der Bestimmung der volkswirtschaftlichen Proportionen muß berücksichtigt werden, daß die Produktionsinfrastruktur durch einen speziellen Stadienverlauf gekennzeichnet ist, der Anforderungen an die Bereitstellung entsprechender Investitionen und anderer Ressourcen stellt.

Das volkswirtschaftliche und reproduktive Herangehen an die Proportionalitätserfordernisse der Produktionsinfrastruktur und ihre Effektivitätskriterien ist eine wichtige Voraussetzung, um bei der Verringerung volkswirtschaftlicher Verluste und der rationelleren Ausnutzung aller Produktionsressourcen voranzukommen.

2.3. Intensivierung und Effektivität der nichtproduzierenden Bereiche

Es wird immer deutlicher, daß die umfassende Intensivierung des volkswirtschaftlichen Reproduktionsprozesses keineswegs einen Bogen um die nichtproduktive Sphäre[41] schlagen kann. Die kontinuierliche Fortsetzung der Einheit von ökonomischen und sozialen Ergebnissen im Interesse aller Werktätigen stellt wachsende Anforderungen sowohl an die Leistungen wichtiger nichtproduzierender Zweige, um die Intensivierung anderer Volkswirtschaftsbereiche zu unterstützen, als auch an die Intensivierung innerhalb des nichtproduzierenden Bereichs selbst. Das gründet sich nicht allein auf den relativ großen und in der langfristigen Tendenz noch weiter wachsenden Anteil der Ressourcen, der insgesamt bereits in diesem Bereich gebunden ist. Entscheidend ist vor allem, daß wichtige nichtproduktive Leistungen zunehmend bestimmen, wie neue, sich dynamisch entwickelnde Bedürfnisse der Bevölkerung (wie z. B. nach sozialer Betreuung, nach Information und Kommunikation) befriedigt und die qualitativen Wachstumsfaktoren rascher und auf immer höherem Niveau ständig wieder neu reproduziert werden.

Verbesserungen in der Wirksamkeit des nichtproduzierenden Bereichs sind deshalb eine wichtige volkswirtschaftliche Effektivitätsreserve. Sie erfordern ein flexibleres Reagieren auf Veränderungen in den Bedürfnis- und Produktionsstrukturen, die sich mit der wissenschaftlich-technischen Revolution beschleunigen und in größerer Breite als bisher auftreten. Von Bedeutung ist aber auch, daß sich in den 70er und zu Beginn der 80er Jahre das Wachstumstempo der Beschäftigten im nichtproduzierenden Bereich im allgemeinen verlangsamt hat. Zugleich bestehen noch Reserven, um wichtige nichtproduktive Leistungen durch rationellere Nutzung der Arbeitszeit und besseres Wirksamwerden des vorhandenen Qualifikationspotentials zu erhöhen. Künftig wird die Entwicklung der Leistungs-

[41] Die nichtproduktive Sphäre realisiert sich in der Wirtschaftspraxis als nichtproduzierender Bereich. Deshalb werden im folgenden die Intensivierungsprozesse auf der Ebene des *nichtproduzierenden Bereichs* behandelt. Dazu gehören Zweige, die nicht unmittelbar an der Schaffung des gesellschaftlichen Produkts und des Nationaleinkommens beteiligt sind, wie Wohnungs- und Kommunalwesen sowie Dienstleistungen, Wissenschaft, Hochschulbildung, Volksbildung, Kultur und Kunst, Gesundheitswesen, Sozialfürsorge, Körperkultur, Sport und Tourismus, Finanzen, Kredit und Versicherung, Leitung u. a.

fähigkeit volkswirtschaftlich bedeutsamer nichtproduzierender Zweige auch stärker dadurch beeinflußt werden, daß in Abhängigkeit von rascheren Fortschritten bei der Intensivierung der Produktion dafür materielle und Arbeitskräfteressourcen freigesetzt werden.

Diese veränderten Reproduktionsbedingungen erfordern neue Lösungsansätze, um den erforderlichen Beitrag des nichtproduzierenden Bereichs zur Effektivitätssteigerung für die Volkswirtschaft insgesamt auch künftig zu sichern. Auch in diesem Bereich sind die Bedingungen für den Übergang zur umfassenden Intensivierung herangereift. Darum sind die damit verbundenen Konsequenzen herauszuarbeiten. Diese betreffen sowohl die Wechselwirkungen zwischen der Intensivierung im produzierenden Bereich und der Entwicklung volkswirtschaftlich wichtiger nichtproduzierender Zweige als auch die inneren Intensivierungsreserven der verschiedenen nichtproduzierenden Zweige.

2.3.1. Intensivierung im nichtproduzierenden Bereich — ihre Wege und Besonderheiten

Die Gesetzmäßigkeiten des Übergangs zum intensiven Reproduktionstyp wurden zunächst hauptsächlich anhand des produzierenden Bereichs untersucht. Das erklärt sich aus dem zentralen Platz, den die Intensivierung der Produktion einnimmt, denn sie bestimmt entscheidend die Dynamik der sozialökonomischen Entwicklung, und in der materiellen Produktion sind der überwiegende Teil der Arbeitskräfte sowie der materiellen Ressourcen gebunden.

Jedoch kann bei der Erschließung von Intensivierungsreserven der nichtproduzierende Bereich keinesfalls außer acht gelassen werden. Das Gesetz der Ökonomie der Zeit wirkt auch in diesem Bereich. Zudem zeigt die Wirtschaftspraxis immer deutlicher, daß die Intensivierung volkswirtschaftlich bedeutsamer nichtproduzierender Zweige eine wichtige Voraussetzung ist, um einen möglichst hohen Intensivierungsgrad des gesamten gesellschaftlichen Reproduktionsprozesses und damit auch der materiellen Produktion zu gewährleisten. Bedingt wird das insbesondere durch das hohe Volumen der in diesem Bereich eingesetzten Ressourcen; durch Reserven bei ihrer Ausnutzung; durch das schnelle Wachstum der Bedürfnisse nach vielen nichtproduktiven Dienstleistungen; durch die geringer werdenden Möglichkeiten der Arbeitskräftezuführung aus der nichtberufstätigen Bevölkerung und zu Lasten der materiellen Produktion sowie nicht zuletzt auch durch die zunehmenden Effektivitätspotenzen des wissenschaftlich-technischen Fortschritts in diesem Bereich. Insbesondere wächst der Einfluß solcher nichtproduzierenden Zweige, wie der Volksbildung, der Wissenschaft, des Informations- und Dokumentationswesens auf die Intensivierung der Produktion.

Da der nichtproduzierende Bereich auf der Entwicklung der materiellen Produktion beruht, Nationaleinkommen zugunsten von Leistungen für die Bevölkerung verbraucht und über die Reproduktion der Fähigkeiten und Fertigkeiten des Menschen sowie seiner gesellschaftlichen Beziehungen aktiv auf die Produktion von Nationaleinkommen zurückwirkt, können die Kriterien für seine Intensivierung grundsätzlich nur aus den Erfordernissen der intensiv erweiterten Reproduktion für die Volkswirtschaft insgesamt abgeleitet werden. Mit dem Übergang zur umfassenden Intensivierung des volkswirtschaftlichen Reproduktionsprozesses wird deshalb auch die Intensivierung des nichtproduzierenden Bereichs unumgänglich. Dabei verstärken sich die Wechselbeziehungen zur Intensivierung der Produktion. Letztendlich geht es also bei der Intensivierung des nichtproduzierenden Bereiches darum, ein solches qualitatives und quantitatives Niveau nichtproduktiver Leistungen zu sichern, wie es für die breite Entfaltung qualitativer Faktoren des Wirtschaftswachstums erforderlich ist, wobei ein zunehmender Beitrag durch intensivere Nutzung der Ressourcen im nichtproduzierenden Bereich selbst erreicht werden muß.

Die Effektivität nichtproduktiver Leistungen kommt in wachsendem Maße darin zum Ausdruck, wie sie die der umfassenden Intensivierung entsprechende Qualifikation, Disponibilität und Leistungsbereitschaft der Werktätigen sichern, wie wissenschaftlich-technische Grundlagen für Neuerungsprozesse entwickelt und zur Anwendung vorbereitet werden, die ein ressourcensparendes Wirtschaftswachstum ermöglichen. Sinngemäß angewendet, gelten die grundsätzlichen Wege der Intensivierung der Produktion[42] auch für den nichtproduzierenden Bereich. Jedoch können sie auf keinen Fall auf alle seine Tätigkeitsgebiete mechanisch übertragen werden. Die Wege der Intensivierung im nichtproduzierenden Bereich weisen Be-

[42] Vgl. Abschnitt 2.1.

sonderheiten[43] auf, die vor allem durch die speziellen Funktionen und Aufgaben (insbesondere die Entwicklung der Bedürfnisse, des Bedarfs und des Verbrauchs der verschiedenen nichtproduktiven Leistungen) sowie spezifische Züge der Struktur und Kombination der Ressourcen und der Arbeitskräfte bedingt sind. Letztendlich werden die Anforderungen an die Intensivierung des nichtproduzierenden Bereichs vor allem dadurch bestimmt, wie sich die Bedürfnisse nach nichtproduktiven Leistungen entwickeln und welche Mittel dafür von der materiellen Produktion erwirtschaftet werden.

Die schnell wachsenden Bedürfnisse nach vielen nichtproduktiven Leistungen bewirken, daß — im Vergleich zur materiellen Produktion — die quantitative Erweiterung von Ressourcen im nichtproduzierenden Bereich bisher noch von größerer Bedeutung und in einem bestimmten Maße notwendige Begleiterscheinung der Intensivierung ist. Jedoch kann die quantitative Erweiterung keineswegs von vornherein als extensive Entwicklung klassifiziert werden. In der Regel werden neue Dienstleistungsarten auch auf moderner technischer Grundlage organisiert und sind deshalb ein Element der Intensivierung.

Extensive Wirkungen auf den volkswirtschaftlichen Reproduktionsprozeß würden davon nur dann ausgehen, wenn die zusätzlichen Ressourcen lediglich mit gleichbleibender technischer Ausstattung und Leistungsfähigkeit eingesetzt werden würden. Das heißt, daß aus volkswirtschaftlicher Sicht der zusätzliche Einsatz von Ressourcen für die Steigerung bestimmter dringender nichtproduktiver Leistungen (wie z. B. der Ausbildung in neuen Berufen, der Herausbildung neuer Leistungsarten) nicht unbesehen als Extensivierung gewertet werden kann. Beim gegenwärtigen Reifegrad der Intensivierung ist sogar in einer Reihe von RGW-Ländern noch der Zustand zu verzeichnen, daß sich im produzierenden Bereich die Wirksamkeit intensiver Faktoren verstärkt, während im nichtproduzierenden Bereich die vorwiegend extensive Erweiterung noch eine relativ große Rolle spielt. In dieser Richtung wirken gegenwärtig vor allem folgende Gründe:

1. Die Anforderungen nach sozialen Leistungen steigen mit der Gestaltung der entwickelten sozialistischen Gesellschaft stark an und

[43] Daneben gibt es auch Besonderheiten bei der Intensivierung in einzelnen Zweigen des nichtproduzierenden Bereichs, wie z. B. im Gesundheitswesen im Vergleich beispielsweise zu den Banken und Versicherungen. Hier werden jedoch hauptsächlich die Wege der Intensivierung behandelt, die für den nichtproduzierenden Bereich insgesamt wesentlich sind.

bewirken schließlich eine schnellere Entwicklung des nichtproduzierenden Bereichs im Vergleich zum produzierenden Bereich. Ein rascheres Wachstum nichtproduktiver Leistungen kann aber gegenwärtig oftmals nur durch verstärkte vorwiegend extensive Erweiterung der entsprechenden Kapazitäten erreicht werden.

2. Die Besonderheiten bei der Produktion nichtproduktiver Leistungen.

Aus der – im Vergleich zur materiellen Produktion – noch über einen längeren Zeitraum größeren Bedeutung vorwiegend extensiver Leistungsentwicklung im nichtproduzierenden Bereich in einigen RGW-Ländern folgt jedoch keineswegs, daß die interne Intensivierung dieses Bereichs unterschätzt bzw. auf die ferne Zukunft verschoben werden darf. Die Forderung nach Wirtschaftlichkeit gilt deshalb für alle Aufwendungen, d. h. sowohl für die, die zur extensiven als auch für die, die zur intensiven Erweiterung beitragen. Dabei ergibt sich aus den Besonderheiten der nichtproduktiven Leistungen, daß hier wesentlich höhere Anforderungen an eine optimale Abstimmung zwischen extensiven und intensiven Faktoren bestehen. Gerade bei gegebenen Begrenzungen in der quantitativen Entwicklung von Ressourcen kommt dieser Abstimmung ein außerordentlich hoher Rang zu. Jede vorwiegend extensive Erweiterung der Ressourcen muß deshalb wesentlich enger mit der besseren Ausnutzung des Vorhandenen verbunden werden, damit bei insgesamt verlangsamtem Wachstum der volkswirtschaftlichen Ressourcen die nichtproduktiven Leistungen mit den sich dynamisch entwickelnden Bedürfnissen Schritt halten können. Die schnell wachsenden Bedürfnisse nach nichtproduktiven Leistungen können auf die Dauer nur befriedigt werden, wenn nicht allein Ressourcen im größeren Maße eingesetzt werden, sondern gleichzeitig intensive Faktoren stärker und wirksamer genutzt und auch für den Einsatz von zusätzlichen Ressourcen in wachsendem Maße bestimmend werden.

Für die künftige Entwicklung des nichtproduzierenden Bereichs wird deshalb die vorwiegend intensive Erweiterung kennzeichnend sein, wobei auch extensive Faktoren mit genutzt werden, deren Wirkungsbereich jedoch immer begrenzter wird.

Intensivierung bedeutet folglich für den nichtproduzierenden Bereich:

1. Die intensive Wirksamkeit von Faktoren, die auf der Grundlage der Intensivierung in anderen Volkswirtschaftsbereichen die Leistungs-

fähigkeit des nichtproduzierenden Bereichs erhöhen (sogenannte externe Faktoren), ist zu verstärken. Das betrifft vor allem die planmäßige Sicherung der Proportionen zwischen produzierendem und nichtproduzierendem Bereich, die sorgfältige Planung der damit verbundenen volkswirtschaftlichen Verflechtungen, aber genauso auch die verstärkte Durchsetzung wissenschaftlich-technischer Neuerungsprozesse im nichtproduzierenden Bereich durch die Bereitstellung moderner und effektiverer Arbeitsmittel und -gegenstände. Diese sind entscheidend, um Arbeitszeit und materielle Aufwendungen einzusparen und den Versorgungsgrad nichtproduktiver Leistungen zu erhöhen. Das heißt, daß die Intensivierung des nichtproduzierenden Bereichs von der Intensivierung der Produktion abhängig ist, wobei sie ebenfalls durch die Intensivierung in anderen Phasen des Reproduktionsprozesses, wie Verteilung, Austausch und Konsumtion beeinflußt wird und darauf zurückwirkt.

2. Verhältnismäßig große Reserven sind durch die bessere Nutzung des Vorhandenen im nichtproduzierenden Bereich selbst erschließbar (sogenannte interne Faktoren). Hierbei geht es vor allem um die rationellere Nutzung des Arbeitszeitfonds sowie der Grund- und Umlauffonds, d. h. Vervollkommnung des Arbeitsprozesses; die Ausschöpfung und gezielte weitere Erhöhung des Qualifikationspotentials; die Erhöhung des Schichtkoeffizienten der Arbeit, z. B. in den Dienstleistungsbetrieben, sowie um eine höhere Kontinuität der Leistungen. Große Bedeutung haben aber auch organisatorische und strukturelle Vervollkommnungen, wie z. B. die Organisation des Arbeitsablaufs, die Einführung neuer Versorgungsformen und Öffnungszeiten für die Bevölkerung.

Zu den Hauptrichtungen der Intensivierung gehört die Verbesserung der Qualität der verschiedenen Arten von nichtproduktiven Leistungen. Diese trägt vor allem unter folgenden Aspekten zur umfassenden Intensivierung des volkswirtschaftlichen Reproduktionsprozesses bei. Sie entspricht den höheren Anforderungen an die Qualität der Leistungen, die direkt oder indirekt mit der Vorbereitung und Einführung wissenschaftlich-technischer Neuerungsprozesse und damit verbundener Strukturveränderungen in Beziehung stehen (wie auf den Gebieten der Wissenschaft, des Bildungs- und Sozialwesens, der Leitung und Planung). Weiterhin sind die Aufrechterhaltung und weitere Verbesserung der Arbeits- und Lebensbedingungen, wobei insbesondere die Zeit für die Befriedigung geistig-kultureller Bedürfnisse zunimmt, ohne die verbesserte Qualität von Leistungen, z. B.

im Gesundheits- und Sozialwesen und in der Kultur und Kunst, in der kommunalen Wirtschaft, nicht realisierbar.

Gleichzeitig bestätigen Analysen, daß noch Reserven bestehen, um mit gegebenem Einsatz von Ressourcen eine höhere Qualität nichtproduktiver Leistungen zu sichern. Bei einer Reihe von Leistungen bleibt die Qualität aus objektiven und aus subjektiven Gründen noch immer hinter den wachsenden Anforderungen der Konsumenten zurück. Das ist keineswegs immer durch mangelnde materielle Ressourcen oder ein zu niedriges technisches Niveau bedingt. Qualitätsmängel werden in einer Reihe von Dienstleistungsbetrieben auch durch die unzulängliche Nutzung der vorhandenen materiellen Mittel hervorgerufen, wie z. B. durch ein zu niedriges Niveau in der Organisation, der Technologie und dem Schichtsystem der Arbeit.

Die Verbesserung der Qualität der nichtproduktiven Leistungen stellt auch höhere Anforderungen an das technische Niveau der Ausrüstungen, Anlagen und Materialien sowie teilweise auch an ihre quantitative Verfügbarkeit. Jedoch besteht die Hauptreserve in der besseren und qualifizierteren Arbeit der Beschäftigten. Für ihre Erschließung ist von Bedeutung, in stärkerem Maße Standards und normative Qualitätsanforderungen für Dienstleistungen anzuwenden und die Arbeitsentlohnung enger damit zu verbinden.

Eine *Kernfrage* ist die Stellung und die Ausbreitung des *wissenschaftlich-technischen Fortschritts*. Dieser bewirkt in der materiellen Produktion – langfristig gesehen – faktisch unerschöpfliche Potenzen zur Effektivitätssteigerung. Wird er die Elemente der Produktion und den spezifischen Aufwand an gesellschaftlicher Arbeit im nichtproduzierenden Bereich mit ebensolcher Stärke und in ähnlichen Etappen[44] beeinflussen wie im produzierenden Bereich? Die Analyse der bisherigen und der zukünftigen Entwicklungstendenzen des wissenschaftlich-technischen Fortschritts macht deutlich, *daß die Leistungsfähigkeit der wichtigsten nichtproduzierenden Zweige in zunehmendem Maße vom wissenschaftlich-technischen Fortschritt beeinflußt wird*, der sich auch im nichtproduzierenden Bereich zum Hauptfaktor der Intensivierung entwickelt.

[44] A. Notkin, Intensifikacija i ėffektivnost rasširennogo vosproizvodstva, in: Voprosy ėkonomiki (Moskva), 9/1981, S. 86–96.

Ausdruck dafür sind

- der wachsende Bedarf nach Spezialisten mit höherem Bildungs- und Qualifikationsniveau für die Einführung und Nutzung von wissenschaftlich-technischen Neuerungen,
- die absolute und relative Erhöhung der Aufwendungen für Bildung, Wissenschaft und Forschung in allen entscheidenden nichtproduzierenden Zweigen,
- die progressiven Veränderungen der technologischen Struktur der Grundfonds, insbesondere die zunehmende Ausstattung mit moderner und leistungsfähiger Technik,
- verstärkte Anwendung von rationelleren Methoden und Organisationsformen bei der Leitung und Planung, der Ausbildung, der Forschung, der gesundheitlichen Betreuung, im Sport usw.

Die Wirksamkeit des wissenschaftlich-technischen Fortschritts wird jedoch in wichtigen nichtproduzierenden Zweigen dadurch beeinflußt, wie er den spezifischen Funktionen des nichtproduzierenden Bereichs gerecht wird, insbesondere Besonderheiten der Beschäftigtenstruktur berücksichtigt. Im nichtproduzierenden Bereich ist der Anteil qualifizierter Arbeit höher und ihr schöpferischer Charakter ausgeprägter. Darum können gegenwärtig ihre Funktionen nicht in jedem Fall und in gleicher Weise durch Ausrüstungen ersetzt werden wie in der materiellen Produktion. Der schöpferische Charakter der Arbeit ist nicht nur für diesen Bereich kennzeichnend, jedoch ist er in einigen nichtproduzierenden Zweigen bei einem verhältnismäßig größeren Anteil der Beschäftigten stärker ausgeprägt sowie enger und unmittelbarer mit den Arbeitsergebnissen verbunden. Viele nichtproduktive Leistungen beruhen direkt auf dem ständigen persönlichen Engagement des Spezialisten, wie des Lehrers, des Arztes u. a. m. Daraus ergeben sich aber auch spezifische Anwendungsbereiche des wissenschaftlich-technischen Fortschritts. So ist z. B. die Mechanisierung und Automatisierung vieler Arbeitsprozesse (insbesondere bei Routinearbeiten und der Verarbeitung von Informationen) ein wichtiger Weg zur Leistungssteigerung. Gerade für solche nichtproduktiven Leistungen, die aber in starkem Maße von der Qualifikation der Beschäftigten abhängen, ist der wissenschaftlich-technische Fortschritt vor allem ein Mittel, um die Arbeit des Spezialisten wirksamer zu machen, sie zu erleichtern, die Qualität der Leistungen zu erhöhen sowie ihr Tempo zu beschleunigen. Die Spezifik der Arbeit in wichtigen nichtproduzierenden Zweigen ist – neben den wachsenden Bedürfnissen insbesondere nach sozialen und geistig-kulturellen Leistungen — eine Ursache für die zunehmende Arbeitskräfteanzahl im nichtproduzierenden Bereich insgesamt. Diese war bisher generell zu verzeichnen und wird sich schätzungsweise zukünftig — wenn auch mit verlangsamtem Tempo — fortsetzen, während sich in der materiellen Produktion der Arbeitszeitfonds tendenziell verringert. Der Anteil der Beschäftigten im nichtproduzierenden Bereich an der Gesamtzahl der Berufstätigen in der Volkswirtschaft erhöhte sich ausnahmslos in allen RGW-Ländern.[45]

Die umfassende Intensivierung des volkswirtschaftlichen Reproduktionsprozesses erfordert es deshalb, die Grundrichtungen des wissenschaftlich-technischen Fortschritts im nichtproduzierenden Bereich stärker entsprechend der Spezifik seiner Leistungen anzuwenden. Gegenwärtig bestehen jedoch noch Leistungsreserven, weil in vielen Zweigen, wie z. B. dem Bildungs- und Gesundheitswesen, der Kultur u. a., moderne technische Lösungen noch nicht massenhaft angewendet werden und die vorhandene Technik oft veraltet ist und ein niedriges Niveau aufweist. Das Rationalisierungs- und Neuererwesen ist in vielen nichtproduzierenden Zweigen schwächer entwickelt als in der materiellen Produktion. Die technische Ausstattung der Arbeit und die Anwendung neuer Methoden, Organisationsformen und Technologien entspricht gerade bei einer Reihe von Versorgungsleistungen für die Bevölkerung, aber auch in der Leitung und Planung noch nicht dem technisch bereits Möglichen. Das widerspiegelt sich auch in der relativ niedrigen Fondsausstattung je Arbeitskraft im nichtproduzierenden Bereich, die in der VRB z. B. nur etwa halb so hoch ist wie in der materiellen Produktion. Die Investitionen zur Mechanisierung und Rekonstruktion der Grundfonds sind im nichtproduzierenden Bereich um ein vielfaches geringer als in der materiellen Produktion (in der VRB um etwa das 13fache), der Anteil wegen Überalterung und endgültigem Verschleiß ausgesonderter Grundfonds am Gesamtbestand ist bis um das 6fache niedriger als in der materiellen Produktion.[46]

Die Spezifik bei der Anwendung wissenschaftlich-technischer Fortschritte in einer Reihe von nichtproduzierenden Zweigen widerspiegelt sich auch in der Entwicklung und Struktur des Materialverbrauchs. Sein Anteil an den Gesamtaufwendungen ist im nichtproduzierenden

[45] Vgl. Statističeskij ežegodnik stran-členov SĖV, Moskva 1981, S. 403—405.
[46] Vgl. Rašireno socialističesko bizproizvodstvo v NRB, KESSI, 1983.

Bereich wesentlich niedriger als an den Selbstkosten im produzierenden Bereich. Während in der VRB in den letzten 10 Jahren der Materialverbrauch in der materiellen Produktion 60 bis 64% der Selbstkosten ausmachte, bewegte sich sein Anteil bei nichtproduktiven Dienstleistungen zwischen 24% im Bildungswesen sowie in Einrichtungen von Kultur und Kunst und fast 45% im Gesundheitswesen. Im geringeren Anteil des Materialverbrauchs drückt sich der relativ große Einfluß der lebendigen Arbeit auf die nichtproduktiven Leistungen aus. Jedoch ist dieser Anteil auch abhängig vom wissenschaftlich-technischen Niveau.

Um Effektivitätspotenzen von Wissenschaft und Technik zu erschließen, sind die Modernisierung und Erneuerung der Ausrüstungen in wichtigen nichtproduzierenden Zweigen entsprechend den jeweils vorhandenen volkswirtschaftlichen Möglichkeiten schneller vorzubereiten und zu realisieren. Das gilt vor allem für die Anwendung der EDV, der Mikroprozessoren-, Diagnostik-, Medizin-, Kontroll-, Meßtechnik und anderer moderner Technologien. Spezialisierung und Kooperation im Rahmen des RGW sollten deshalb in wesentlich stärkerem Maße auch die Produktion von Ausrüstungen, Maschinen, Geräten u. ä. für die nichtproduzierenden Zweige sowie die Zusammenarbeit bei Technologien und modernen Produktionsmethoden einbeziehen. Die rechtzeitige und raschere Lösung dieser Aufgaben hat auf die Erschließung von Intensivierungsreserven in den nichtproduzierenden Zweigen einen besonders großen Einfluß, weil auf einigen Gebieten die Reproduktionszyklen der Grundfonds, insbesondere der Gebäude, aber auch der Ausrüstungen bedeutend länger als in den meisten produzierenden Zweigen sind.

Eine wichtige Intensivierungsreserve besteht ebenfalls in der besseren Nutzung von Konzentrationseffekten im nichtproduzierenden Bereich. Auch wenn diese in der Regel begrenzter als in der materiellen Produktion sind und teilweise der Leistungsbedarf in Richtung einer weiteren Dezentralisierung wirkt (z. B. Versorgungseinrichtungen nicht nur in Wohngebieten und Dörfern, sondern auch in neu entstehenden, territorial schwer zugänglichen Industrie- und Baubetrieben sowie in Erholungsgebieten), gibt es noch beträchtliche Möglichkeiten zur stärkeren Konzentration der im nichtproduzierenden Bereich eingesetzten materiell-technischen Basis. Das gilt z. B. für die Nutzung der Vorteile der Agglomerationen der Bevölkerung in Ballungsgebieten, der dichteren Besiedlung der Wohngebiete, von Gemeinschaftseinrichtungen zur Versorgung der Bevölkerung mit

Dienstleistungen, die Erhöhung der Mobilität der Bevölkerung zwischen und innerhalb der Siedlungsgebiete durch verbesserte Transportverbindungen.

Insgesamt wird für die Intensivierung im nichtproduzierenden Bereich das engere Zusammenwirken von besserer Ausnutzung vorhandener Ressourcen, ihrem differenzierten weiteren quantitativen Wachstum und der schnelleren Durchsetzung des wissenschaftlich-technischen Fortschritts eine zunehmende Rolle spielen. Gleichzeitig muß betont werden, daß in der Regel – abgesehen von eng begrenzten Möglichkeiten zum nichtmateriellen Export – das Tempo der Intensivierung in den jeweiligen nichtproduzierenden Zweigen keineswegs über das Wachstum der betreffenden Leistungsart entscheidet. Die Struktur und die Entwicklungsdynamik der nichtproduktiven Leistungen wird in der Hauptsache durch das Niveau und die Entwicklung der entsprechenden Bedürfnisse – die in der Regel eine höhere Dynamik aufweisen als die nach bestimmten materiellen Gebrauchswerten – und den Grad ihrer Befriedigung bestimmt. Diese Bedürfnisse nach nichtproduktiven Leistungen stehen in enger Verbindung zum ökonomischen Grundgesetz und sind deshalb nicht substituierbar. Daraus ergibt sich auch, daß der Zeitpunkt, das Tempo sowie die Wege zur Intensivierung des nichtproduzierenden Bereichs wesentlich durch seine sozialen Aufgaben geprägt werden.

Reserven zur beschleunigten Intensivierung liegen gegenwärtig vor allem in der Ausnutzung der Vorzüge des Sozialismus. Darum sind Lösungen wichtig, die — unter dem Sozialismus gemäßen Arbeits- und Lebensbedingungen — eine langfristig hohe Effektivitätssteigerung sichern. Das gilt nicht nur für den nichtproduzierenden Bereich. Die sozialen Aufgaben sind nicht allein eine Resultante der ökonomischen Effektivität der Produktion, sondern sie müssen sich selbst immer wieder von neuem als Intensivierungsfaktor bewähren. Für die Intensivierung des nichtproduzierenden Bereichs ergibt sich daraus die Schlußfolgerung, die kurz- und mittelfristigen sozialen Wirkungen planmäßig zu berücksichtigen.

Zusammenfassend lassen sich folgende *Schlußfolgerungen über die Schwerpunkte der weiteren Intensivierung innerhalb des nichtproduzierenden Bereichs* ableiten:

1. Mehr Aufmerksamkeit muß der rationelleren Verausgabung der lebendigen Arbeit gewidmet werden, insbesondere der Verbesserung der Arbeitsorganisation, der weiteren Ausschöpfung und gezielten Entwicklung des Qualifikationspotentials und der Vervoll-

kommnung der persönlichen materiellen Interessiertheit der Beschäftigten an der Erhöhung und qualitativen Verbesserung ihrer Leistungen.

2. Im nichtproduzierenden Bereich, vor allem an solchen Schwerpunkten den wissenschaftlich-technischen Fortschritt verstärkt einführen und seine Effektivitätspotenzen nutzen, an denen wachsende Leistungen für die Volkswirtschaft insgesamt erbracht werden und relativ hohe spezifische Einsparungen mit den dafür verfügbaren materiellen Ressourcen erreichbar sind. Dabei muß stets berücksichtigt werden, daß die Anwendungskonzeptionen des wissenschaftlich-technischen Fortschritts im nichtproduzierenden Bereich in direkter Abhängigkeit von der Effektivität des produzierenden Bereichs und von den jeweils gesellschaftlich begründeten Proportionen zwischen dem produzierenden und dem nichtproduzierenden Bereich ausgearbeitet werden.

3. Bei der Erschließung von Intensivierungsreserven müssen die Unterschiede in den Phasen der Intensivierung zwischen dem produzierenden und dem nichtproduzierenden Bereich beachtet werden. So wird von Wirtschaftswissenschaftlern die Auffassung vertreten, daß in der ersten Phase des Intensivierungsprozesses vor allem die Arbeitsaufwendigkeit der Produktion gesenkt wird und erst danach die Materialintensität und schließlich die Fondsintensität der Produktion abnehmen. Demgegenüber wird jedoch damit gerechnet, daß im nichtproduzierenden Bereich in der VRB die Steigerung der Leistungen zunächst mit einem höheren Aufwand sowohl an lebendiger Arbeit als auch an Material und Grundfonds einhergehen wird. Im Ergebnis der verstärkten Anwendung des wissenschaftlich-technischen Fortschritts werden sich die spezifischen Aufwendungen aller Produktionselemente auch im nichtproduzierenden Bereich verringern, und zwar beginnend mit den Materialaufwendungen.

Die Anwendung von Wissenschaft und Technik im nichtproduzierenden Bereich kann sich also nicht darauf beschränken, bestimmte technische Entwicklungen im Vergleich zum produzierenden Bereich nachzuvollziehen. Sie muß sich von vornherein an den aus der umfassenden Intensivierung des gesamten gesellschaftlichen Reproduktionsprozesses abgeleiteten Kriterien für die Effektivität des nichtproduzierenden Bereichs orientieren.

2.3.2. Zur Effektivität der nichtproduzierenden Bereiche

Generelles Kriterium gestiegener Effektivität ist sowohl im produzierenden als auch im nichtproduzierenden Bereich die Senkung des Aufwands je Einheit des erzielten Ergebnisses. In beiden Bereichen ist die Intensivierung in der Endkonsequenz der Weg, um die entsprechenden Ergebnisse zu erzielen. Das bedeutet, daß gegebene Aufwendungen nur dann gesellschaftlich gerechtfertigt sind, wenn das jeweilige Ziel erreicht wurde. Dieses Ziel ist in beiden Bereichen durch ihre Beiträge zur Verwirklichung des ökonomischen Grundgesetzes des Sozialismus bestimmt.

Während jedoch im produzierenden Bereich dieser Beitrag im Zuwachs des Nationaleinkommens zum Ausdruck kommt, geht es im nichtproduzierenden Bereich, bei Verbrauch von Nationaleinkommen, um verschiedenartige Leistungen, denen alle die erweiterte Reproduktion des Menschen und der Produktionsverhältnisse des Sozialismus gemeinsam ist. *Die Effektivität des nichtproduzierenden Bereichs ist also grundsätzlich ein Bestandteil der gesellschaftlichen Effektivität des Sozialismus. Entsprechend der Spezifik seiner Funktionen sind jedoch Besonderheiten im Vergleich zur Effektivität der gesellschaftlichen Produktion zu berücksichtigen.* Diese stehen vor allem damit in Verbindung, daß in diesem Bereich nichtproduktive Dienstleistungen erbracht werden, die hinsichtlich ihrer Effekte beurteilt werden müssen. Bisher war z. B. bei der Effektivität der gesellschaftlichen Produktion der Aufwand an gesellschaftlicher Arbeit Schwerpunkt der Untersuchungen, und im nichtproduzierenden Bereich standen die sozialen Effekte im Mittelpunkt. Dabei muß jedoch berücksichtigt werden, daß bei grundsätzlich einheitlicher Zweckbestimmtheit in den Funktionen der nichtproduktiven Arbeit Unterschiede in den Leistungsarten bestehen, die auch bestimmen, welche Effekte jeweils den Schwerpunkt bilden.

Konkret betrachtet, hat jede Dienstleistungsart jweils spezifische Funktionen zu erfüllen. Jedoch lassen sich diese nach ihren hauptsächlichen Zielen wie folgt gruppieren:

— Nichtproduktive Leistungen, die unmittelbar zur Reproduktion des Menschen, zur Befriedigung seiner geistig-kulturellen Bedürfnisse beitragen. Das sind hauptsächlich *Leistungen mit überwiegend sozialer Zweckbestimmung*, wie auf dem Gebiet der Gesundheit, der Bildung und Erziehung, der Kultur und Kunst. Hier steht bei der Intensivierung die Vergrößerung der sozialen Effekte im Vordergrund.

- Nichtproduktive Leistungen auf dem Gebiet der Wissenschaft, die letztendlich der Produktionsvorbereitung dienen (insbesondere für die Sicherung des notwendigen Vorlaufs für Wissenschaft und Technik durch die Grundlagenforschung).
- Leistungen, die vorwiegend der Organisierung der gesellschaftlichen Verhältnisse zwischen den Werktätigen, der Realisierung von Ware-Geld-Beziehungen, der Kontrolle und Abrechnung dienen. Dazu gehören vor allem die Leitung und Planung, der Schutz der sozialistischen Errungenschaften, aber auch das Bank- und Versicherungswesen u. a. m. Bei bestimmten Leistungen dieser Gruppe, vor allem solchen, die noch einen hohen Aufwand von Routine-, teilweise auch verhältnismäßig wenig qualifizierter Arbeit erfordern (wie z. B. im Bank- und Versicherungswesen, bei Prozessen der Abrechnung und Kontrolle) ist der *Haupteffekt auf die spezifische Einsparung von gesellschaftlicher Arbeit* gerichtet.

Die spezifischen Funktionen der nichtproduktiven Leistungen wirken sich auch auf die Wege zur Effektivitätssteigerung aus. Für einen hohen volkswirtschaftlichen Effektivitätsbeitrag der jeweiligen nichtproduktiven Leistungen ist bestimmend, daß der Bedarf weitestmöglich gedeckt wird und dabei für die Volkswirtschaft insgesamt Ressourcen eingespart werden.

Dabei müssen Prioritäten berücksichtigt werden, die sich aus der Funktion der jeweiligen nichtproduktiven Leistungen bei der Verwirklichung des ökonomischen Grundgesetzes ergeben. Das bedeutet, daß die Befriedigung der Bedürfnisse nach persönlichen und gesellschaftlichen Dienstleistungen, nach der allseitigen und harmonischen Entwicklung sozialistischer Persönlichkeiten Prioritäten für die Grundstrukturen und Hauptrichtungen der gesellschaftlichen Entwicklung überhaupt setzt. Dabei sind die ökonomischen und sozialen Aspekte eng miteinander verflochten. Ökonomische Effekte sind immer auch mit sozialen Effekten verbunden und beruhen auf bestimmten sozialen Bedingungen. Soziale Effekte sind stets an ökonomische Bedingungen und an Aufwendungen gebunden und wirken aktiv auf diese zurück. Hohe soziale Effekte entsprechen grundsätzlich auch den Erfordernissen der vorwiegend intensiv erweiterten Reproduktion, die Grundlage für die immer bessere Gestaltung der Arbeits- und Lebensbedingungen ist. Das schließt ein, daß die Lösung sozialer

Aufgaben immer ein Element der Intensivierung des gesamten gesellschaftlichen Reproduktionsprozesses ist, u. a. auch deshalb, weil die dafür notwendigen materiellen Mittel durch Intensivierung der Produktion zu erwirtschaften sind.

Das Wesen der Effektivität im nichtproduzierenden Bereich kommt deshalb am besten im Begriff der „sozialökonomischen Effektivität" zum Ausdruck.[47] Daraus folgt, daß sich die Effektivitätssteigerung im nichtproduzierenden Bereich keineswegs einseitig auf die Einsparung des Aufwandes konzentrieren kann, sondern daß diese immer zur Erhöhung der sozialen Effekte beitragen muß. Hier den Schwerpunkt allein auf die Einsparung von Aufwand zu legen, würde bedeuten, einen wesentlichen methodologischen Fehler zu machen, der auch den Grad der Bedürfnisbefriedigung beeinträchtigen würde, der beim jeweiligen Niveau der ökonomischen Effektivität der Produktion möglich ist.

Eine Besonderheit vieler sozialer Effekte besteht darin, daß sie Wirkungen hervorrufen, die über einen sehr langen Zeitraum die Leistungsfähigkeit des volkswirtschaftlichen Reproduktionsprozesses und die Wachstumsdynamik des Nationaleinkommens beeinflussen. Das Bildungs- und Kulturniveau, der Schutz und die Wiederherstellung der Gesundheit u. a. charakterisieren wesentliche Züge des sozialistischen Werktätigen der Gegenwart und der Zukunft. Gleichzeitig sind sie von wachsendem Einfluß auf die Entwicklung der materiellen Produktion. Vom Niveau der gegenwärtigen Leistungen, z. B. des Bildungswesens, der Kultur und Kunst, des Gesundheitswesens u. a. m. hängt wesentlich ab, wie die Gesellschaft in die Lage versetzt wird, in den kommenden 20 bis 30 Jahren ihre Aufgaben erfolgreich zu erfüllen.

Bei diesen sozialen Effekten, die weit in die Zukunft wirken, spielt die Berücksichtigung des Zeitfaktors eine wichtige Rolle. Das gilt um so mehr, als die Folgen einer unterproportionalen Entwicklung dieser Leistungen sich in der Regel erst mit großem Zeitverzug bemerkbar machen und dann nicht sofort kompensiert werden können. Um damit verbundene Verluste zu vermeiden, hat die Beseitigung von Engpaßsituationen durch die Erweiterung von Kapazitäten für den

[47] Der Verfasser stellt hiermit seinen Standpunkt zur Bestimmung der Effektivität im nichtproduzierenden Bereich zur Diskussion. Dieser unterscheidet sich von dem unter 1.2. auf S. 28 vertretenen. Durch die Darstellung der verschiedenen Herangehensweisen soll der Meinungsstreit angeregt werden.

Gesundheitsschutz, die Kultur, die Volksbildung u. a. m. eine hohe Priorität. Selbst wenn diese Erweiterung in Ausnahmefällen nicht auf vorwiegend intensivem Wege erfolgen kann, sondern nur eine extensive Erweiterung möglich sein sollte, ist das aus der langfristigen Sicht ein Beitrag zur Intensivierung des gesamten gesellschaftlichen Reproduktionsprozesses.

Es wird deutlich, daß gerade bei der Effektivität nichtproduktiver Leistungen die Einheit und die Wechselwirkungen von sozialen und ökonomischen Ergebnissen von grundlegender Bedeutung sind. Das heißt jedoch keineswegs, daß sie identisch sind. Beim gegenwärtigen Erkenntnisstand ist es deshalb zweckmäßig, in der Analyse und Planung zwischen zwei miteinander eng verflochtenen Gruppen von Effekten und Aufwendungen im nichtproduzierenden Bereich zu unterscheiden: *zwischen solchen mit überwiegend ökonomischen und solchen mit überwiegend sozialen Merkmalen.*[48] In den Fällen, in denen die sozialen Aspekte nichtproduktiver Leistungen überwiegen, geht es bei der Effektivität vor allem um das Ergebnis, d. h. die Aufrechterhaltung und Erweiterung von sozialen Leistungen (die zur Befriedigung sozialer Bedürfnisse der Gesellschaft dienen sowie mit der Entwicklung der sozialistischen Persönlichkeit und der sozialistischen Lebensweise verbunden sind).

In den Fällen, in denen die ökonomischen Aspekte nichtproduktiver Leistungen überwiegen, steht demgegenüber die Verringerung der Aufwendungen im Vordergrund, d. h. die spezifische Einsparung gesellschaftlicher Arbeit bei gleichzeitiger Sicherung und ständiger Verbesserung der Qualität der betreffenden Leistungen. Auf dieser Grundlage lassen sich spezifische Anforderungen an die Methodik zur Bestimmung, Analyse und Beurteilung der Effektivität für nichtproduktive Leistungen ableiten.

Beim gegenwärtigen Erkenntnisstand beruht demzufolge die Beurteilung der Effektivität im nichtproduzierenden Bereich vor allem auf folgenden Gruppen von Kennziffern:

1. *Kennziffern, welche die sozialen Aspekte der Effektivität erfassen;*

[48] Einheitliches Kriterium dafür kann letztlich nur die Steigerung der Gesamteffektivität des gesellschaftlichen Reproduktionsprozesses sein, die stets die untrennbare Einheit von ökonomischen und sozialen Aspekten einschließt. Die gesonderte Betrachtung der sozialen und ökonomischen Effekte wird deshalb als eine dem gegenwärtigen Erkenntnisstand entsprechende Arbeitshypothese betrachtet, die weiterer Untersuchungen in Richtung des einheitlichen Kriteriums bedarf. (Anmerkung der DDR-Redaktion).

wie die Zahl von Personen, die gesundheitlich betreut werden; der Anteil der Lernenden in Ober- und Hochschulen; Indikatoren für Verbesserungen in den Arbeits- und Lebensbedingungen, in der Versorgung der Bevölkerung u. a. m. Diese Kennziffern geben jedoch nur dann ein reales Bild, wenn gesichert ist, daß die erforderliche *Qualität* der Leistungen eingehalten wird.

2. *Kennziffern, welche sich auf die Einsparungen gesellschaftlicher Arbeit beziehen*, wie z. B. die Einnahmen und Gewinne der Dienstleistungseinrichtungen, volkswirtschaftliche Einsparungen und das ihnen entsprechende zusätzliche Wachstum des Nationaleinkommens infolge besserer medizinischer Betreuung der Bevölkerung u. ä. m.

Jedoch muß berücksichtigt werden, daß die genannte Unterscheidung sehr relativ ist.

Zusammenfassend ergeben sich folgende Hinweise über die im nichtproduzierenden Bereich anzuwendenden Kennziffern zur Effektivitätsbeurteilung. Die in der materiellen Produktion bewährten Effektivitätskennziffern sind im nichtproduzierenden Bereich im allgemeinen nicht oder nur teilweise und daher auch mit Einschränkungen in der Aussage anwendbar. Hauptursache dafür ist die Spezifik der Arbeitsergebnisse im nichtproduzierenden Bereich. Sie werden in der Mehrzahl nicht als Waren produziert und realisiert; die nichtproduktive Arbeit ist nicht wertbildend.

Ein Teil dieser Dienstleistungen wird von der Bevölkerung unentgeltlich in Anspruch genommen, andere werden teilweise bezahlt und wieder andere müssen vollständig bezahlt werden. Grundlage für die Preisbildung sind dabei in der Regel die laufenden Aufwendungen lebendiger und vergegenständlichter Arbeit, ohne daß ein Mehrprodukt berücksichtigt wird. Auch die Aufwendungen für die genutzten Grundfonds werden entweder nicht oder nicht im vollen Umfang berechnet. Daran wird deutlich, daß der Effekt nichtproduktiver Leistungen nicht anhand der in der materiellen Produktion bewährten Methoden bestimmt werden kann.

Außerdem muß berücksichtigt werden, daß Aufwendungen im nichtproduzierenden Bereich meist mehrdimensionale Effekte bewirken — sowohl ökonomische als auch soziale —, die in ihrer Vielfalt meist nicht vergleichbar sind und manchmal nicht einmal quantifiziert werden können. So sind Aufwendungen für das Bildungswesen nicht nur Grundlage für die berufliche Qualifikation, sondern ebenfalls für den Bewußtseinsstand, für die gesellschaftliche Aktivität, stehen aber auch in Beziehung zum geistig-kulturellen Niveau und sogar zum Gesundheitszustand der Werktätigen. Es ist also schwieriger als in der materiellen Produktion, Gesamtaufwand und -effekt miteinander zu vergleichen. Das bedeutet nicht, daß für die Effektivitätsbeurteilung bestimmter nichtproduktiver Leistungen, z. B. im kommunalen Bereich, Erfahrungen und Methoden der Effektivitätsbestimmung im produzierenden Bereich keine Rolle spielen.

Insgesamt aber steht die Aufgabe, die Effektivität im nichtproduzierenden Bereich ausgehend von seinen spezifischen Funktionen im volkswirtschaftlichen Reproduktionsprozeß zu bestimmen. Einige dazu vorgeschlagene grundsätzliche Lösungsansätze sind aber gegenwärtig entweder theoretisch noch nicht genügend ausgearbeitet oder scheitern an Informations- und anderen Schranken ihrer Anwendung in der Wirtschaftspraxis. Das betrifft z. B. die Konzeption einer synthetischen Gesamtaussage über die Effektivität des nichtproduzierenden Bereichs durch naturale Kennziffern, wie die Lebenszeit des Menschen, das Volumen und die Struktur der Freizeit. Auch Versuche zur Erfassung des vollen „Wertes" nichtproduktiver Dienstleistungen[49] führten bisher zu keinem akzeptablen Ergebnis. Jedoch ist die Effektivitätsbestimmung im nichtproduzierenden Bereich eine Grundvoraussetzung, um bei der Erschließung von Intensivierungsreserven auch in diesem Bereich stärker voranzukommen.

Deshalb wird auf der Grundlage speziell dazu durchgeführter Untersuchungen vorgeschlagen, folgende Methoden zur Bestimmung der Effektivität im nichtproduzierenden Bereich konsequenter in größerer Breite dort anzuwenden, wo sie aussagefähig sind.

1. *Vergleich der Aufwendungen mit dem angestrebten Hauptergebnis einer bestimmten nichtproduktiven Leistung, wie* z. B. der Anzahl der Personen, die auszubilden sind; der vom Gesundheitswesen versorgten Personen; der bereitgestellten Plätze in Theatern, Kinos u. ä. Durch diesen Vergleich werden einmalige Aufwendungen und Kosten kontrolliert. Er ist dort anwendbar, wo das Arbeitsergebnis direkt oder indirekt quantifizierbar ist, wie u. a. im Bildungs-, Kultur-, Gesundheitswesen sowie in anderen Dienstleistungseinrichtungen.

2. *Beurteilung des sozialen Effekts durch das Verhältnis zwischen dem erreichten und dem projektierten (normativen) Ziel.* Diesem Vergleich liegt die Überlegung zugrunde: je geringer der Unterschied zwischen beiden Zielen bzw. je besser das normative Ziel erreicht

[49] Vgl. z. B. V. M. Rutgajzer, Resursy rasvitija neproizvodstvennoj sfery, Moskva 1975, S. 175–222.

wurde, desto größer wird im allgemeinen der soziale Effekt sein. Voraussetzung dazu sind ausreichend begründete Normative, die eine bestimmte Inanspruchnahme von Ressourcen zugrunde legen. Dabei ist das jeweilige Ausmaß, in dem über Ressourcen verfügt werden kann, letztlich dafür ausschlaggebend, welche sozialen Ziele in der jeweils erreichten Entwicklungsetappe realisierbar sind. Bewegen sich also die realen Ergebnisse der betreffenden nichtproduktiven Arbeiten im Rahmen der Normative, dann bedeutet das zugleich, daß der mit den Aufwendungen vorgesehene soziale Effekt erreicht, die normative Effektivität folglich gesichert wurde. Auf dieser Grundlage kann auch die persönliche materielle Interessiertheit an der quantitativen Erweiterung und einer hohen Qualität der Dienstleistungen vervollkommnet werden.

3. Neue Effektivitätsquellen und Wachstumsdynamik auf intensiver Grundlage

3.1. Effektivität durch umfassende Intensivierung – Quellen und Tempi

3.1.1. Effektivitätsdynamik und Intensivierungsgrad

Die veränderten Reproduktionsbedingungen verstärken in den 80er Jahren die Notwendigkeit, die Steigerung der volkswirtschaftlichen Effektivität dauerhaft zur Hauptquelle für das Wachstum des Nationaleinkommens zu machen, d. h. „den Weg der umfassenden Intensivierung weiter zu beschreiten, und zwar auf lange Sicht.“[1] Das bedeutet zugleich, daß die Effektivität nicht mehr allein mit den gleichen Mitteln wie bisher erhöht werden kann. Kurz gesagt, es geht hierbei um die Bewältigung des Übergangs von der vorwiegend extensiven Nutzung der primären Reichtumsquellen (gesellschaftliches Arbeitsvermögen und Naturressourcen) zu ihrer vorwiegend intensiven Nutzung, die der Wirtschaftsstrategie in den europäischen RGW-Ländern zugrunde liegt.[2] Das muß bei gegebenen Begrenzungen in der quantitativen Erweiterung wichtiger Ressourcen gelöst werden.

Die beim Übergang zum intensiven Reproduktionstyp zu bewältigenden Aufgaben sind deshalb letztlich nur realisierbar, wenn die umfassende Intensivierung konsequent als Bestandteil der Gestaltung des entwickelten Sozialismus durchgesetzt wird. Intensivierung ist stets darauf gerichtet, durch Steigerung von Produktivität und Effektivität die Arbeits- und Lebensbedingungen und damit die Bedingungen für die Entfaltung der sozialistischen Persönlichkeit zu verbessern. Jedoch unterscheiden sich die Wege und das Niveau, mit denen dieses Ziel realisiert wird, durch den jeweiligen Reifegrad der

[1] 9. Tagung des ZK der SED. Aus dem Bericht des Politbüros an die 9. Tagung des ZK der SED. Berichterstatter: Gen. E. Honecker, Berlin 1984, S. 31.

[2] Für die DDR vgl.: X. Parteitag der SED. Bericht des Zentralkomitees der Sozialistischen Einheitspartei Deutschlands an den X. Parteitag der SED. Berichterstatter: Gen. E. Honecker, a. a. O., S. 48ff.

sozialistischen Gesellschaft, der auch Unterschiede im Intensivierungsgrad einschließt.

Diese Unterschiede liegen in folgendem begründet:

1. Eine erste Periode wird dadurch gekennzeichnet, daß intensiv erweiterte Reproduktion bereits besteht, indem die Produktion schneller wächst als die Ressourcen. Dabei überwiegt jedoch noch der Einfluß extensiver Faktoren, was insbesondere darin zum Ausdruck kommt, daß die Arbeitsproduktivität langsamer steigt als die materiellen Ressourcen je Arbeitskraft und das Wachstum des Nationaleinkommens zu weniger als 50% durch die Steigerung der Arbeitsproduktivität hervorgebracht wird. Das war lediglich zu Beginn des sozialistischen Aufbaus in einigen RGW-Ländern, wie z. B. VRP, SRR, von Bedeutung.

2. In der DDR wurde das Wachstum des Nationaleinkommens von Anfang an vorwiegend durch die Steigerung der Arbeitsproduktivität hervorgebracht. Solange jedoch die materiell-technische Basis im Niveau noch weitgehend der vom Kapitalismus übernommenen entsprach, beruhte die Produktivitätssteigerung hauptsächlich auf dem Einsatz zusätzlicher Ressourcen. Sie war unmittelbar verbunden mit dem relativ schnellen Wachstum der Investitionen, des Aufkommens an Energieträgern und Rohstoffen, der Zunahme des Frauenbeschäftigungsgrades. Charakteristisch dafür waren auch die Industrialisierungsprozesse in der Landwirtschaft und im Bauwesen und die Struktureffekte durch den Wiedereinsatz der gewonnenen Arbeitskräfte in der Industrie. Intensivierung war in dieser Periode vor allem darauf gerichtet, bestimmte Ressourcen einzusparen, deren Wiedereinsatz jeweils wichtige Bedingungen für die weitere Produktivitätssteigerung sicherte. Letztlich handelte es sich hierbei um Intensivierung auf Teilgebieten bzw. bei einzelnen Faktoren (wie z. B. lebendige Arbeit, Energieträger und Rohstoffe). Beim gegenwärtigen Niveau der Arbeitsproduktivität und der technischen Ausstattung der Arbeit birgt jedoch Intensivierung nur auf Teilgebieten und bei einzelnen Faktoren längerfristig bereits die Gefahr abnehmender Produktivitätsdynamik in sich, vor allem deshalb, weil damit ein solch hoher zusätzlicher Einsatz von Produktionsfonds verbunden ist, der nur durch die Einbeziehung von ständig teureren Lösungen beschaffbar wäre.

3. Die Ziele des Sozialismus werden deshalb um so wirksamer realisiert, je mehr die Intensivierung *umfassend* wird, d. h. die sozialistischen Produktionsverhältnisse genutzt und weiter vervollkommnet

werden, um möglichst gleichzeitig Einsparungen aller wichtigen Ressourcen zu sichern, alle Phasen und Abschnitte des Reproduktionsprozesses effektiver zu gestalten und die materiell-technische Basis weiterzuentwickeln. Je höher der Anteil der Produktivitätssteigerung am Wachstum des Nationaleinkommens, desto mehr wird es notwendig, sich auf wissenschaftlich-technische Fortschritte zu konzentrieren, die hohe Raten der Produktivitätssteigerung vorwiegend durch die Entfaltung qualitativer Faktoren gewährleisten, d. h. durch die vorwiegend intensive Nutzung des qualifizierten Arbeitsvermögens und der Naturressourcen, die Intensivierung der Grundfondsreproduktion.

Mit der umfassenden Intensivierung orientiert die SED auf die grundsätzlichen Wege, die immer wieder von neuem, d. h. dauerhaft, die Ressourcenprobleme lösen. Für die Sicherung der zukünftigen Dynamik ist es dabei notwendig, die Veränderungen in den Produktionselementen sorgfältig zu analysieren (vgl. Tab. 13).

Die Substitution von vorwiegend wenig qualifizierten und auch mit manuellen Tätigkeiten beschäftigten Arbeitskräften durch Fonds, die in der Vergangenheit ein wichtiger Faktor der Produktivitätssteigerung war, beeinflußt das Wirtschaftswachstum in der DDR gegenwärtig im geringeren und weiter abnehmenden Maße. Es besteht zwar noch ein nicht unbedeutender Anteil von manuellen Arbeiten. In der Industrie z. B. führen noch etwa 600000 Produktionsarbeiter überwiegend manuelle und einfache Bedientätigkeiten aus. In Hilfs- und Nebenprozessen sind mit relativ niedriger Produktivität und zum Teil hohen körperlichen Belastungen etwa 300000 Arbeitskräfte beschäftigt. Ein bedeutender Teil einfacher Routinearbeiten fällt auch im Leitungs- und Verwaltungsbereich an, wo etwa 500000 Angestellte tätig sind.[3] Jedoch wird die weitere Substitution noch verbliebener manueller Arbeit und ihre Effektivität durch eine Reihe von veränderten Bedingungen bestimmt. Die Substitution noch vorhandener Handarbeit erfolgt in einem vergleichsweise langsameren Tempo, und sie ist zunehmend mit der Automatisierung verbunden. Deshalb hängen die Aufwendungen und Effekte nicht allein vom technischen Niveau des betreffenden eingesparten Arbeitsplatzes ab. Wirkungen der Substitution von Arbeitskräften durch Fonds, der

[3] W. Beyreuther, Das gesellschaftliche Arbeitsvermögen rationell nutzen, in: Einheit, 6/1982, S. 604.

Tabelle 13: Wachstum des Nationaleinkommens und wichtiger Produktionselemente je Jahr in der DDR

Jahre	in %				1% Wachstum des Nationaleinkommens erforderte:		
	Produziertes Nationaleinkommen	Hauptrohstoffe und Energieträger	Arbeitskräfte	Grundfonds	Wachstum an Hauptrohstoffen und Energieträgern %	Wachstum an Arbeitskräften %	Wachstum an Grundfonds %
1971–80	4,7	2,6	0,3	5,75	0,6	0,06	1,2
1971–75	5,4	3,1	0,2	5,8	0,6	0,04	1,1
1976–80	4,1	2,2	0,3	5,7	0,5	0,07	1,4
1981–83	4,0	–1,9[1]	0,6	5,4	–0,5[1]	0,15	1,4

Quelle: Berechnet nach den Statistischen Jahrbüchern der DDR 1981, 1982, 1983, 1984, Berlin 1981, 1982, 1983, 1984, S. 13, 15, 17 sowie Materialien des IX. und X. Parteitages der SED, Berlin 1976 und 1981; O. Reinhold, Zur Rationalisierung in neuen Dimensionen, in: URANIA-Mitteilungen, 1/1984, S. 7.

weiteren Verbesserung der Leistungsfähigkeit dieser Fonds sowie der Erzeugniserneuerung verflechten sich zunehmend.

Dabei sind auch die Veränderungen in den Bedürfnisstrukturen Triebkraft für die stärkere Entfaltung qualitativer Wachstumsfaktoren. Das anhaltend schnelle Wachstum von Nationaleinkommen und Arbeitsproduktivität war eine wichtige Voraussetzung, um die Befriedigung der materiellen Lebensbedürfnisse wesentlich zu verbessern. So konnten die Bedürfnisse der Werktätigen nach Ernährung, Bekleidung, Heizung und ähnlichem bereits in einem relativ hohen Grade befriedigt werden. Ziel des Wohnungsbauprogramms ist es, die Wohnungsfrage in der DDR bis 1990 als soziales Problem zu lösen. Die Ausgaben je Arbeiter- und Angestelltenhaushalt für die genannten Zwecke stiegen im Zeitraum von 1960 bis 1983 um 3,7% jährlich. Noch schneller wuchsen die Ausgaben (einschließlich der aus gesellschaftlichen Fonds) für die Befriedigung sozialer und geistig-kultureller Bedürfnisse. Dafür stand ein wachsender Anteil der Einkommen – auch in Abhängigkeit vom Grad der Befriedigung der gesamten materiellen Lebensbedürfnisse – zur Verfügung. Betrugen 1960 die Aufwendungen für die oben genannten materiellen Lebensbedürfnisse noch etwa 74% des gesamten Verbrauchs von Arbeiter- und Angestelltenhaushalten, so waren es 1983 nur noch 67,5%.[4] Damit wurden wichtige Grundlagen geschaffen, um zukünftig den Zuwachs an verfügbaren Konsumtionsmitteln im weiteren Sinne[5] noch zielgerichteter für soziale und geistig-kulturelle Zwecke zu verwenden.

Dabei bestehen gewisse Zusammenhänge zwischen dem Grad der Befriedigung insbesondere der materiellen Lebensbedürfnisse und dem wachsenden Spielraum, der sich mit der Entwicklung des Konsumtionsfonds im weiteren Sinne und der Vervollkommnung seiner Struktur für die Entfaltung qualitativer Wachstumsfaktoren ergibt. Obwohl die Produktivitätssteigerung auf der Grundlage eines hohen quantitativen Mehreinsatzes von Produktionsmitteln große Bedeutung für die Verbesserungen in den Arbeits- und Lebensbedingungen aller Werktätigen besaß, konnten dadurch allein auf die Dauer die wachsenden, inhaltsreicher gewordenen Bedürfnisse der Werktätigen nicht

[4] Berechnet nach: Statistisches Jahrbuch der DDR 1984, Berlin 1984, S. 276.

[5] Dazu gehören die individuelle und gesellschaftliche Konsumtion sowie die Akkumulation in den nichtproduzierenden Bereichen.

mehr befriedigt werden. Das ergibt sich nicht nur daraus, daß diese Art der Produktivitätssteigerung – soweit sie bestimmend ist – relativ hohe Akkumulationsraten verlangt, sondern sie setzt ebenfalls verhältnismäßig enge Grenzen für die volle Nutzung der Qualifikation der unmittelbar in der Produktion Tätigen sowie für die Erweiterung der Leistungen des nichtproduzierenden Bereichs. Die Befriedigung der schnell wachsenden sozialen und geistig-kulturellen Bedürfnisse stellt höhere Anforderungen an die Entwicklung wichtiger Leistungen des nichtproduzierenden Bereichs auf dem Wege der Intensivierung und damit auch an die Effektivität der materiellen Produktion.

Die veränderten Bedingungen kommen auch darin zum Ausdruck, daß die Nutzung zusätzlicher Ressourcen ohne ausreichende technische Neuerungen zu tendenziell abnehmenden Tempi in der Produktivitätssteigerung führen würde, selbst wenn bestimmte Ressourcen quantitativ noch relativ schnell wachsen. Das heißt, daß auch das Ausweichen auf verhältnismäßig weniger begrenzte Ressourcen die Steigerung der Arbeitsproduktivität (netto) auf die Dauer nicht mehr zu beschleunigen vermag.

Tabelle 14 zeigt, daß beträchtliche Fortschritte bei der Einsparung von Energieträgern und Rohstoffen erreicht worden sind. Jedoch sanken die spezifischen Gesamtaufwendungen nicht im gleichen Maße, weil sich insbesondere der Grundfondseinsatz je Prozent Nationaleinkommenszuwachs noch schneller erhöhte und je Einheit wichtiger Energieträger und Rohstoffe die *Aufwendungen* stiegen. Auf bestimmten Gebieten wird es auch zukünftig notwendig sein, Engpässe an materiellen Ressourcen zeitweilig durch Einsatz von anderen Ressourcen auszugleichen, denn progressive Veränderungen sind nur schrittweise möglich. *Die verstärkte Orientierung auf qualitative Wachstums-*

[1] Stein- und Braunkohle, Rohöl, Naturgas, Wasserkraft- und Kernenergiestrom einschließlich Importstrom, umgerechnet auf Terra Joule.
[2] Unter sozialistischen Bedingungen entspricht der Verbrauch im wesentlichen der Entwicklung der verfügbaren Ressourcen.
[3] 1971–1978.
[4] Für die Berufstätigen insgesamt lauten die entsprechenden Werte 0,1% und 0,6%.
[5] 1971–1981.

Quellen: Statističeskij ežegodnik stran členov SĚV 1981, Moskva 1981, S. 17–24, 45, 52, 141; ebenda, 1983, S. 25–34, 44, 46, 137/138; ebenda, 1984 S. 25–34, 42, 44, 132, 367; Statistik der Energiewirtschaft 1980/81, Hrsg.: Vereinigung Industrielle Kraftwirtschaft, Essen 1979/80, S. 143ff., 150ff.; Statistisches Jahrbuch der DDR 1982, Berlin 1982, S. 6.

Tabelle 14: Entwicklung wichtiger Produktionselemente in RGW-Ländern von 1960 bis 1983 (jahresdurchschnittliches Wachstum in %)

Land	Primärenergieverbrauch[1]		Verbrauch von Elektroenergie[2]		Arbeiter und Angestellte	
	1961—1970	1971—1980	1961—1970	1971—1983	1961—1970	1971—1983
VRB	12,1	3,6[3]	15,2	6,7	4,4	3,0
UVR	3,5	1,6[3]	8,2	5,3	2,3	0,3
DDR	2,7	1,3	5,5	3,5	0,7[4]	1,9
VRP	4,1	4,3	8,2	4,1	3,3	1,3
SRR	9,6	5,7	15,7	6,3	4,6	3,2
UdSSR	5,0	3,8[3]	9,7	5,1	3,8	2,0
ČSSR	3,8	2,5[3]	7,2	3,9	2,3	1,0

Land	Investitionen gesamt		Investitionen in der materiellen Produktion		Produktionsgrundfonds	
	1961—1970	1971—1983	1961—1970	1971—1983	1961—1970	1971—1983
VRB	10,0	6,0	10,4	5,7	10,5	8,25
UVR	9,1	2,8	8,8	2,0	5,3	6,0
DDR	7,5	3,0	8,2	2,7	5,4	5,6
VRP	7,4	2,9	8,7	1,8	5,3	6,4
SRP	11,2	6,9	12,3	7,5	9,4	10,6
UdSSR	6,9	5,0	7,7	5,5	8,8	7,8
ČSSR	4,6	3,7	4,3	4,2	4,4	5,6

Tabelle 15: Entwicklung der Arbeitsproduktivität, Produktionsverbrauchsintensität und Grundfondsquote in RGW-Ländern von 1960 bis 1983

	gemessen am jahresdurchschnittlichen Wachstum in %						gemessen an der Dynamik der Veränderungen bestimmter Kennziffern[1]			
	Nationaleinkommen		gesellschaftliche Arbeitsproduktivität[2]		Arbeitsproduktivität in der Industrie		Dynamik der Veränderung der Produktionsverbrauchsintensität[3]		Dynamik der Veränderung der Grundfondsquote[4]	
	1961—1970	1971—1983	1961—1970	1971—1983	1961—1970	1971—1983	1961—1970	1971—1983	1961—1970	1971—1983
VRB	7,7	6,2	7,7	6,1	6,8	5,4	1,18	0,99	0,78	0,79
UVR	5,5	4,0	3,6	4,3	4,4	5,1	1,07	1,02	1,02	0,78
DDR	4,4	4,6	4,5	4,3	5,6	4,6	1,30	0,96	0,91	0,88
VRP	6,0	3,1	4,4	2,7	5,1	4,5[5]	•	•	1,08	0,67
SRR	8,4	7,7	8,4	7,5	7,5	5,8[6]	1,10	0,93	0,92	0,71
UdSSR	7,1	4,8	6,4	3,8	5,2	4,2	0,97	1,02	0,85	0,69
ČSSR	4,4	3,8	3,4	3,2	4,4	4,3	1,18	1,02	1,00	0,80

[1] Hierbei zeigt 1, . . . an, daß die gegebene Kennziffer steigt; 0, . . . charakterisiert ihr Sinken. Z. B. besagen die gleichlautenden Größen von 0,91 in den Jahren 1960 bis 1970 und 1970 bis 1980 für die Grundfondsquote in der DDR, daß die Grundfondsquote in beiden Zeiträumen im gleichen Tempo sank.

[2] Produziertes Nationaleinkommen je Beschäftigten in der materiellen Produktion.

[3] Mangels anderer Informationen ermittelt als Quotient aus dem jährlichen Wachstumstempo des Gesamtprodukts und des Nationaleinkommens.

[4] Ermittelt als Quotient aus dem Wachstumstempo des Nationaleinkommens und den Produktionsgrundfonds.

[5] Staatliche und genossenschaftliche Industrie.

[6] 1981—82.

faktoren kann keineswegs primär als Reaktion auf Defizite verstanden werden. Würde die Produktivitätssteigerung längerfristig noch vorwiegend mit quantitativem Mehreinsatz anderer Ressourcen verbunden sein, wären partielle Aufwandserhöhungen, eine abnehmende Effektivitätsdynamik und infolgedessen eine zunehmende Begrenzung im wirtschaftlichen Wachstum unvermeidlich.

Tabelle 14 zeigt, daß sich in den 70er Jahren das quantitative Wachstum wichtiger Produktionselemente in RGW-Ländern zum Teil beträchtlich verlangsamte. Hierbei bestehen Wechselwirkungen zur Entwicklung des Nationaleinkommens (vgl. Tab. 15). Insbesondere die Entwicklung der Grundfondsquote zeigt, daß in den RGW-Ländern Veränderungen in den Wegen zur Produktivitätssteigerung objektiv herangereift sind.

Die Produktionsverbrauchsintensität begann sich in den 70er Jahren in einigen RGW-Ländern mit sinkender Tendenz zu entwickeln. Hierbei wirkte sich u. a. aus, daß die relativ starke Senkung des spezifischen Energie- und Rohstoffverbrauchs je Einheit des Nationaleinkommens überwiegend durch bessere Nutzung des Vorhandenen, Strukturveränderungen zugunsten weniger materialintensiver Sektoren u. ä. bedingt war. Zukünftig jedoch steht die Aufgabe, den Beitrag neuer Technologien zur spezifischen Einsparung von Energieträgern und Rohstoffen wesentlich zu erhöhen, damit die gesellschaftliche Arbeitsproduktivität auch langfristig mit hohem Tempo steigt. Gerade in der Energie- und Rohstoffsicherung sind die Aufgaben und Probleme des intensiven Wirtschaftswachstums besonders deutlich miteinander verflochten. Volkswirtschaftlich effektivste Lösungswege müssen davon ausgehen, wie sich Einsparungen von Energieträgern und Rohstoffen, aber auch die Aufwandsentwicklung bei ihrer Beschaffung auf das Wachstum des Nationaleinkommens auswirken. Aus der Entwicklung des Anteils des Energie- und Rohstoffkomplexes an der Gesamtproduktion und an den Investitionen allein können noch nicht ihre vollen volkswirtschaftlichen Konsequenzen abgeleitet werden. Es müssen die Auswirkungen auf die Ökonomisierung der Arbeitskräfte und die Entwicklung der Grundfonds in der Volkswirtschaft insgesamt berücksichtigt werden, d. h. die Konsequenzen für die Gesamteffektivität.

Wenn die Beschaffung von Energieträgern und Rohstoffen z. B. mit zunehmenden Produktionsaufwendungen je Einheit Rohstoffe und Energieträger verbunden ist, würden sich für die Volkswirtschaft insgesamt negative Struktureffekte ergeben. Ein größerer Teil des gesellschaftlichen Arbeitsvermögens müßte in Bereichen eingesetzt werden, in denen die Effektivitätsdynamik relativ niedriger oder ein steigender Aufwand je Gebrauchswerteinheit erforderlich ist. Infolgedessen müßte ein höherer Anteil des Gesamtprodukts für die einfache Reproduktion des Materials verausgabt werden. Jedoch würde sich die Effektivitätsdynamik noch schneller verringern, weil auch zusätzliche Arbeitskräfte und Grundfonds für die Reproduktion des Ersatzfonds notwendig wären (z. B. um die erforderlichen höheren Exportgegenwerte zu erwirtschaften bzw. einheimische Energieträger und Rohstoffe unter schwierigen Bedingungen zu gewinnen). Diese Zusammenhänge sind von Bedeutung, um die notwendigen Materialeinsparungen aus volkswirtschaftlicher Sicht zu begründen.

Um zukünftig eine hohe Produktivitätsdynamik zu erreichen, ist der konsequente Übergang zur vorwiegend intensiven Gewinnung und Nutzung aller primären Ressourcen das Schlüsselproblem. Hierzu gibt es keine Alternative.

Zusammenfassend muß betont werden, daß in den 80er und 90er Jahren sowohl die Dynamik der Arbeitsproduktivität als auch des Nationaleinkommens in der Endkonsequenz von den genannten qualitativen Veränderungen in den Wegen zur Produktivitätssteigerung abhängt. Je schneller und umfassender sie bewältigt werden, desto besser wird es gelingen, hohe Raten der Produktivitätssteigerung dauerhaft zu sichern. Dabei spielt eine wichtige Rolle, daß materielle Ressourcen verstärkt eingespart und freigesetzt werden, damit die Produktivitätspotenzen der lebendigen Arbeit immer besser ausgeschöpft werden. Das bedeutet auch, mehr Aufmerksamkeit darauf zu verwenden, mit welchen zusätzlichen Aufwendungen Einsparungen bestimmter Ressourcen verbunden waren.

3.1.2. Neue Effektivitätsquellen – Möglichkeiten und Voraussetzungen

Die Erfahrungen der DDR bestätigen, daß die ökonomische Strategie es ermöglicht, neue und größere Reserven für die Effektivitätssteigerung zu erschließen. Auf wichtigen Gebieten sind Fortschritte bei der Umstellung der gesamten Volkswirtschaft auf den intensiven Reproduktionstyp unverkennbar. So wurde das Produktionswachstum fast vollständig durch Steigerung der Arbeitsproduktivität hervorgebracht. Die Senkungsraten des spezifischen Verbrauchs volkswirtschaftlich wichtiger Energieträger, Roh- und Werkstoffe überstiegen die Wachstumsraten der Produktion beträchtlich, wobei gleichzeitig die Produktion einheimischer Rohstoffe in bedeutendem Umfang erhöht und Sekundärrohstoffe besser erfaßt und genutzt werden konnten.

Auf dem Gebiet der Investitionen gelang es, den Anteil der Rationalisierungsmaßnahmen zu erhöhen und Vorhaben in kürzerer Frist abzuschließen. Mit der „Schwedter Initiative" hat sich bestätigt, daß sich im beträchtlichen Maße Arbeitskräfte für neue Aufgaben gewinnen lassen und dabei jedem Werktätigen das Recht auf Arbeit garantiert werden kann. Bei der Nutzbarmachung von Effektivitätsreserven wurde also viel erreicht.

Jedoch liegt der größte Teil der zu erschließenden Reserven noch vor uns. Deshalb stellt die SED die Aufgabe, in der nächsten Etappe der ökonomischen Strategie *stabile Grundlagen für die Intensivierung der Produktion auf lange Sicht* zu gewährleisten. Dieser längerfristige Umstellungsprozeß, dessen *weitreichende Bedeutung mit der Entstehung der sozialistischen Planwirtschaft* verglichen werden kann, hat tiefgreifende Wirkungen auf die Herausbildung der dem Sozialismus wesenseigenen Wege und auf die Dynamik der Effektivität. Erfordert doch der intensive Reproduktionstyp, daß die Verbesserung des Verhältnisses von Ergebnis und Aufwand ständig erneut gewährleistet wird, d. h. aus volkswirtschaftlicher Sicht in jeder Reproduktionsperiode (z. B. jedem Jahr) zu sichern ist.

Im Zuge der Herausbildung des intensiven Reproduktionstyps gewinnen neue Effektivitätsquellen an Bedeutung. Sie beruhen letztendlich auf der stärkeren Entfaltung qualitativer Wachstumsfaktoren, die mit der vollen Ausprägung der Vorzüge des Sozialismus einhergeht. Jedoch bilden sie sich keineswegs im Selbstlauf und widerspruchslos heraus. Es bedarf ihrer bewußten Durchsetzung. *Grundbedingungen für die zunehmende Erschließung von neuen Quellen zur Effektivitätssteigerung sind:*

1. *Die aktivere Funktion der Effektivitätskriterien bei der Vorbereitung und Durchführung von Entscheidungen, insbesondere die konsequentere Orientierung auf die Gesamteffektivität.* Umfassende Intenrung bedeutet: „Arbeitszeiteinsparung darf nicht zu Lasten größeren Investitionsaufwandes gehen, wirtschaftlicher Materialeinsatz nicht auf Kosten der Qualität. Es genügt nicht, das eine oder das andere zu tun. Lebendige Arbeit und Material sparen, vorhandene Grundfonds und Investitionen besser nutzen — erst zusammen bringt

das den Ertrag, den wir brauchen. Immer geht es uns um das volkswirtschaftliche Gesamtergebnis in seinem Verhältnis zum Gesamtaufwand an Ressourcen."[6]

Eine gleichzeitige relative Einsparung an allen wichtigen Ressourcen spielte in der Vergangenheit vor allem kurzfristig und partiell eine Rolle; besonders dann, wenn vorhandene Produktionsfonds mit relativ geringen zusätzlichen Aufwendungen besser ausgelastet wurden. Im Ergebnis der komplexen sozialistischen Rationalisierung erhält sie jedoch volkswirtschaftliche Dimensionen, indem ihre Möglichkeiten in allen Bereichen umfassender genutzt werden und nicht lediglich bei Einzelbeispielen. Verstärkte Orientierung auf die Gesamteffektivität motiviert besonders rohmaterial- und fondssparende Wege zur Steigerung der Arbeitsproduktivität, weil diese schließlich vergleichsweise die größte Dynamik bei der Einsparung von Gesamtaufwendungen bewirken. Vor allem darin realisieren sich in der Endkonsequenz die Möglichkeiten der wissenschaftlich-technischen Revolution, die zur Hauptreserve für die Effektivität in der Volkswirtschaft der DDR geworden sind.

Dauerhafte Grundlagen dafür zu schaffen, bedingt Veränderungen in den Produktionselementen, ihrer Struktur und Wirksamkeit zugunsten des Einflusses qualitativer Faktoren, ihrer engeren Verflechtung mit der besseren Nutzung des Vorhandenen und der quantitativen Entwicklung der Ressourcen. Jedoch ist die Nutzung der Effektivitätspotenzen des wissenschaftlich-technischen Fortschritts, wie z. B. der Mikroelektronik und der auf ihr beruhenden neuen Technologien, auch unter sozialistischen Bedingungen kein problemloser und widerspruchsfreier, geradlinig verlaufender Prozeß, obwohl er grundsätzlich den Zielen und Interessen des Sozialismus entspricht.

Die tatsächliche Produktivitätsdynamik wird wesentlich dadurch beeinflußt, daß der Bewegungsspielraum für die Einführung und Verbreitung neuer Technologien nur im ständigen Kampf gegen teilweise noch relativ stark entgegenwirkende Faktoren ausgedehnt werden kann und muß. Deshalb spielt die bewußte Orientierung auf neue Effektivitätsquellen für die Mobilisierung von Effektivitätsreserven eine zunehmende Rolle.

[6] Bericht des ZK der SED an den X. Parteitag der SED. Berichterstatter: Gen. E. Honecker, a. a. O., S. 55.

Entscheidende Kriterien für einen hohen Beitrag rohmaterial- und fondssparender Produktivitätssteigerung zur Einsparung von Gesamtaufwendungen sind:

– Eine hohe und anhaltende Dynamik in der Steigerung der gesellschaftlichen Arbeitsproduktivität, die sich auf die Ökonomisierung der *gesamten* laufenden Aufwendungen bezieht. Hauptquelle bleibt die Einsparung an lebendiger Arbeit, insbesondere durch bessere Nutzung des Qualifikationspotentials. Neu ist jedoch, daß die Einsparung von Elementen vergegenständlichter Arbeit, d. h. von Energie, Rohstoffen und Materialien sowie Maschinen und Analysen die Höhe der Produktivitätssteigerung wesentlich stärker als bisher bestimmt.

– Die Produktivitätssteigerung wird zunehmend bedingt durch die stärkere Entfaltung qualitativer Faktoren. Zusammengefaßt betrachtet, liegt dem vor allem die Verstärkung folgender intensiver Entwicklungsprozesse zugrunde:

- die Einsparung von lebendiger Arbeit wird im wachsenden Maße durch die Beschleunigung und Verflechtung von Neuerungsprozessen der Erzeugnisse und der Technologien beeinflußt; bei noch weiter bestehender, aber relativ abnehmender Substitution lebendiger Arbeit durch quantitativen Mehreinsatz an Produktionsfonds;
- der Erneuerungsgrad der Erzeugnisse steigt;
- bei hochinnovativen Erzeugnissen und Herstellungprozessen wächst der – tatsächlich realisierte, also auch gesellschaftlich anerkannte – Neuwert schneller als die Gesamtaufwendungen; damit steigt der je Aufwandseinheit von Energieträgern und Rohstoffen realisierte Neuwert; ihre höhere Veredlung senkt den Aufwand je Gebrauchswerteinheit;
- die laufenden Aufwendungen lebendiger und vergegenständlichter Arbeit je Gebrauchswerteinheit sinken.

– Die zunehmende Wirksamkeit fondssparender Wege zur Produktivitätssteigerung bildet sich in Abhängigkeit von der umfassenden Durchdringung des gesamten volkswirtschaftlichen Reproduktionsprozesses durch die Intensivierung heraus, insbesondere unter dem Einfluß des Erneuerungsgrades der Erzeugnisse, ihrem Anwendereffekt, der engeren Verflechtung moderner wissenschaftlich-technischer Neuerungen in den Erzeugnissen und Technologien, der besseren extensiven und intensiven Nutzung der vorhandenen Produktionsfonds. Tatsächlich wird die Entwicklung der Fondsquote durch eine Vielzahl, teilweise in unterschiedlichen Richtungen wirkende Einflußfaktoren bestimmt. Die Verstärkung fondssparender Richtungen gründet sich hauptsächlich auf folgende Veränderungen in der Wirksamkeit der Produktionsfonds:

- Der Anteil der Substitution lebendiger Arbeit durch Fonds an der Gesamteinsparung nimmt ab bzw. wird zu einem relativ weniger bedeutenden Faktor, so daß die Fonds im stärkeren Maße über das Qualifikationspotential der Werktätigen wirksam werden; das Ausmaß des technologischen Fortschritts je Einheit Grundfondsausstattung steigt;
- Die Höhe der Grundfondsvorschüsse für die Einsparung von Energieträgern und Rohstoffen wird zunehmend durch den Grad, die Ausbreitung und die Effektivität der Höherveredlung bestimmt. Positive Einflüsse auf die Entwicklung der Grundfondsquote sind vor allem dann zu erwarten, wenn die Höherveredlung auf Basis des wissenschaftlich-technischen Fortschritts mit der besseren Ausschöpfung des Qualifikationspotentials zum Hauptfaktor stetig hoher Einsparungen an Energieträgern und Rohstoffen wird. Das bedeutet, daß auf der Grundlage der beschleunigten Entwicklung und Verflechtung qualitativ neuer Erzeugnisse und Technologien die Substitution von Energieträgern und Rohstoffen durch den Neuwertzuwachs (als Ausdruck für die Wirksamkeit qualitativer Wachstumsfaktoren) zu einem wichtigen Faktor der Aufwandsentwicklung wird. Über damit verbundene Entlastungen bei der Beschaffung von Energieträgern und Rohstoffen gehen darüber hinaus indirekte Auswirkungen auf die Grundfondsquote (vor allem durch Veränderungen in der Zweigstruktur der Investitionen) aus.
- Möglich und notwendig ist ein höheres Niveau in der zeitlichen Ausnutzung aller Grundfonds, wofür sowohl die Zunahme der Schichtarbeit und die Erwirtschaftung der dafür notwendigen Fondsrückgaben als auch die Anwendung von Industrierobotern und die komplexe Automatisierung der Produktion Voraussetzungen schaffen müssen.

Zur künftigen Entwicklungsdynamik der Fondsquote sind tiefgehendere Analysen der Haupteinflußfaktoren und ihres volkswirtschaftlichen Zusammenwirkens erforderlich. International sind die Entwicklungstendenzen recht unterschiedlich. In den meisten RGW-Ländern (vgl. Tab. 15) und auch in kapitalistischen Ländern wie Japan nahm die Fondsquote in den 70er gegenüber den 60er Jahren ab. Prognosen z. B. für die japanische Wirtschaft gehen für die 80er Jahre von einer weiteren Abnahme der Fondsquote aus. Diese wird vor allem mit der verstärkten Mechanisierung und Automatisierung der Produktion sowie mit der erwarteten Verteuerung der Arbeitsmittel in Verbindung gebracht. Demgegenüber verlangsamte sich in der Industrie einiger Länder (z. B. BRD) die Abnahme der Fondsquote.

Internationale Erfahrungen zeigen, daß die Ausschöpfung der Effektivitätspotenzen des wissenschaftlich-technischen Fortschritts ein wichtiger Faktor ist, um die Fondsquote zu erhöhen. Die Anwendung der Mikroelektronik nimmt nicht nur einen zentralen Platz in den Produktivitätszielen der 80er Jahre ein, sondern schafft auch längerfristig Grundlagen für eine größere Breitenwirksamkeit fondssparender Effekte. Gleichzeitig arbeits- und fondssparend je Einsatzfall wirken z. B. heute schon solche Anwendungsrichtungen der Mikroelektronik, wie CNC-Maschinen bzw. -systeme, Prozeßsteuerung, computergestütztes Konstruieren, im gewissen Umfang Industrieroboter.

Einschätzungen über wichtige Anwendungsgebiete technischer Neuerungen gehen davon aus, daß ihre fondssparenden Wirkungen in der zweiten Hälfte der 80er und in den 90er Jahren deutlicher zutage treten werden. Das gilt insbesondere für die zukünftig automatisierte Herstellung der Produktionsinstrumente und die damit verbundene Senkung der Herstellungsaufwendungen und Preise. Dadurch wird auch im produzierenden Bereich der DDR die Fondsquote langfristig positiv beeinflußt werden. Der Terminus „fondssparend" bezieht sich stets auf die Aufwand-Ergebnis-Relation, bedeutet also keineswegs, daß bei allen wissenschaftlich-technischen Maßnahmen auch die absolute Höhe der Fondsvorschüsse sinkt. Die Dialektik in der Entwicklung von Vorleistungen und fondssparender Produktivitätssteigerung unter dem Einfluß der wissenschaftlich-technischen Revolution ist noch nicht völlig geklärt. Analysen zur Mikroelektronik zeigen keine einheitlichen Entwicklungstendenzen. Während z. B. Weiterentwicklungen technischer Lösungen und die effektivere Produktion von Produktionsmitteln die notwendigen Vorleistungen senken, wirken bestimmte wissenschaftlich-technisch begründete Konzentrationsprozesse in Richtung der absoluten Zunahme der Vorleistungen für verschiedene Maßnahmen, wobei die Arbeitsproduktivität – unter Berücksichtigung der Zeitverzögerung – in der Regel noch schneller steigt. Dafür einige Beispiele.

Werden in der Mikroelektronik die Anlageinvestitionen, die für die Anwendung neuer Basistechnologien benötigt werden, Ende der 70er Jahre mit 1 angesetzt, so wird international eingeschätzt, daß diese zukünftig auf etwa das 5fache ansteigen. Bei bestimmten technologischen Spezialausrüstungen verlief diese Aufwandssteigerung noch deutlicher. Werden z. B. die Anschaffungskosten für ein optisches Lithographiegerät Anfang der 70er Jahre gleich 1 gesetzt, so betrug Anfang der 80er Jahre demgegenüber der Preis für eine Elektronenstrahlschreibanlage etwa das 100fache.[7]

Ein Beispiel aus der Anwendung der Mikroelektronik sei erwähnt. Wird überschlagsweise — nur um Größenordnungen sichtbar zu machen — der durchschnittliche einmalige Aufwand je frei programmierbarem Industrieroboter gleich 1 gesetzt, so beträgt er für ein flexibles Fertigungssystem mindestens etwa das 15fache (wobei aber das Einsatzfeld größer und die Leistungen um ein Mehrfaches höher sind). Entlastend wirkt in diesem Fall, daß die Investitionen nicht sofort vorgeschossen werden müssen, sondern daß Gruppen von veralteten Maschinen durch Maschinenzentren ersetzt werden. Das bedeutet, daß mit der Herausbildung flexibler Fertigungssysteme die Effektivitätsdynamik von der Modernisierung noch stärker beeinflußt wird.

2. Eine wesentliche Aufgabe ist die konsequente Durchsetzung der umfassenden sozialistischen Rationalisierung, wobei der wissenschaftlich-technische Fortschritt immer bestimmender für die bessere Nutzung des Vorhandenen auf dem Wege der Intensivierung wird.

Entscheidend ist hierbei die Einheit zwischen der besseren Nutzung des Vorhandenen und dem wissenschaftlich-technischen Fortschritt, denn

— die bessere Nutzung des Vorhandenen kann relativ schnell und ohne hohe zusätzliche Aufwendungen eine Effektivitätssteigerung bewirken. Diese muß groß genug sein, um die Arbeits- und Lebensbedingungen zu verbessern und die Vorleistungen für die zukünftige Einführung von Neuerungsprozessen zu sichern. Die ökonomischen Voraussetzungen für die schnelle Entwicklung der modernen Produktivkräfte müssen durch Effektivitätssteigerung selbst geschaffen werden.

— Die unmittelbare Verbindung mit Neuerungsprozessen erweitert ständig den Spielraum, in dem eine ressourcensparende Produktivitätssteigerung möglich wird und schafft zugleich eine qualitativ neue Basis für die weitere Nutzung des Vorhandenen, so daß sie

[7] Vgl. H. Weinerth, Die Chancen der Mikroelektronik, in: Umschau in Wissenschaft und Technik, Frankfurt/Main, 1/1981, S. 19–21.

als Effektivitätsquelle auf diese Weise reproduziert wird, sich also nicht erschöpft.

Gerade durch das bessere Wirksamwerden vorhandener Produktionselemente kommen die Effektivitätspotenzen technischer Neuerungsprozesse vielfach schneller und vollständiger zur Geltung. Ausdruck dafür sind z. B. die Gewinnung von Arbeitskräften mit Hilfe der „Schwedter Initiative“ für die Erhöhung der Mehrschichtnutzung von Grundfonds und die Inbetriebnahme von Veredlungsproduktionen; die Einsparung von Arbeitskräften, Materialien und Grundfonds für den Einsatz im Rationalisierungsmittelbau u. a. m.

Ein Beispiel für damit verbundene neue Fragestellungen ist die Erhöhung der Schichtarbeit. Diese muß im wachsenden Maße dazu beitragen, wissenschaftlich-technische Neuerungsprozesse konzentrierter auf einem höheren wissenschaftlich-technischen Niveau und damit auch mit einer höheren Gesamteffektivität zu realisieren. Das drückt sich darin aus, daß die Grundfondsausstattung je Arbeitsplatz schneller steigt als je Arbeitskraft. Um mit den verfügbaren Ressourcen ein höchstmögliches Tempo des wissenschaftlich-technischen Fortschritts zu sichern, wäre es deshalb zweckmäßig, zukünftig eine stärkere Differenzierung in der Dynamik der Grundfonds, der Grundfondsausstattung je Arbeitskraft und je Arbeitsplatz zu erreichen. Die durchschnittliche Grundfondsausstattung je Arbeitskraft betrug 1981 in der Industrie der DDR 102000 Mark, unter Berücksichtigung der Schichtarbeit wären das je Arbeitsplatz etwa 132000 Mark. Bei einer angenommenen zukünftigen Steigerung der Grundfondsausstattung je Arbeitskraft um etwa 3 bis 4% im Jahresdurchschnitt (gegenüber etwa 5% im Zeitraum 1971/80) würde sich die Grundfondsausstattung je Arbeitsplatz in Abhängigkeit von der Veränderung der Schichtarbeit unterschiedlich entwickeln, und zwar um 3,5% bei einem Gleichbleiben der Schichtarbeit; um etwa 5% und mehr bei ihrer Erhöhung von um 11%.[8] Bei gleichhohem Grundfondsvorschuß kann dadurch die ökonomische Verwertung des wissenschaftlich-technischen Fortschritts verbessert werden. Auch hier gilt es deshalb, zukünftig bisher eingefahrene Tendenzen zu verändern. Das heißt unter anderem,

[8] Berechnet nach: Statistisches Jahrbuch der DDR 1983, Berlin 1983, S. 106, 150.

– den Anteil hochproduktiver Grundfonds mit einem hohen Automatisierungsgrad der Ausrüstungen bei wachsendem Anteil von Informationsverarbeitungstechnik zu steigern,

– die Einsparung von Arbeitsplätzen und den Wiedereinsatz freiwerdender Arbeitskräfte an produktiveren Arbeitsplätzen verstärkt für die bessere zeitliche Ausnutzung der Maschinen und Anlagen zu nutzen,

– die Mehrschichtausnutzung der Grundfonds besonders zu fördern. Bei gleichem quantitativen Wachstum der Grundfonds würde hierbei die Grundfondsausstattung je Arbeitskraft wesentlich langsamer zunehmen als je Arbeitsplatz. Fondssparenden Effektivitätspotenzen des wissenschaftlich-technischen Fortschritts würde auf diese Weise besser zum Durchbruch verholfen.

3. *Die Einheit zwischen dem höheren Tempo bei der Erneuerung der Erzeugnisse und der Technologien.* Stärkere Wirksamkeit qualitativer Wachstumsfaktoren bedingt eine engere Verknüpfung von Erzeugnis- und Technologieentwicklung. Schwerpunkte bei der Ausschöpfung ihrer Effektivitätspotenzen kommen besonders deutlich beim Übergang zur vorwiegend intensiven Nutzung von Energieträgern und Rohstoffen zum Ausdruck. Sinkender Aufwand an Rohmaterial je Gebrauchswerteinheit ist ein wichtiges Kriterium höherer Veredlung. Bei absolut gleichbleibenden oder sogar wachsenden laufenden Aufwendungen an Rohmaterialien im Geldausdruck würde selbst bei einem sinkenden spezifischen Verbrauch von Energieträgern und Rohstoffen im physischen Volumen schließlich die Produktivitätsdynamik abnehmen. Je größer der Einfluß qualitativer Faktoren, insbesondere der Erzeugniserneuerung, auf die Einsparung von Energieträgern und Rohstoffen, desto höher wird dadurch der Beitrag zur Steigerung der Arbeitsproduktivität.

Stofföknomie wirkt sich auf die Dauer nur dann als Zeitökonomie aus – und trägt zur Verminderung von gegebenen quantitativen Begrenzungen in der Verfügbarkeit von Energieträgern und Rohstoffen bei –, *wenn dabei die Gesamtaufwendungen je Gebrauchswerteinheit sinken.* Damit wird nicht nur der Bedarf an Energieträgern und Rohstoffen für das weitere Produktionswachstum gesenkt, sondern es erweitern sich auch die volkswirtschaftlichen Möglichkeiten, Ressourcen für die langfristige Energie- und Rohstoffsicherung bereitzustellen. Deshalb stehen auch alle Versuche, sich einseitig auf die Stofföknomie zu konzentrieren und diese von der Zeitökonomie zu trennen, im Widerspruch zu den tatsächlichen Reproduktionserfordernissen, die die Einheit von „Wert- und Stoffersatz“ (Marx) einschließen.

In der DDR wuchs die Arbeitsproduktivität (produziertes Nationaleinkommen je Berufstätigen in den produzierenden Bereichen) im Zeitraum von 1970 bis 1981 von 17680 auf 28634 Mark, d. h. auf etwa 162%; im gleichen Zeitraum „wurde der spezifische Verbrauch volkswirtschaftlich wichtiger Energieträger, Roh- und Werkstoffe um ein Drittel reduziert“.[9] Ohne diese Einsparung hätte sich das Tempo der Produktivitätssteigerung beträchtlich verlangsamt, weil wesentlich mehr Arbeitskräfte in Zweigen eingesetzt worden wären, in denen je Arbeitskraft ein relativ niedrigeres Nettoprodukt erzeugt wird. Nach überschlägigen Berechnungen wäre die Arbeitsproduktivität (netto) auf weniger als 130% gestiegen.[10] Bilanzierte Materialversorgung vorwiegend auf dem Wege der Einsparung von Energieträgern und Rohstoffen ist deshalb Bedingung und wird zugleich zunehmend zum Ergebnis des Übergangs zur umfassenden Intensivierung in der Volkswirtschaft der DDR.

Die ökonomische Realisierung des Qualifikationspotentials ist ein wesentlicher Indikator, wie weit die Erneuerung der Produktion und die Intensivierung der Herstellungsprozesse als zusammenhängende Aufgabe gelöst werden. Grundlage dafür ist, daß die Qualifikation tatsächlich genutzt, komplizierte Arbeit verausgabt wird, die sich als Faktor steigender Arbeitsproduktivität, d. h. als Arbeit von „ausnahmsweiser Produktivkraft“[11] realisiert.

Komplizierte Arbeit schafft (z. B. über die Entwicklung neuer Erzeugnisse und Systemlösungen, Software, überdurchschnittlich hohe Selbstkostensenkungen durch technologische Neuerungsprozesse und damit verbundene Strukturwandlungen) je Zeiteinheit einen höheren Neuwert.[12] Dieser ist materielle Voraussetzung dafür, daß Energieträger und Rohstoffe sowie Grundfonds je Gebrauchswerteinheit eingespart werden. Ein wichtiges Ergebnis ist die Verbesserung des

[9] 5. Tagung des ZK der SED. Mit Tatkraft und Zuversicht die vor uns liegenden Aufgaben zum Wohl des Volkes meistern. Aus dem Schlußwort des Gen. E. Honecker, Berlin 1982, S. 18.

[10] Wobei darüber hinaus noch der Einfluß höherer Aufwendungen zur Energie- und Rohstoffsicherung zu berücksichtigen ist. Ber. nach: Statistisches Taschenbuch der DDR 1982, Berlin 1982, S. 25, 28, 31.

[11] Vgl. K. Marx, Das Kapital, Erster Band, in: MEW, Bd. 23, a. a. O., S. 337.

[12] Das bedeutet allerdings nicht, daß auch der Neuwert insgesamt steigen muß, da z. B. der produktive Arbeitzeitfonds abnehmen kann.

Preis-Leistung-Verhältnisses der Grundfonds (sowohl durch die Verbilligung der mit neuen Technologien hergestellten Produktionsmittel als auch durch die höhere Leistungsfähigkeit technisch fortgeschrittener Arbeitsmittel, insbesondere die Effektivitätsvorteile der Informationsverarbeitungstechnik). Ob der Neuwert je Zeiteinheit wächst, ist keine Sache der subjektiven Bewertung durch den Hersteller und auch nicht allein der Erhöhung des Qualifikationsniveaus. Er zeigt sich objektiv darin, daß das neue Produkt in der Anwendung — per netto gesehen — eine höhere Zeitökonomie ermöglicht, was sich in einer entsprechenden gesellschaftlichen Anerkennung der Herstellungsaufwendungen niederschlägt. Das bedeutet, daß diese Aufwendungen geplant werden und im Absatz real zurückfließen müssen. Fondssparende Produktivitätssteigerung wird aber mit dem Fortschreiten zur umfassenden Intensivierung zugleich notwendig für die planmäßige Fortsetzung des Reproduktionsprozesses, weil sonst die wachsenden Anforderungen an die Reproduktion der qualifizierten Arbeitskräfte, insbesondere an die Entwicklung von Bildungswesen und Wissenschaft, materiell nicht gesichert werden könnten. Dabei muß jedoch berücksichtigt werden, daß die ausnahmsweise Produktivkraft der Arbeit zur durchschnittlichen wird, wenn das neue Effektivitätsniveau zum allgemeinen wird. Weitere qualitative Veränderungen wirken also nur dann fondssparend, wenn sie wiederum zu einer ausnahmsweisen Produktivkraft der Arbeit beitragen. Die stärkere Entfaltung qualitativer Wachstumsfaktoren erfordert folglich einen ständigen Innovationsprozeß.

4. *Die Verwendung der Effektivitätssteigerung für die Beschleunigung der intensiv erweiterten Reproduktion.*

Das Produktionswachstum weitestgehend durch Effektivitätssteigerung zu tragen, stellt höhere Anforderungen an die Kontinuität hoher Zuwachsraten der Effektivität, besonders der Arbeitsproduktivität. Hohe Raten der Effektivitätssteigerung zu einem bestimmten Zeitpunkt allein genügen deshalb noch nicht, es muß gelingen, sie wiederholbar zu machen. Das bedeutet, die Bedingungen für den Effektivitätszuwachs immer wieder von neuem zu reproduzieren, indem dieser sowohl für die gegenwärtige Befriedigung von Bedürfnissen als auch für die unmittelbare Vorbereitung von Maßnahmen zur künftigen Effektivitätserhöhung verwendet wird. Damit ist verbunden, Einsparungen von Arbeitszeit, von Material und anderen Fonds konsequent zugunsten der Intensivierung wiedereinzusetzen. So schlagen z. B. Fondsrückgaben erst dann voll zu Buche, wenn sie für neue Produktionen eingesetzt werden, insbesondere dazu dienen, notwendige Strukturveränderungen zu realisieren. *Dabei ist es wenig effektiv, eingesparte Ressourcen zu nutzen, um von bereits veralteten Erzeugnissen mehr herzustellen, sondern erst wenn sie für die Produktion neuer und hochwertiger Erzeugnisse*, insbesondere Konsumgüter, Export- und wichtiger Zulieferprodukte, *genutzt werden, wird der Wirtschaftsstrategie der 80er Jahre entsprochen.*

Damit sind veränderte Anforderungen an das qualitative Niveau, die Struktur und Flexibilität aller Produktionselemente verbunden. Es entstehen neue Richtungen des Wiedereinsatzes von Arbeitskräften zugunsten der Intensivierung, deren Realisierung voraussetzt, daß die Einsparung und gezielte Gewinnung von Arbeitskräften, die Ersparnis von Energieträgern und Rohstoffen und die Ökonomisierung der Grundfonds im Zusammenhang betrachtet werden. Nicht nur qualitatives Niveau, Struktur und Zeitfaktor der Vorleistungen entscheiden im wachsenden Maße, wie wirksam ihre quantitative Erweiterung ist, sondern erforderlich ist auch ein schnellerer Rückfluß der vorgeschossenen Mittel (wobei der Einfluß des moralischen Verschleißes der Erzeugnisse und Grundmittel auf die Effektivitätsdynamik zu beachten ist).

Einsatz der Investitionen im Dienste umfassender Intensivierung bedeutet vor allem:

— Investitionen sind im zunehmenden Maße einzusetzen, um arbeits-, rohmaterial- und fondssparende wissenschaftlich-technische Richtungen zu realisieren. Sie sind nur dann gerechtfertigt, wenn sie als Motor des wissenschaftlich-technischen Fortschritts wirken und nicht dazu dienen, das bisherige Niveau der Produktivkräfte zu konservieren. Davon wird die Produktivitätsdynamik wesentlich bestimmt. Entscheidend ist also, wie gleichzeitig damit neue technologische Lösungen umgesetzt, neue Erzeugnisse realisiert und die dazu notwendigen qualifizierten Arbeitskräfte eingesetzt werden können. Engpässe in bezug auf Forschung und Entwicklung und ihre Ergebnisse oder auf das gesellschaftliche Arbeitsvermögen würden deshalb die Produktivitätssteigerung beeinträchtigen, auch wenn sich die Investitionen schnell entwickeln.

— Außerordentlich wichtig sind *Veränderungen in der Investitionsstruktur*, insbesondere zugunsten des Teils, der für technologische Neuerungsprozesse verausgabt wird. International betrug dieser Anteil zu Beginn der 80er Jahre in der Industrie fast 45 bis 50%, in einigen Bereichen noch mehr. Es geht sowohl um die Zunahme des Anteils der Rationalisierungsinvestitionen als auch um ihr höheres wissenschaftlich-technisches Niveau.

– *Die Investitionsdynamik ist in den technologieintensiven Bereichen wesentlich höher als in der Gesamtwirtschaft.* Überdurchschnittlich hohe Investitionsraten in diesen Bereichen über längere Zeiträume hinweg sind eine wichtige Voraussetzung für die ökonomische Verwertung des wissenschaftlich-technischen Fortschritts. Charakteristisch dafür ist vor allem die Entwicklung der Investitionen für weiter entwickelte Generationen von Halbleitern. Nach internationalen Schätzungen von Firmen, die Halbleiter herstellen, betrug der Anteil der Investitionen am Umsatz 1975 etwa 10%, für 1980 wurde mit etwa 16% und für 1985 mit 20% gerechnet.[13] Verstärkte fondssparende Wirkungen schließen also gleichzeitig zunehmende Anforderungen an Vorleistungen auf volkswirtschaftlich entscheidenden Gebieten ein. Dabei handelt es sich jedoch keineswegs nur um ein quantitatives Problem. Entscheidend sind die qualitativ neuen Anforderungen an ihr wissenschaftlich-technisches Niveau, ihre Struktur und Effektivität. Ihre Sicherung wird immer mehr zu einem der wichtigen Faktoren im ökonomischen Wettbewerb zwischen Sozialismus und Imperialismus. Sie beeinflußt wesentlich die Weltmarktfähigkeit neuer Erzeugnisse. Die weitestgehende Ausschöpfung des Effektivitätspotentials der gegenwärtig eingesetzten Technik ist eine wichtige Voraussetzung, um die notwendigen Vorleistungen für die ständige Erweiterung des Anwendungsbereichs der wissenschaftlich-technischen Revolution in der Volkswirtschaft zu sichern.

Stabile Grundlagen für die umfassende Intensivierung zu schaffen, bedeutet letztendlich eine hohe Dynamik im Zuwachs von Arbeitsproduktivität und Effektivität. Das erfolgt nicht im Selbstlauf und ist mit Entwicklungsproblemen verbunden. Ihre Lösung erfordert es, die Effektivitätskriterien noch aktiver für die Realisierung der Vorzüge des Sozialismus zu nutzen.[14]

3.2. Zeitfaktor und Effektivität

Der Übergang zur umfassenden Intensivierung des volkswirtschaftlichen Reproduktionsprozesses ist mit einer zunehmenden Wirk-

[13] Vgl. Bjulleten informacii inostrannoj kommerčeskoj (Moskva), 119/1980, S. 3.

[14] Vgl. Beschluß des Ministerrats der DDR vom 24. 2. 1983 und Abschnitt 4 dieser Arbeit.

samkeit des Zeitfaktors verbunden. Diese steht vor allem im Zusammenhang mit der Beschleunigung des wissenschaftlich-technischen Fortschritts. Mit der Intensivierung rücken folgende Aspekte des Zeitfaktors in den Vordergrund:

- die Beschleunigung des Produktionsprozesses,
- die rechtzeitige Mobilisierung der Ressourcen und die Verringerung ihrer Umschlagszeit,
- die Verkürzung der Zeiten für die Projektierung, den Bau und die Inbetriebnahme neuer Objekte,
- die rechtzeitige Modernisierung und der Ersatz veralteter Grundmittel auf einem hohen wissenschaftlich-technischen Niveau (wofür die vorausschauende Einschätzung des moralischen Verschleißes eine wichtige Grundlage ist),
- die termin- und qualitätsgerechte Erfüllung der Lieferverträge.

Wie hoch im volkswirtschaftlichen Maßstab die Zeitökonomie ist, wird nicht allein durch die Einsparung von Arbeitszeit im Produktionsprozeß bestimmt, sondern im wachsenden Maße auch dadurch, zu welchem Zeitpunkt neue Erzeugnisse und Technologien in die Produktion eingeführt und marktwirksam werden, mit welchem Tempo Neuerungsprozesse realisiert und damit die Umschlagsgeschwindigkeit von Erzeugnissen und Fonds erhöht wird. Die stärkere Ausnutzung des Zeitfaktors ist deshalb ein Schlüsselproblem vor allem für die immer bessere Realisierung der Effektivitätspotenzen von Wissenschaft und Technik. Sie beruht darauf, daß mit der Gestaltung und weiteren Entfaltung des entwickelten Sozialismus das Gesetz der Ökonomie der Zeit einen höheren Stellenwert in der Gesellschaft erhält.[15] Davon ausgehend, wird es mehr als bisher notwendig, die Wirkung des Zeitfaktors umfassend einzuschätzen und mit Hilfe entsprechender Vervollkommnungen in der Leitung, Planung und wirtschaftlichen Rechnungsführung eine Verkürzung der Produktionszeit sowie der Fristen für die Vorbereitung, Durchführung und Inbetriebnahme der Investitionen zu erreichen. „In der gesamten Arbeit zur Vervollkommnung der Leitung muß der Zeitfaktor in vollem Maße berücksichtigt werden. Auf dem Gebiet der Planung bedeutet das: genau im Bilde zu sein, nicht nur über die Geldmittel und Ressourcen, sondern auch über die für die Realisierung

[15] Vgl. K. Marx, Grundrisse der Kritik der politischen Ökonomie, a. a. O., S. 89.

der verschiedenen Projekte erforderlichen Fristen, und Varianten zu wählen, die sich am schnellsten bezahlt machen. Auf dem Gebiet der materiellen Hebel: Belohnung der Zeiteinsparung und strenge Sanktionen bei Zeitvergeudung."[16]

In der UdSSR wurde deshalb eine Reihe von konkreten Maßnahmen getroffen, um den Zeitfaktor besser zu berücksichtigen. Dabei ging es vor allem um die Beschleunigung des Wirtschaftswachstums, die Sicherung eines Zeitgewinns durch rechtzeitige, umfassende und schnellere Durchsetzung wissenschaftlich-technischer Neuerungsprozesse in der materiellen Produktion, die grundlegende Verbesserung der Lieferdisziplin und die Gewährleistung zuverlässiger Kooperationsbeziehungen zwischen den Zweigen und Bereichen.[17]

3.2.1. Zeitfaktor – eine Effektivitätsreserve

Die Verkürzung der Produktionszeiten sowie der Fristen für die Vorbereitung, Durchführung und Inbetriebnahme der Investitionen gewinnt immer größere Bedeutung für die Effektivitätsdynamik. Wie Ja. Kvaša im einzelnen nachwies, wirkt die Produktionszeit wesentlich auf die Entwicklung der Rentabilität sowie der Fondsquote und auf die Umschlagsgeschwindigkeit der Umlaufmittel ein. Der zeitliche Auslastungsgrad der Ausrüstungen wiederum beeinflußt die jeweiligen Relationen zwischen ihrem physischen und moralischen Verschleiß und dem effektivsten Zeitpunkt ihrer Modernisierung

[16] XXV. Parteitag der KPdSU. Rechenschaftsbericht des Zentralkomitees der Kommunistischen Partei der Sowjetunion und die nächsten Aufgaben der Partei in der Innen- und Außenpolitik. Berichterstatter: L. I. Breshnew, Berlin 1976, S. 75.

[17] Auch in der DDR spielt der Kampf um Zeitgewinn eine wichtige Rolle. Es geht um die Verkürzung der Zeit von der Aufnahme der Forschungs- und Entwicklungsarbeiten bis zur vollen Produktionswirksamkeit der Ergebnisse, um die beschleunigte Erneuerung des Produktionssortiments und der technologischen Basis, d. h. die Beschleunigung des Umschlages der Produktion. Die Struktur der Volkswirtschaft ist mit größerem Tempo zu verändern, und dabei gilt es, daß neue Erzeugnisse und Technologien wesentlich stärker als bisher die Veränderungen der Wirtschaftsstruktur bestimmen. Diese großen Umstellungsprozesse erfordern eine auf höchste Effektivität ausgerichtete Investitionspolitik. Eine wichtige Reserve besteht dabei in der Verkürzung des Zeitraums von der Inbetriebnahme neuer Kapazitäten bis zur Erreichung ihrer vollen Produktionswirksamkeit. (Anmerkung der DDR-Redaktion).

bzw. ihrer Erneuerung. Nicht zuletzt hängt von der Dauer der Produktionsperiode ab, welcher Zeitraum notwendig ist, damit die akkumulierten Mittel für den Zuwachs der Konsumgüterproduktion wirksam werden.

Die Wirkung des Zeitfaktors ist im Investitionsprozeß besonders ausgeprägt, da hier in der Regel die Ressourcen langfristig gebunden sind. Ausdruck dafür ist die relativ lange Produktionszeit in den Investitionsgüter herstellenden Zweigen. Es müssen also über längere Zeit Aufwendungen getätigt werden, denen zunächst kein Zuwachs von verwendungsfähigem Endprodukt gegenübersteht; eine Besonderheit, die bereits von Karl Marx hervorgehoben wurde. Während bei der Produktion von industriellen Erzeugnissen die Produktionszeit in der Regel in Tagen, manchmal sogar in Stunden und nur in wenigen Fällen in Monaten gemessen wird, umfaßt sie bei der Fertigstellung von Investitionsobjekten im allgemeinen Jahre. Analysen ergaben beispielsweise für die metallverarbeitende Industrie der USA eine durchschnittliche Produktionszeit von 75 Tagen. In der Einzel- und Kleinserienproduktion, wie im Turbinen-, Schiffs- und Flugzeugbau, bei der Herstellung von Papiermaschinen und Lokomotiven, variiert die Dauer der Produktionsperiode zwischen 100 und 250 Tagen, während sie bei der Herstellung von großen und komplizierten Maschinenbauerzeugnissen, soweit sie in Fließfertigung hergestellt werden, wie im Kraftfahrzeugbau, im Durchschnitt etwa 24 Tage beträgt. In Zweigen, die stärker mit dem Investitionsprozeß verbunden sind, wie z. B. bei der Fertigung von Spezialausrüstungen, umfaßt die Produktionszeit 94 Tage, bei der Produktion von Ausrüstungen für die Metallbearbeitung 90 Tage, im elektrotechnischen Maschinenbau 84 Tage, bei der Fertigung von Ausrüstungen für sonstige Zweige 77 Tage.[18] In die Fertigstellungszeit von Investitionen geht aber nicht nur die Produktionszeit der Ausrüstungen, sondern auch die Zeit für ihre Montage mit ein.

Die Zeit für die Fertigstellung von Investitionsobjekten ist in der Regel beträchtlich länger. Beispielsweise betrug allein die durchschnittliche Bauzeit bei Investitionen in der verarbeitenden Industrie der USA bei Untersuchungen für den Zeitraum 1963 bis 1978 16 Monate, darunter in der Elektrizitäts-, Gas- und Wasserversorgung 32 Monate. Längere Bauzeiten als in den USA werden für die BRD,

[18] Ja. B. Kvaša, Faktor vremeni v obščestvennom proizvodstve, Moskva 1979, S. 141.

Frankreich und andere westeuropäische Länder angegeben. Für die UdSSR ergaben Berechnungen eine durchschnittliche Bauzeit von 28 Monaten, darunter im produzierenden Bereich von 42 Monaten, im Wohnungsbau von 12 Monaten, im nichtproduzierenden Bereich insgesamt ebenfalls von 12 Monaten. Bei den größten Industriebaustellen erreichten die Bauzeiten bis zu 83 Monate.

Die Bauzeit beeinflußt nicht nur wesentlich, wie lange und mit welchem Volumen unvollendete Investitionen gebunden sind, sondern hat auch Auswirkungen auf den Neuheitsgrad und die Effektivität der neu in Betrieb genommenen Kapazitäten. Dehnt sich die Fertigstellungszeit von Investitionen zu lange aus, so werden Technik und Technologien in Betrieb genommen, die inzwischen bereits veraltet sind. Darüber hinaus entstehen weitere zusätzliche Aufwendungen, um das erst unlängst in Betrieb genommene Vorhaben zu modernisieren.

Die Fertigstellungszeit von Investitionen beeinflußt also das Effektivitätspotential gegebener wissenschaftlich-technischer Fortschritte einerseits dadurch, daß sie den Neuheitsgrad mit bestimmt, und andererseits durch Verluste, die bei zu später Fertigstellung entstehen. In der beschleunigten Fertigstellung von Investitionen liegt deshalb noch eine große Reserve zur Steigerung der Effektivität der gesellschaftlichen Produktion. Bei bestimmten Vorhaben überschreitet die tatsächliche Bauzeit die normative um das 2- bis 2,5fache. Probleme bereiten aber nicht nur die damit unplanmäßig zusätzlich gebundenen materiellen und finanziellen Mittel, sondern es wird auch die effektivere Nutzung der bereits vorhandenen Grundfonds beeinträchtigt, weil dafür weniger Ressourcen verfügbar sind. Es ist der Fertigstellungszeit von Investitionen in der Leitung, Planung und wirtschaftlichen Rechnungsführung mehr Aufmerksamkeit zu schenken, um eher nutzungsfähige Kapazitäten zu erhalten. Dabei muß berücksichtigt werden, daß sich die Fertigstellungszeit der Investitionen unterschiedlich auf die Fondsbindung auswirkt, je nachdem, ob vom volkswirtschaftlichen Standpunkt oder aus der Sicht der wirtschaftlichen Rechnungsführung herangegangen wird. Diese Unterschiede zeigen sich wie folgt:

– In der wirtschaftlichen Rechnungsführung geht es darum, die Umschlagsgeschwindigkeit der Fonds der Baubetriebe (Bauauftragnehmer) durch Verkürzung der Fertigstellungszeiten für Investitionen zu erhöhen. Das heißt, daß weniger Fonds in unvollendeten Bauten gebunden sind und diese schneller mit der realisierten Warenproduktion des Bauwesens zurückfließen. Eine wichtige Rolle spielt hierbei die Abrechnung und Kontrolle fertiggestellter, nutzungsfähiger Objekte (einschließlich der Montage der Ausrüstungen und ihrer Erprobung).

– Vom volkswirtschaftlichen Standpunkt aus geht es um den finanziellen Rückfluß der Investitionen, d. h. um den finanziellen Ausgleich der Vorschüsse für ein bestimmtes Vorhaben durch die Gesamtsumme der in Verbindung damit realisierten finanziellen Mittel. Diese setzen sich in der Regel aus dem Gewinn und den Amortisationen zusammen, die mit der Produktion des in Betrieb genommenen Objekts erwirtschaftet werden. Dabei werden auch Einnahmen mit einbezogen, die aus dem Verkauf von nicht mehr benötigten Baustelleneinrichtungen, von veralteten Ausrüstungen u. ä. stammen. Der volkswirtschaftliche Rückfluß der Investitionen wird kumulativ erfaßt, beginnend mit der Inbetriebnahme der ersten Baustufen oder in Betrieb genommener Aggregate. Da es sich hierbei in der Hauptsache um die finanzielle Seite der Reproduktion handelt, werden sämtliche Quellen einbezogen, die zum Rückfluß der Mittel beitragen.

Im Vergleich dazu charakterisiert die Kennziffer „Rückflußdauer der Investitionen“ die relative ökonomische Effektivität von Investitionsvarianten und wird hauptsächlich durch die Steigerung der Arbeitsproduktivität, die Materialökonomie und die Entwicklung der Fondsquote, also durch die Wirksamkeit des wissenschaftlich-technischen Fortschritts beeinflußt. Sie ist also im Grunde genommen mit Faktoren der erweiterten Reproduktion verbunden.

Die Vorbereitung, Durchführung und Inbetriebnahme der Investitionen wirkt auf den Umschlag der Grundfonds ein. Dieser hängt insbesondere ab von den Nutzungszeiten, den Amortisationsraten, den zeitlichen Abständen zwischen den Reparaturen und der Geschwindigkeit, mit der die Erneuerung der Arbeitsmittel erfolgt. Der Umschlag der Grundfonds beträgt etwa 18 bis 25 Jahre. Eine Reihe von Faktoren wirkt in Richtung auf eine Verlängerung des Umschlags der Grundfonds. Dazu gehören z. B. die Konzentration der Produktion und die Tendenz zur Vergrößerung der technischen Aggregate. Langfristig setzt sich aber vor allem der wissenschaftlich-technische Fortschritt als Faktor für einen schnelleren Umschlag der Grundfonds durch. Eine wesentliche Bedingung dafür ist die Beschleunigung des Investitionsprozesses – der Projektierung und des Baus neuer Vorhaben wie auch der Rekonstruktion vorhandener Betriebe –, d. h.

die Verringerung der Zeit, die für die Entwicklung neuer technologischer Systeme und ihre Einführung in die Produktion erforderlich ist.

3.2.2. Der Zeitfaktor der Investitionen in der Leitung, Planung und wirtschaftlichen Rechnungsführung

Die vielfältigen Wirkungen des Zeitfaktors in der Investitionstätigkeit bedingen, daß sie auch in der Leitung, Planung und wirtschaftlichen Rechnungsführung in unterschiedlichen Formen berücksichtigt werden müssen. Bewährt haben sich in der UdSSR vor allem Naturalkennziffern in Form von Normativen, wie Zeitnormen für die Verrichtung bestimmter Arbeitsoperationen und Bauzeitnormen für die verschiedenen Zweige. Erfahrungen wurden aber auch mit finanzökonomischen Normativen gesammelt, insbesondere mit der Rückflußdauer der Investitionen, Kreditfristen u. a. Zunehmend angewendet werden auch Methoden zur Diskontierung des Aufwandes bei der Finanzierung von Investitionen auf Kredit (bei Differenzierung des Diskonts in Abhängigkeit von der Zweckbestimmung des Kredits) und beim Vergleich von Investitionsaufwendungen, die zu unterschiedlichen Zeitpunkten auftreten. Ausgehend von der wachsenden Rolle des Zeitfaktors wurde in den letzten Jahren auch eine Reihe von neuen Vorschlägen entwickelt. Dazu gehören z. B. die sogenannten *integralen Effekte*, die auf die gesamte Nutzungsdauer von Grundfonds in den Produktionsabteilungen, Betrieben und volkswirtschaftlichen Komplexen bezogen sind; spezifische Kennziffern, wie z. B. die Bauzeit, bezogen auf die neu geschaffenen Kapazitäten, und Methoden zur Einschätzung inflationärer Entwicklungen auf den Außenmärkten. Nicht alle diese Vorschläge können vorbehaltlos akzeptiert werden. Auf einige wird deshalb im folgenden mit eingegangen.

Von entscheidender Bedeutung für die Vervollkommnung der Effektivitätsplanung und -beurteilung ist die *Bestimmung des integralen Effekts komplexer Zielprogramme im Bauwesen.* Mit der zunehmenden Anwendung komplexer Zielprogramme in der Volkswirtschaftsplanung wird es immer wichtiger, Methoden zur Bestimmung des „integralen Effekts“ zu entwickeln. Hierbei werden Aufwand und Ergebnis nicht – wie normalerweise üblich – im Durchschnitt für ein bestimmtes Jahr erfaßt, sondern für die gesamte Fertigstellungszeit der Investitionen und die gesamte Nutzungsdauer der im Zielprogramm enthaltenen Vorhaben. Die zeitliche Verknüpfung der Vorhaben ist besonders notwendig, weil die mit den Zielprogrammen verbundenen Bauarbeiten sehr große Maßstäbe einnehmen und dabei komplizierte Verflechtungen zwischen den Zweigen zu beherrschen sind. Obwohl damit eine Reihe von Schwierigkeiten verbunden ist (unter anderem verändern sich im Verlauf der Realisierung der Zielprogramme die zwischenzweiglichen Verflechtungen ziemlich oft), muß diese Aufgabe gelöst werden. Es genügt aus folgenden Gründen nicht, die Effektivität nur für den Zeitpunkt zu berechnen, zu dem das Zielprogramm realisiert ist.

1. Es kommt darauf an, alle Möglichkeiten zu nutzen, um durch die schrittweise Inbetriebnahme einzelner Vorhaben, einzelner Lösungen für bestimmte Zweige und Territorien zwischenzeitlich bereits Effekte zu sichern.

2. Angesichts der relativ langen Zeit, die in der Regel für die Realisierung eines Zielprogramms erforderlich ist, sind Effektivitätsberechnungen für den Zeitpunkt, zu dem das Programm beendet ist, recht unzuverlässig und wenig sinnvoll. Die meisten ökonomischen Kennziffern, die Verflechtungsbeziehungen und gesellschaftlichen Bedürfnisse verändern sich. Das kann aber nur berücksichtigt werden, wenn die integrale Effektivität für die gesamte Periode ermittelt wird, in der die miteinander verflochtenen Produktionskomplexe geschaffen werden.

Ein spezielles Anwendungsgebiet für die Berechnung der integralen Effektivität bilden Kompensationsprogramme, bei denen ausländische Lieferungen auf Kredit erfolgen, mit Tilgung und Bezahlung der Zinsen aus der Produktion des gebauten Betriebes. Hierbei erfordert ein hoher Zinssatz, daß sowohl die Termine für den Bezug der kreditierten Ausrüstungen und Materialien als auch für den schnellstmöglichen Beginn der Rückzahlungen besonders gut berechnet und organisiert werden. Deshalb ist in den Verträgen über Kompensationsgeschäfte vorzusehen, daß die geplanten Vorhaben schrittweise realisiert werden, um dementsprechend die Kredite zu tilgen und dadurch keine unnötigen Zinszahlungen zuzulassen.

Die integrale Effektivität hat den Vorteil, daß die Effekte für den ganzen Nutzungszeitraum der Vorhaben zusammengefaßt ausgedrückt werden. Dabei wird berücksichtigt, wie sich jeweils das absolute Volumen der Effekte entwickelt, und die zu verschiedenen Zeitpunkten verausgabten Mittel diskontiert werden. Das ist wichtig, um die Effektivitätsberechnungen für Zielprogramme enger mit dem langfristigen Plan zu verbinden.

Jedoch muß zugleich betont werden, daß es nur für hinreichend große und langfristige Investitionsprogramme zweckmäßig ist, die integrale Effektivität zu bestimmen. Diese Beschränkung ist erforderlich, weil die Beschaffung der Informationen vielfältige und teilweise komplizierte Prognosen für eine sehr lange Zeitperiode verlangt. Das betrifft u. a. die wahrscheinliche Preisdynamik für bestimmte Erzeugnisse, die künftige Entwicklung von vor- und nachgelagerten Zweigen, künftige Entwicklungsrichtungen der Technik, Spezialisierung und Standortverteilung. Deshalb liegen die Vorteile der integralen Effektivität hauptsächlich bei der Planung volkswirtschaftlich komplexer Aufgaben, wie des einheitlichen Transportnetzes für das ganze Land, der Umleitung von Wasserläufen zwischen den Flußgebieten, der Schaffung eines elektroenergetischen Systems für das ganze Land u. ä. m.

Eine weitere wichtige Methode zur Berücksichtigung des Zeitfaktors ist die Diskontierung. Die Diskontierung des Aufwandes und der Einnahmen, die zu verschiedenen Zeitpunkten anfallen, ist die Hauptmethode, mit der in der Wirtschaftspraxis kapitalistischer Länder der Zeitfaktor berücksichtigt wird, wobei ihre wachsende Unbestimmtheit und Unzuverlässigkeit nicht übersehen werden darf. Als Methode zur Vergleichbarmachung von Aufwendungen und Effekten, die zu unterschiedlichen Zeitpunkten auftreten, besitzt sie – befreit von kapitalistischen Verzerrungen und Schranken – auch unter sozialistischen Bedingungen Anwendungsmöglichkeiten, die aber bisweilen überschätzt werden. Beispielsweise zeigen die Erfahrungen, daß die Diskontierung bei langfristigen Vorausschätzungen globaler Wirtschaftsprozesse nicht sinnvoll ist. Die Anwendung der Zinseszinsrechnung an sich würde lediglich zu einer formal rechnerischen Extrapolation führen. Sie kann niemals die Analyse der technisch-ökonomischen Zusammenhänge ersetzen. Unter sozialistischen Bedingungen ist es deshalb sinnvoll, die Diskontierung nur in konkreten ökonomischen Berechnungen, wie für die Kreditierung von kleineren Maßnahmen des wissenschaftlich-technischen Fortschritts und in klar begrenzten Investitionsprogrammen anzuwenden. So erlaubt sie z. B. beim Vergleich von Varianten, die sich hinsichtlich ihrer Realisierungszeiten unterscheiden, den „Preis der Zeit“ zu bewerten; mit ihrer Hilfe wird die relative Effektivität von Vorhaben gemessen; sie wirkt zugunsten der Einhaltung der Normen für die Produktionszeiten und stimuliert die Verringerung der Bauzeiten. Weiterhin ist sie im Rahmen der Kreditierung Grundlage für Sanktionen, damit die gesellschaftlichen Mindestforderungen an die Erwirtschaftung von Mehrprodukt eingehalten werden. Insgesamt geht es darum, ihre Kontrollfunktion in der Praxis noch zu verstärken.

Die wirksamere Anwendung der Diskontierung setzt auch voraus, die Effektivitätsnormative für lang- und mittelfristige Investitionen zu differenzieren. Zwar würde die Anwendung eines einheitlichen Koeffizienten die Berechnung der Zinseszinsen vereinfachen; sie steht aber im Widerspruch zum realen Investitionsprozeß. So kann z. B. während der Bauzeit und bei der Inbetriebnahme neuer Vorhaben nicht erwartet werden, daß der Effekt bereits vollständig und schlagartig erreicht wird. Deshalb sollte der Zeitfaktor bei großen Investitionsvorhaben, die im Verlaufe einer relativ langen Periode realisiert werden, mit Hilfe von niedrigeren Effektivitätsnormativen bewertet werden. Demgegenüber sind bei kurzfristig wirksam werdenden Investitionen, die keine großen Bauarbeiten oder umfangreiche wissenschaftlich-technische Vorleistungen verlangen, höhere Effektivitätsnormative begründet.

Die Diskontierung ist jedoch nicht die einzig mögliche Methode zur Berücksichtigung des Zeitfaktors. In vielen Fällen sind dynamische Kennziffern, wie vor allem prognostizierte Preise für einen längerfristigen Zeitraum, die geltenden Zinssätze für Kredite und ihre Entwicklungstendenzen, langfristige Normative der Arbeits-, Material- und Fondsintensität der Produktion sowie langfristige Normen der Amortisationsabführungen, die auch den moralischen Verschleiß berücksichtigen, zuverlässiger in der Aussage.

Die Anwendung aussagefähiger Methoden zur Berücksichtigung des Zeitfaktors ist von Bedeutung, um in den Investitionsgüter herstellenden Zweigen eine solche Beschleunigung des Produktionsprozesses und dementsprechende Vervollkommnungen der Arbeitsorganisation zu erreichen, die den Intensivierungsmaßstäben entgegenkommen. Demgegenüber kommt es darauf an, formale Methoden zur Erfassung des Zeitfaktors konsequent zurückzuweisen, denn diese bewirken keine realen Intensivierungsfortschritte. Das gilt z. B. für die Vorschläge, sogenannte spezifische Kennziffern der Bau- und Inbetriebnahmezeiten zu berechnen. Damit wird zu „beweisen“ versucht, daß – umgerechnet auf eine Einheit in Betrieb genommener Kapazität – die Bauzeiten in der UdSSR um ein vielfaches kürzer sind als in anderen Ländern. Jedoch haben derartige

Berechnungen von „spezifischen“ Bauzeiten keinen realen ökonomischen Inhalt. Wenn z. B. ein metallurgischer Betrieb in 8 Jahren errichtet wird, dann sind die Kapazitäten erst nach Ablauf dieser Zeit real verfügbar; es ergibt sich überhaupt keine frühere Verfügbarkeit über metallurgische Erzeugnisse, auch wenn berechnet wird, daß auf eine Tonne Produktionskapazität eine Bauzeit von einigen Tagen oder Stunden entfällt. Außerdem besteht in der Regel keine direkt proportionale Abhängigkeit zwischen der Höhe des potentiellen Produktionsvolumens der Betriebe und ihrer Bauzeit. Gerade bei der Errichtung von Großbetrieben werden relativ kurze Bauzeiten möglich, weil große Baukapazitäten konzentriert und mit stärkerer technischer Basis eingesetzt und gleichzeitig auf verschiedenen Bauabschnitten wirksam werden (eines der Beispiele dafür lieferte der relativ schnelle Aufbau des Wolga-Kraftfahrzeugwerkes).

Eine weitere aktuelle Aufgabe für die Vervollkommnung der Volkswirtschafts- und Betriebsplanung ist die *Berücksichtigung des Zeitverzugs.* Die zeitliche Koordinierung von miteinander verflochtenen wirtschaftlichen Aktivitäten ist von großem Einfluß, um volkswirtschaftliche Verluste zu verringern und die Effektivität der Reproduktion zu erhöhen. Für die rationelle Koordinierung von Vorhaben und Zielprogrammen auf der zweiglichen und volkswirtschaftlichen Ebene, für die Festlegung ihrer Rang- und Reihenfolge und ihre Synchronisation ist die Bestimmung des Zeitverzugs eine wichtige Grundlage. Dabei spielen Zeitnormen für einzelne Stadien der Investitionstätigkeit und die Fertigstellungszeit der Investitionen insgesamt eine große Rolle.

Dabei genügt es nicht, das Problem des Zeitverzugs allein unter kurzfristigem Aspekt zu betrachten, d. h., wenn der Effekt im Vergleich zum Aufwand lediglich um einige wenige Jahre verzögert wird. Der Zeitverzug tritt auf den verschiedenen Volkswirtschaftsebenen in sehr unterschiedlichen Größenordnungen auf. Teilweise beträgt er nicht nur einige Jahre, sondern sogar Jahrfünfte. Zu den Reproduktionsprozessen, die einen großen Zeitverzug aufweisen, gehören z. B. die Bildung und Qualifikation des Nachwuchses, insbesondere der hochqualifizierten Arbeitskräfte, und die Reproduktion der Grundfonds. Eine sehr lange Nutzungsdauer haben u. a. Dämme von Wasserkraftwerken, Bewässerungskanäle, Eisenbahnen, U-Bahnen u. a. (von etwa 100 Jahren); viele kommunale Gebäude weisen eine Nutzungsdauer von 60 bis 70 Jahren und mehr aus; lange Reproduktionsperioden sind auch für die Waldbestände charakteristisch.

Durch einen bedeutenden Zeitverzug beim produktiven Wirksamwerden sind aber auch die Vorleistungen für Grundrichtungen des wissenschaftlich-technischen Fortschritts charakterisiert. Ihre Berücksichtigung gewinnt immer größere Bedeutung, um das Tempo bei der Nutzung und Ausbreitung wissenschaftlich-technischer Neuerungen, z. B. im Rahmen der Wissenschafts-Produktionskomplexe zu beschleunigen.

Werden die komplizierten Prozesse des Zeitverzugs ignoriert oder unterschätzt, dann führt das zu falschen Einschätzungen über die Dynamik wichtiger ökonomischer Größen, wie der Produktionskosten, des Wachstumstempos der Produktion, der Fondsintensität, der Aussonderung und des Ersatzes veralteter Grundmittel. Deshalb ist es bei der Planung der Prozesse der intensiv erweiterten Reproduktion unumgänglich geworden, die Dauer der Produktionsperiode und die Fertigstellungszeiten sowie auch die zeitliche Differenz zwischen dem Aufwand an Investitionen und dem Effekt zu erfassen. Gerade auf zweiglicher und volkswirtschaftlicher Ebene sind weitergehende Untersuchungen erforderlich, weil der Zeitverzug hier keinen festen Normen unterliegt und unterschiedlich groß ist.

Bisher wurden Erfahrungen mit Normativen für die Bauzeit und die Inbetriebnahme von Kapazitäten hauptsächlich auf der Ebene von Betrieben und Vorhaben gesammelt. Jedoch steht die Wirtschaftspraxis vor noch weitergehenden Aufgaben. So ist es z. B. mit Hilfe dieser Bauzeitnormative nicht möglich zu planen, in welcher Reihenfolge technologische Blöcke in Betrieb genommen werden sollen, weil damit verschiedene Stadien des Baus und der Inbetriebnahme zeitlich nicht zusammenfassend betrachtet werden können. Tatsächlich jedoch liegen große Effektivitätsreserven gerade auch in der Synchronisation von Investitionsprogrammen, die eine Vielzahl von Objekten umfassen. Auch bei der Verteilung der Investitionen auf die einzelnen Jahre der Bauperiode ist es notwendig, im stärkeren Maße von den volkswirtschaftlichen Auswirkungen auszugehen. Das heißt, es kann nicht den Ressortinteressen des Bauwesens nachgegeben werden, die darauf gerichtet sind, zu Beginn des Investitionsprozesses relativ wenig Mittel aufzuwenden und die Investitionen auf das Ende der Bauperiode zu verlagern. Das entspricht nämlich weder den technologischen und organisatorischen Anforderungen des Baugeschehens (die durch die Konzentration der umfangreichsten und investitionsintensivsten Arbeiten gerade auf den Baubeginn gekennzeichnet sind), noch der volkswirtschaftlichen Effektivität. Eine vorzeitige Inbetriebnahme von Teilabschnitten wäre unter diesen Bedingungen unmöglich, was wiederum bedeutet, daß der Produktionszuwachs verspätet eintritt und kumulativ niedriger wäre.

Die effektivste Lösung, um die während der Bauzeit gebundenen Mittel zu minimieren, besteht in der schrittweisen Inbetriebnahme von Baustufen. Der dadurch erreichbare zusätzliche Effekt ist in der Regel bedeutend größer als die damit verbundenen Mehraufwendungen in frühen Etappen des Investitionsprozesses. Besonders wichtig ist die stufenweise Inbetriebnahme unter den Bedingungen des beschleunigten wissenschaftlich-technischen Fortschritts. Deshalb besteht ein erstrangiges Intensivierungserfordernis darin, die Aufwendungen und Effekte sowohl beim Hersteller als auch beim Anwender komplex zu ermitteln und damit die Verteilung der Investitionen auf die einzelnen Jahre sorgfältiger zu begründen. Das bedeutet, den gesamtgesellschaftlichen Erfordernissen noch besser Rechnung zu tragen, denn die volkswirtschaftliche Effektivität wird im hohen Maße durch die beschleunigte Nutzung des wissenschaftlich-technischen Fortschritts und durch eine möglichst frühzeitige Produktionswirksamkeit beeinflußt. Das muß gegenüber formalen Optimierungsansätzen geltend gemacht werden, die davon ausgehen, daß die Beschleunigung der Bauprozesse eine Verteuerung der Bauarbeiten bewirkt, die günstigste Bauzeit also gleich Null wäre. Es geht deshalb darum, überall das volkswirtschaftliche Herangehen an die Optimierung der Bauzeit durchzusetzen.

Die genannten Probleme verdeutlichen, daß mit der Intensivierung der Einfluß des Zeitverzugs auf die Effektivität wächst. Seine Berücksichtigung ist folglich eine wichtige Voraussetzung, um die Rang- und Reihenfolge der Investitionen in der Zeit zu bestimmen und eine abgestimmte Inbetriebnahme der Kapazitäten entsprechend den volkswirtschaftlichen Interessen zu sichern.[19] Das volkswirtschaftliche Herangehen an die Wirkungen des Zeitverzugs ist dabei eine entscheidende Bedingung, um reale Möglichkeiten zur Verkürzung der

[19] Die planmäßige Koordinierung des Zeitverzugs muß natürlich von finanziellen Berechnungen begleitet werden, im besonderen des Rückflusses der Investitionen. Es geht hierbei darum, Wege aufzuzeigen, um die unvollendeten Investitionen zu senken.

Fertigstellungszeit der Investitionen[20] und damit zur beschleunigten Ausbreitung des wissenschaftlich-technischen Fortschritts aufzudecken und zu nutzen.

Zu den wichtigsten Reserven bei der Verkürzung der Fertigstellungszeit von Investitionen gehören:

1. *Reserven bei der Inbetriebnahme neuer Fonds und Kapazitäten*, d. h. die Verkürzung der Periode, in der neu geschaffene Produktionskapazitäten ihre volle Leistung erreichen. In jedem Jahr wird ein beträchtliches Volumen neuer Fonds in Betrieb genommen. Ihr Anteil erreicht in einer Reihe von Zweigen 10 bis 12% des Fondsbestandes. Jedoch ist die Anlaufperiode, in der die neuen Objekte noch nicht voll produktionswirksam sind, vielfach noch zu lang. Sie beträgt nach den geltenden Normativen in der UdSSR ein bis drei Jahre, wobei diese in der Praxis verschiedentlich um das 1,5- bis 2fache überschritten werden.

Die Normative gehen davon aus, daß neu in Betrieb genommene Kapazitäten in Großbetrieben im ersten Jahr zu 50% produktionswirksam werden, im zweiten Jahr zu 70% und im dritten Jahr zu 90%. Das bedeutet, daß während der Anlaufperiode im Durchschnitt 30% der Kapazitäten nicht wirksam werden. Wird weiter berücksichtigt, daß praktisch die Normative oftmals überschritten werden, dann wird deutlich, daß durch beschleunigte Inbetriebnahme und schrittweise Reduzierung zu langer Anlaufperioden das Wachstumstempo der Produktion noch beträchtlich erhöht werden könnte. Das schließt ein, daß die Auftragnehmer der Investitionen im stärkeren Maße für die ordnungsgemäße Ausführung und Übergabe der Bau- und Montagearbeiten materiell verantwortlich gemacht werden.

2. *Verkürzung der Fertigstellungszeiten von Investitionen durch Mobilität der Investitionsgüterproduktion.* Die höhere Mobilität in den Lieferungen und Leistungen für die Investitionstätigkeit gehört zu den Faktoren, die die Umschlagsgeschwindigkeit der Fonds erheblich beschleunigen können. So lassen sich noch Effektivitäts-

[20] Aus dieser Sicht ergeben sich Bedenken, in die Preise von Produktionsmitteln mit hohem technischen Niveau einen Teil des künftigen Effekts aufzunehmen, der beim Nutzer aus ihrer Anwendung eintreten soll. Hier verschwindet dem Wesen nach das Problem des Rückflusses, und die ökonomischen Beziehungen zwischen Hersteller und Nutzer der neuen Technik werden beeinträchtigt; denn für den Hersteller hat sich der Aufwand bereits zum Zeitpunkt des Verkaufs der Technik bezahlt gemacht, während der Effekt tatsächlich erst dann eintritt, wenn die im Maschinenpaß enthaltenen Parameter erreicht werden.

reserven erschließen durch die rechtzeitige und mit den praktischen Bedürfnissen noch besser abgestimmte Projektierung der geplanten Vorhaben, durch termingemäße komplette Lieferung und Montage von Maschinen und Ausrüstungen vom Maschinenbau (einschließlich der Versorgung mit Ersatzteilen und von Garantiereparaturen), durch die Verbindung von Generalreparaturen mit der Modernisierung vorhandener Ausrüstungen.

Größere Mobilität stellt aber auch neue Anforderungen an die Bau- und Montagebetriebe und die Baumaterialienindustrie. So ermöglicht die breitere Anwendung leichterer Holz- und Plattenelemente eine beschleunigte Montage von Bauten. In vielen Fällen ist es günstig, verstärkt Betonbauten an Ort und Stelle zu errichten, wie z. B. im Gleitbau oder nach der Schüttbauweise.

Perspektivische Bedeutung für die Verkürzung der Fertigstellungszeiten von Investitionen haben auch mobile Baubetriebe. Insbesondere gilt das für die Entwicklung der Brennstoff-, Energie- und metallurgischen Industrie im Osten der UdSSR, wo die Errichtung stationärer Baubasen die Inbetriebnahme der Objekte um 5 bis 7 Jahre verzögern würde. Der Hauptvorteil der mobilen Betriebe besteht darin, daß die Vorbereitungszeit bis zum Beginn der Bauarbeiten um nicht weniger als das 3- bis 4fache verkürzt werden kann. Analysen belegen, daß die spezifischen Investitionen für den Aufbau mobiler Baubetriebe beträchtlich niedriger sind als für analoge stationäre Betriebe vergleichbarer Kapazität: für Betonmischbetriebe z. B. um das 1,5- bis 1,6fache, für den Autotransport um das 2,2fache, für Betriebe zur technischen Wartung und zur Reparatur von Baumaschinen um das 2,2- bis 2,9fache, für Asphaltbetonwerke um das 3,5- bis 3,6fache. Der Anteil der Ausrüstungen an den Investitionen ist beim Aufbau von mobilen Betrieben um das 1,3- bis 1,5fache höher als bei stationären Einrichtungen.

3. *Neue technische Lösungen* als eine Hauptreserve für die Verkürzung der Fertigstellungszeiten der Investitionen. Hierbei geht es vor allem um die verstärkte Nutzung technologischer Neuerungsprozesse und neuer Organisationsformen. Das soll an einigen Beispielen veranschaulicht werden.

– Die beschleunigte Entwicklung der Produktionsinfrastruktur – sowohl auf der Ebene der Volkswirtschaft als auch der Zweige, Territorien und Betriebe – ist zu einer Hauptreserve geworden, um das Wachstumstempo von Produktion und Reineinkommen mit relativ geringen zusätzlichen Investitionen zu erhöhen. Das ergibt sich vor allem aus dem gewachsenen Produktionsumfang und der stärkeren Entfaltung der gesellschaftlichen Arbeitsteilung. Diese haben die zwischenzweiglichen Verflechtungen, Transport- und Informationsströme bedeutend vergrößert, stellen neue Anforderungen an das Verkehrs- und Nachrichtenwesen, erfordern eine schnelle Entwicklung neuer oder arbeitsteilig verselbständigter Zweige der Produktionsinfrastruktur, wie z. B. von automatisierten Leitungs- und Bewässerungssystemen.[21]

— Der wissenschaftlich-technische Fortschritt bei den Arbeitsgegenständen, insbesondere der Übergang zu leichteren und aus örtlichen Reserven erschließbaren Materialien beeinflußt wesentlich die Wirksamkeit des Zeitfaktors. Durch bessere Qualität und rationellere Struktur der Baumaterialien wird es z. B. möglich, den spezifischen Materialeinsatz, bezogen auf die Finalproduktion des Bauwesens um etwa 25 bis 30% zu senken, was gleichzeitig die Arbeitsproduktivität im Bauwesen erhöht und zur Verkürzung der Bauzeiten beiträgt. Von Bedeutung ist dabei z. B., den Anteil an Betonbauten, die an Ort und Stelle errichtet werden, zu erhöhen; von gegenwärtig nur wenigen Prozenten auf etwa 40 bis 50%. Beträchtliche Materialeinsparungen sind ebenfalls durch den Einsatz von leichten Bauzäunen, leichten Deckenkonstruktionen und Dächern möglich, wodurch gleichzeitig die Bauzeiten bei großen Objekten auf 10 bis 15 Monate reduziert werden können.

Insgesamt ist die bessere Berücksichtigung des Zeitfaktors von wachsender Bedeutung, um den Übergang zur umfassenden Intensivierung voranzutreiben, insbesondere den wissenschaftlich-technischen Fortschritt beschleunigt durchzusetzen und die Effektivität entschiedener zu erhöhen.

3.3. Qualitätsverbesserung — Effektivität — Wirtschaftswachstum

3.3.1. Erzeugnisqualität und Effektivität der Reproduktion

Die Verbesserung der Qualität der Produktionsergebnisse oder die Erhöhung ihres Gebrauchswertniveaus erweist sich immer mehr als

[21] Vgl. dazu Abschnitt 2.2.

eine entscheidende Bedingung, um eine größere Wirksamkeit aller Produktionsfaktoren sowie ihre rationellere Kombination und Substitution zu erreichen. Ihre Bedeutung wächst mit dem Übergang zur umfassenden Intensivierung des Reproduktionsprozesses, der weltweiten Beschleunigung des wissenschaftlich-technischen Fortschritts sowie infolge der veränderten inneren und äußeren Reproduktionsbedingungen der 80er Jahre. Sie gehört zu den vorwiegend qualitativen Faktoren der wirtschaftlichen Entwicklung, die zunehmend das Wirtschaftswachstum unter den Bedingungen der intensiv erweiterten Reproduktion bestimmen.

Die *Entwicklung der Qualität der Produktionsergebnisse* wird hier immer *im umfassenden Sinne* verstanden, als *Einheit der Verbesserung der Qualität* oder der Gebrauchseigenschaften *der konkreten Erzeugnisse* und der *Vervollkommnung der Produktions-*, *insbesondere der Erzeugnisstruktur* zugunsten von Erzeugnissen mit einem hohen wissenschaftlich-technischen Niveau und Veredlungsgrad und damit entsprechend verbesserter Effektivität.

Die *Qualitätsentwicklung der Produktionsergebnisse bringt wichtige Wirkungen aller qualitativen Faktoren zum Ausdruck*. Die *Erhöhung der Qualität*, ihr Tempo und Ausmaß *ist ein wichtiger Indikator dafür, inwieweit die qualitativen Wachstumsfaktoren zur Wirksamkeit gelangen.* Das gilt in doppeltem Sinne. Einerseits müssen sich die qualitativen Wachstumsfaktoren von Wissenschaft und Technik sowie Bildung, bis zur Vertiefung der sozialistischen ökonomischen Integration, in einer höheren Qualität der Produktionsergebnisse, vor allem in einer Beschleunigung und einem höheren Niveau von Erzeugnisinnovationen sowie einem höheren Anteil echter Spitzenleistungen am Produktionsausstoß, niederschlagen und ökonomisch realisieren. Andererseits beruhen die qualitativen Wachstumsfaktoren in einem hohen Grade auf der Verbesserung der Erzeugnisqualität und der Vervollkommnung der Produktionsstruktur. Erneuerungen der Erzeugnisse werden zunehmend zu entscheidenden Voraussetzungen, um das qualitative Niveau und die Effektivitätswirksamkeit der Forschung und Entwicklung, der Investitionen, des Exports und anderer Wachstumsfaktoren zu erhöhen.

Die isolierte Bestimmung des Anteils der qualitativen Faktoren am Wirtschaftswachstum ist problematisch. Einerseits sind auch die vorwiegend qualitativen Wachstumsfaktoren mit quantitativen Prozessen und Erscheinungen verbunden. So beruht die größere Rolle von Wissenschaft und Technik für das Wirtschaftswachstum auch auf einem bedeutenden quantitativen Anwachsen des wissenschaftlich-technischen Potentials, der hierfür eingesetzten Mittel und Kader sowie der für die Anwendung und Ausbreitung von Innovationen erforderlichen Investitionen. Von 1971 bis 1983 haben sich in der DDR die für Forschung und Entwicklung eingesetzten Mittel von 4,5 Mrd. Mark auf 8,2 Mrd. Mark erhöht, und erreichten damit etwa 4% des produzierten Nationaleinkommens, während die Anzahl der in Forschung und Entwicklung Beschäftigten von 127000 auf fast 200000 angewachsen ist.

Andererseits werden die einzelnen Wachstumsfaktoren durch spezifische Beziehungen zwischen qualitativen und quantitativen Aspekten charakterisiert. Nur in ihrer Komplexität und gegenseitigen Verflechtung werden sie für das ökonomische Wachstum wirksam.[22]

Eine annähernde Vorstellung von der bisher erreichten und beim Übergang zur umfassenden Intensivierung des Reproduktionsprozesses weiter zunehmenden Wirksamkeit qualitativer Wachstumsfaktoren vermitteln Berechnungen über die Anteile der Effektivitätssteigerung und des quantitativen Zuwachses, bezogen auf die Produktionselemente (vgl. Tab. 16).

Bisher konnten die größten Fortschritte bei der Energie- und Materialökonomie erreicht werden. Der Zuwachs des Nationaleinkommens um jahresdurchschnittlich 4% wurde in den Jahren 1981 bis 1984 ohne Vergrößerung des Energie- und Rohstoffonds erzielt; 1982 bis 1984 war die Einsparungsrate bei volkswirtschaftlich wichtigen Energieträgern, Rohstoffen und Materialien höher als die Zuwachsrate des Nationaleinkommens und der industriellen Warenproduktion, so daß der Energie- und Rohstoffverbrauch im Maßstab der gesamten Volkswirtschaft und der Industrie auch absolut gesenkt werden konnte.

Zukünftig steht die Aufgabe, dauerhafte Grundlagen für stetig hohe Einsparungsraten von Energieträgern und Rohstoffen zu schaffen; insbesondere durch die Erhöhung der Qualität und des Veredlungsgrades sowie die Vervollkommnung der Struktur der Produktion.

[22] Über die verschiedenen Methoden und Ergebnisse von Berechnungen zur Bestimmung des Anteils der qualitativen und quantitativen Prozesse, insbesondere des Anteils des wissenschaftlich-technischen Fortschritts, am Wirtschaftswachstum (vgl. Abschnitt 4.3.).

Tabelle 16: Zuwachsraten des Nationaleinkommens im Verhältnis zu den Zuwachsraten der Effektivität der Produktionselemente

	1971/75		1976/80		1981/83	
	Zuwachsrate jährlich in %	Anteil am Zuwachs des NE in %	Zuwachsrate jährlich in %	Anteil am Zuwachs des NE in %	Zuwachsrate jährlich in %	Anteil am Zuwachs des NE in %
Nationaleinkommen	5,4	—	4,1	—	3,9	—
Arbeitsproduktivität	5,2	etwa 95	3,7	etwa 90	3,6	etwa 90
Einsparung volkswirtschaftlich wichtiger Energieträger, Rohstoffe und Materialien	1,5	etwa 95	2,7	etwa 65	6,7	etwa 170
Grundfondsquote	—0,4	etwa —10	—1,3	etwa —30	—1,0	etwa —25

Quellen: Berechnungen auf Grundlage des Statistischen Jahrbuchs der DDR 1983, Berlin 1983, S. 97—99; Günter Mittag, Theoretische Verallgemeinerungen der Erfahrungen der Entwicklung der Kombinate für die Leistungssteigerung in der Volkswirtschaft, insbesondere bei der *Nutzung der qualitativen Faktoren* des Wachstums (Wirtschaftswissenschaftliche Konferenz der DDR im Karl-Marx-Jahr 1983 am 29. und 30. September in Berlin), in: Ökonomische Strategie der Partei — klares Konzept für weiteres Wachstum, Berlin 1983, S. 21.

Alle Effektivitätskennziffern sind auf das Nationaleinkommen bezogen. Die Anteile am Zuwachs des Nationaleinkommens wurden für jede Teileffektivität getrennt ermittelt (Erweiterung + Zuwachs der Teileffektivität wurde jeweils = 100 gesetzt).

Analytisch-prognostische Untersuchungen ergaben, daß der Anteil qualitativer Faktoren am Wirtschaftswachstum in den 80er Jahren im Vergleich zu den vorangegangenen Jahrzehnten bedeutend ansteigen und bei über zwei Drittel liegen muß.

Die Verbesserung der Qualität ist eine Hauptrichtung der Höherentwicklung der Produktivkräfte, die mit allen qualitativen Wachstumsfaktoren wechselseitig verflochten, aber natürlich nicht mit ihnen identisch ist. Jedoch ist sie wie die anderen qualitativen Faktoren darauf gerichtet, den Aufwand an gesellschaftlicher Arbeit je Gebrauchswerteinheit zu senken. Sie erhöht die Effektivität, indem sie Einfluß ausübt auf

– *die Ergebnisseite* durch die Herstellung von Gebrauchswerten, die bekannte Bedürfnisse besser befriedigen oder die neue Bedürfnisse wecken und zugleich befriedigen;

– *die Aufwandsseite* durch den Einsatz qualitativ vollkommenerer Produktionsmittel, die einen höheren Wirkungsgrad der lebendigen Arbeit und die Senkung der spezifischen laufenden und einmaligen Aufwendungen je Einheit des Produktionsergebnisses gewährleisten.

Damit trägt die Qualitätsentwicklung auch dazu bei, Tendenzen der Aufwandserhöhung, z. B. bei der Reproduktion der Energie- und Rohstoffbasis oder beim Übergang zu komplexeren Automatisierungslösungen, entgegenzuwirken. So schafft die Entwicklung und Anwendung der Mikroelektronik nicht nur Möglichkeiten, bei der Herstellung neuer Erzeugnisse – z. B. der Rechentechnik und der Steuerungstechnik – die Kosten relativ, d. h. je Gebrauchswerteinheit, bedeutend zu senken, sondern auch die absoluten Kosten für das neue, leistungsfähigere Erzeugnis zu reduzieren. Die Aufgaben zur Kostensenkung für neue, auf der Mikroelektronik beruhende Erzeugnisse in der DDR müssen in den Pflichtenheften noch konsequenter entsprechend diesen Möglichkeiten und internationalen Tendenzen festgelegt werden.

Eine reproduktionstheoretische Bestimmung der Qualitätsentwicklung bedeutet, sie nicht als zusätzlichen Faktor neben der Produktivitäts- und Effektivitätssteigerung, sondern als deren integrierten Bestandteil aufzufassen. Sie durchdringt alle Seiten der Produktivität und Effektivität und bestimmt in zunehmendem Maße deren Niveau und Dynamik.

Hieraus ergibt sich auch die Notwendigkeit, die *Qualitätsentwicklung in die Bewertung der Ergebnisgrößen, wie des Nationaleinkommens bzw. der Nettoproduktion und Warenproduktion einzubeziehen.* Damit würde sich auch in den Produktivitäts- und Effektivitätskennziffern die Erhöhung des qualitativen Niveaus der Produktion genauer widerspiegeln.

Für den Einfluß der Erzeugnisqualität auf die volkswirtschaftliche Effektivitätssteigerung ist von Bedeutung, daß die Ergebnisse einer Reproduktionsperiode – soweit es sich um Produktionsmittel für die eigene Volkswirtschaft handelt – als Bedingungen bzw. Aufwandskomponenten in die folgenden Reproduktionsperioden eingehen. Je größer also der bei der Herstellung der Produkte je Aufwandseinheit erreichte Qualitätsfortschritt ist, desto höher sind die möglichen Wirkungen zur Senkung der Aufwendungen in den folgenden Produktionsstufen bzw. Reproduktionsperioden. Hieran zeigt sich, daß die *Qualität der Produktionsergebnisse* sich letztlich insgesamt in der *Effektivität der Reproduktion* ausdrückt. Sie wird in der Produktion hervorgebracht, realisiert sich aber erst in der Anwendung (produktive und nichtproduktive Konsumtion) bzw. im Export. Die tatsächliche ökonomische Nutzung der Qualitätsfortschritte der Erzeugnisse in der Anwendung bzw. ihre ökonomische Realisierung im Export entscheiden letzten Endes über ihren Einfluß auf die Effektivität. Die *produktive und nichtproduktive Konsumtion und der Export sind die eigentlichen Bewährungsfelder für die in der Produktion erreichte Qualitätsverbesserung*. Nur eine bedarfsgerechte Qualitätsverbesserung, die diesen Kriterien entspricht, kann als Beitrag zur Intensivierung und Effektivitätssteigerung sowie als Bestandteil des Wachstums aufgefaßt werden.

Die Verbesserung der Qualität oder der Gebrauchseigenschaften neu- und weiterentwickelter Erzeugnisse wird in der DDR mit Hilfe eines Indexes der Gebrauchswert- bzw. Qualitätsentwicklung der neuen und weiterentwickelten Erzeugnisse berechnet. Dabei wird angestrebt, den erzielbaren Effekt bei der Anwendung bzw. beim Export (Erhöhung des Exporterlöses) mit zugrunde zu legen. Zugleich sind weitere Schritte zur Objektivierung der Bewertung der Gebrauchswertverbesserung bzw. der Qualitätserhöhung neuer und weiterentwickelter Erzeugnisse nach ökonomisch eindeutigen Kriterien notwendig. So geht es z. B. darum, stets zwischen der Entwicklung der im wesentlichen technisch bestimmten Erzeugnisparameter oder Gebrauchseigenschaften neuer Erzeugnisse und der Effektivitätswirksamkeit dieser neuen Erzeugnisse in der Anwendung und im Export zu unterscheiden. Die Bewertung von Verbesserungen der Gebrauchseigenschaften neuer Erzeugnisse kann nur ein Hilfsmittel oder eine Zwischenstufe zur Lösung des eigentlichen Bewertungsproblems der Qualitäts- bzw. Gebrauchswertverbesserung sein: der Bestimmung des ökonomischen Nutzens der neuen Erzeugnisse.

Wenn diese Zusammenhänge berücksichtigt werden, können den Forschungs- und Entwicklungsarbeiten zur Erzeugnisentwicklung in stärkerem Maße volkswirtschaftlich begründete Effektivitätserfordernisse zugrunde gelegt werden, die mit der Verteidigung und Bestätigung der Pflichtenhefte für wissenschaftlich-technische Aufgaben zu verbindlichen Zielstellungen werden. Daß das für Wissenschaft und Technik eine echte Herausforderung bedeutet, wird unter anderem an folgenden ökonomischen Vorgaben für die Entwicklung neuer Erzeugnisse deutlich, die in Kombinaten des Maschinenbaus und der Elektrotechnik/Elektronik festgelegt werden:

- Qualitätsverbesserung (Erhöhung der entscheidenden Gebrauchseigenschaften) 30–50%
- Senkung des spezifischen Materialeinsatzes um 30–40%
- Senkung der Fertigungszeit im Herstellerbereich um 30–40%
- Erhöhung des Anteils neu- und weiterentwickelter Erzeugnisse am Produktionsausstoß auf über 30%
- Erreichung bedarfsgerechter Stückzahlen im 2. Jahr der Produktionsaufnahme
- Zielstellungen über den Exportanteil und die Exportrentabilität nach dem sozialistischen und nichtsozialistischen Wirtschaftsgebiet
- Vorgaben für die Kostensenkung und für die Preisobergrenze.

Welches sind die *wichtigsten Faktoren*, die den gewachsenen Stellenwert *der Qualität der Produktionsergebnisse für den sozialökonomischen Fortschritt unter den Bedingungen des Übergangs zur umfassenden Intensivierung hervorrufen?*

1. Die veränderten Bedingungen in der Sicherung der Energie- und Rohstoffbasis, gekennzeichnet durch gleichbleibende bzw. nur geringfügig wachsende Energie- und Rohstoffressourcen sowie steigende Reproduktionsaufwände je Einheit Rohstoff und Energie. Ihnen muß vor allem dadurch Rechnung getragen werden, daß das Wirtschaftswachstum im Vergleich zur Entwicklung in den 60er und 70er Jahren in einem wesentlich größeren Ausmaß von der Qualitätsverbesserung und von einem eng damit verbundenen höheren Veredlungsgrad der eingesetzten Rohstoffe getragen wird. Je höher der

Veredlungsgrad der Produktion, desto geringer sind in der Regel nicht nur der Rohstoff- und Energieeinsatz je Einheit Endprodukt, sondern auch die Auswirkungen höherer Energie- und Rohstoffpreise auf die Kosten der weiterverarbeiteten Produkte. Zum Beispiel schlagen sich die höheren Erdölpreise fast voll auf die Kosten für das Heizöl nieder, wogegen die Kosten hochveredelter, auf Erdölbasis hergestellter Spezialplaste nur relativ wenig von den höheren Erdölpreisen beeinflußt werden. Während bei Erzeugnissen mit einem Veredlungsfaktor von 2 (berechnet als Verhältnis der Selbstkosten der Erzeugnisse zum Preis für die zugrunde liegenden Rohstoffe) eine Erhöhung der Rohstoffpreise auf 500% zu einer Erhöhung der Selbstkosten auf das Dreifache führt, würden die Selbstkosten bei Erzeugnissen mit einem Veredlungsfaktor von 100 – bei derselben Erhöhung der Rohstoffpreise – nur auf 104% steigen.

2. Das erreichte hohe Bildungs- und Qualifikationsniveau der Werktätigen, dessen umfassende Nutzung im Reproduktionsprozeß einen höheren Anteil qualifikations- und technologieintensiver Erzeugnisse und ein höheres Tempo der Erneuerung des Produktionssortiments auf Basis des wissenschaftlich-technischen Höchststandes erfordert. Die damit verbundenen Anforderungen beziehen sich auf die wissenschaftlich-technische Produktionsvorbereitung über den unmittelbaren Produktionsprozeß bis zur Marktbearbeitung und dem Service bei der Realisierung und Anwendung der Erzeugnisse. Nur unter diesen Bedingungen ist es möglich, eine solche ökonomische Verwertung qualifizierter Arbeit zu erreichen, daß diese zunehmend auch auf den internationalen Märkten als komplizierte, potenzierte einfache Arbeit anerkannt und in entsprechenden Exportpreisen realisiert wird.

3. Die zunehmende Rolle solcher Entwicklungsrichtungen des wissenschaftlich-technischen Fortschritts, die wie die Mikroelektronik, die Kerntechnik oder die Kosmostechnik sehr hohe Anforderungen an die Qualität der eingesetzten Werkstoffe, Zulieferungen, Maschinen und Anlagen stellen. Je größer der Fortschrittsgrad neuer Technologien bzw. Finalerzeugnisse, desto höher sind in der Regel auch ihre Ansprüche an die Leistungsparameter und an die Zuverlässigkeit aller dazu erforderlichen Komponenten.

4. Die Bedürfnisentwicklung der Bevölkerung, die dazu führt, daß der Bedarf nach Waren höherer Qualität und modischer Attraktivität sowie nach Konsumgütern, die auf den neuesten wissenschaftlich-technischen Erkenntnissen, insbesondere der Mikroelektronik

beruhen, vorrangig wächst. Die Veränderung der Warenstruktur zugunsten von Industriewaren setzt vor allem voraus, daß moderne, hochwertige Konsumgüter in einem größeren Ausmaß produziert und angeboten werden. Deshalb besteht eine wichtige Aufgabe darin, den Anteil wissenschaftlich-technischer und ökonomischer Spitzenleistungen an der Gesamtproduktion von Konsumgütern in den nächsten Jahren beträchtlich zu erhöhen. Hierfür ist es erforderlich, daß die jährlichen Steigerungsraten der Produktion neuentwickelter, hochwertiger Erzeugnisse das Mehrfache der durchschnittlichen Steigerung der Konsumgüterproduktion erreichen.

5. Die höheren Anforderungen, die an das wissenschaftlich-technische Niveau und die Qualität der Exporterzeugnisse sowie die Struktur der Exportproduktion gestellt werden. Sie sind eine entscheidende Voraussetzung für die Vertiefung der sozialistischen ökonomischen Integration, für eine höhere Exportrentabilität sowie überhaupt für die Absatzfähigkeit unter den verschärften Konkurrenzbedingungen auf den internationalen Märkten.

In welchem Maße der *Grad der Qualitätsverbesserung* die volkswirtschaftliche Effektivität erhöht, hängt vor allem von zwei Aspekten ab. Einerseits wäre es vereinfacht, eine direkte Proportionalität zwischen der Verbesserung bestimmter Gebrauchseigenschaften (technisch-ökonomischer Parameter) der Erzeugnisse und der Erhöhung des Anwendereffekts vorauszusetzen. Entscheidend ist vor allem, inwieweit die Qualitätssteigerung auf solche Parameter gerichtet ist, die den Anwenderbedürfnissen entsprechen und die somit auch ökonomisch genutzt werden. Andererseits kann bei der für den Export bestimmten Produktion das objektive Kriterium für die Bewertung des Qualitätsfortschritts neuer Erzeugnisse nicht die Verbesserung gegenüber dem in der eigenen Volkswirtschaft produzierten Vorgängererzeugnis, sondern nur der Stand gegenüber dem fortgeschrittenen internationalen Niveau sein. Für die Effektivität, die mit neuen Erzeugnissen realisiert werden kann, ist entscheidend, inwieweit sie nach Gebrauchswert und Kosten das internationale Niveau bestimmen, diesem Niveau nur entsprechen oder darunter liegen. Das heißt z. B., daß neue für den Export bestimmte Erzeugnisse nur dann zu einem Effektivitätsfortschritt führen, wenn das relative Niveau gegenüber dem international fortgeschrittenen Stand verbessert wird. Daher muß die Qualitäts- oder Gebrauchswertverbesserung in Abhängigkeit vom Ergebnis des internationalen Vergleichs auch unterschiedlich bewertet werden. Bei gleichem relativem Qualitätsfortschritt gegenüber dem jeweiligen Vorgängererzeugnis ist der Qualitätsfortschritt solcher Erzeugnisse, die zum Zeitpunkt ihrer Produktions- und Marktwirksamkeit dem wissenschaftlich-technischen Höchststand entsprechen, objektiv höher zu bewerten als bei solchen Erzeugnissen, die einen Rückstand zum wissenschaftlich-technischen Höchststand aufweisen. Deshalb wird nach den Regelungen zur Anwendung des Preis-Leistung-Verhältnisses für neue und weiterentwickelte Erzeugnisse in der DDR ein geringerer Teil der Qualitätsverbesserung gegenüber dem Vorgängererzeugnis im neuen Preis anerkannt, wenn das neue Erzeugnis einen beträchtlichen Rückstand gegenüber dem international fortgeschrittenen Stand aufweist.

Je kürzer die ökonomische Lebensdauer der Erzeugnisse, je rascher ihr Generationswechsel, desto größer ist das ökonomische Gewicht des Zeitfaktors. Bei der stürmischen Entwicklung auf solchen Gebieten, wie der Mikroelektronik, können zeitliche Rückstände von einem Jahr, teilweise auch von einigen Monaten zu beträchtlichen Einbußen in den Valutaerlösen beim Export führen.[23]

Auf dem X. Parteitag der SED wurde kritisch festgestellt, daß die DDR gegenwärtig „im Export die besten Erlöse mit Qualitätserzeugnissen aus den Vorstufen der Produktion“[24] erzielt, während die weiterverarbeiteten Erzeugnisse dort, wo sie im wissenschaftlich-technischen Niveau zurückgeblieben sind, eine geringe Rentabilität aufweisen.

Für die stärkere Umsetzung von Qualitätsverbesserungen in tatsächliche Effektivitätssteigerung ist es daher wichtig, eine größere Übereinstimmung zu erzielen zwischen dem Veredlungsgrad der Erzeugnisse, ihrem Qualitätsniveau, den technologischen Bedingungen ihrer Herstellung (Kosten) und der Exportrentabilität.

Die höhere Wirksamkeit der Qualität der Produktionsergebnisse als Intensivierungsfaktor in der Industrie der DDR kommt vor allem in folgenden Prozessen zum Ausdruck:

– Entwicklung von Erzeugnissen, die den wissenschaftlich-technischen Höchststand bestimmen oder mitbestimmen (Erzeugnisse mit Gütezeichen „Q“).

[23] Die angeführten Faktoren wirken unterschiedlich auf die Effektivität. Die ersten beiden bestimmen vor allem die *mögliche Effektivitätssteigerung* durch Qualitätsverbesserung (das Effektivitätspotential). Die anderen drei bestimmen vor allem die *Realisierung dieser Möglichkeiten.*

[24] X. Parteitag der SED. Bericht des Zentralkomitees der Sozialistischen Einheitspartei Deutschlands an den X. Parteitag der SED, Berichterstatter: Gen. E. Honecker, a. a. O., S. 53/54.

Von 1970 bis 1984 stieg die Produktion von Erzeugnissen mit dem Gütezeichen „Q“ in der Industrie von 4,7 Mrd. Mark auf 79,1 Mrd. Mark. Ihr Anteil an der prüfpflichtigen Warenproduktion wurde von 9% auf mehr als 31% erhöht.[25] Bis 1985 soll die Produktion von Erzeugnissen mit dem Gütezeichen „Q“ gegenüber 1980 mehr als verdoppelt werden und ein absolutes Volumen von etwa 100 Mrd. Mark erreichen. Eine wichtige Aufgabe beim Übergang zur intensiv erweiterten Reproduktion in der DDR besteht darin, eine noch wirksamere Übereinstimmung zu erzielen zwischen dem hohen Tempo der Vergrößerung der „Q“-Produktion und der Größe der damit erzielten Effekte in der eigenen Volkswirtschaft und im Export.

– Die Erneuerung der Erzeugnisse hat sich auf der Grundlage des wissenschaftlich-technischen Fortschritts in den letzten Jahren beschleunigt. Im Jahr 1983 wurden in den zentral geleiteten Industriekombinaten für etwa 60 Mrd. Mark neuentwickelte Erzeugnisse hergestellt. 1984 waren es 21% der industriellen Warenproduktion.[26] Dabei ist die Situation in den einzelnen Zweigen sehr unterschiedlich. Einige Kombinate erreichten einen Erneuerungsgrad der Produktion von jährlich über 30%, andere aber weniger als 10%.[27] Der Generationswechsel bei mikroelektronischen Erzeugnissen erfolgt größtenteils in einem Zeitraum von weniger als 4 Jahren. Im Kombinat „Carl Zeiss“ Jena wurden im Zeitraum von 5 Jahren, 1976 bis 1980, fast drei Viertel der Produktion erneuert.

Um die Erneuerung der Produktion verstärkt als Instrument der Intensivierung zu nutzen, gilt es vor allem solche Aufgaben zu lösen wie die engere Verbindung zwischen hohen Erneuerungsraten der Erzeugnisse und der Verringerung wissenschaftlich-technischer Rückstände zum internationalen Niveau, stärkere Wirksamkeit eines hohen Erneuerungsgrades auf das Ausmaß der damit erzielten ökonomischen Effekte. Eine wichtige Aufgabe besteht auch darin, die Herstellung traditioneller, gut absetzbarer Erzeugnisse mit der Entwicklung neuer Erzeugnisse so zu verbinden, daß einerseits die not-

[25] Vgl. Statistisches Taschenbuch der DDR 1984, Berlin 1984, S. 54. (Die Angaben beruhen auf der Preisbasis 1980); Neues Deutschland vom 19./20. 1. 1985, S. 3.

[26] G. Mittag, Millionenfache Aktivitäten zur Stärkung der DDR nach der 7. Tagung des ZK, in: Neues Deutschland vom 9. 12. 1983, S. 6.

[27] Vgl. E. Honecker, In kampferfüllter Zeit setzen wir den bewährten Kurs des X. Parteitages für Frieden und Sozialismus erfolgreich fort, Rede auf der 7. Tagung des Zentralkomitees der SED, Berlin 1983, S. 32.

wendige Effektivitätsentwicklung für die weitere Stärkung des Akkumulationspotentials kontinuierlich gesichert wird und andererseits eine systematische Änderung des Produktions- und Exportprofils zugunsten neuer Erzeugnisse, die den wissenschaftlich-technischen Höchststand bestimmen bzw. mitbestimmen und die mit einer günstigen Exportrentabilität langfristig absetzbar sind, erreicht wird.

– Veränderung der Produktionsstruktur zwischen den Zweigen und innerhalb der Zweige zugunsten solcher Erzeugniskomplexe, die besonders technologie- und qualifikationsintensiv sind, die das Effektivitätsniveau und die Leistungsfähigkeit der materiell-technischen Basis der Zukunft bestimmen und die den Bedarfsanforderungen der UdSSR und der anderen RGW-Länder, den Erfordernissen der Industrialisierung der Entwicklungsländer und den Absatzbedingungen in den kapitalistischen Industrieländern entsprechen.

Die Erzeugnisse mit der besten Qualität müssen, entsprechender Bedarf vorausgesetzt, immer mehr auch zu Hauptträgern der quantitativen Produktionsentwicklung werden. In der Direktive zum Fünfjahrplan 1981 bis 1985 ist vorgesehen, daß die Produktion von Erzeugnisgruppen und Zweigen, die einen hohen Veredlungsgrad aufweisen und für den technischen Fortschritt und die Befriedigung neuer Bedürfnisse von großer Bedeutung sind, einen überdurchschnittlich hohen Zuwachs erreichen soll. Bei einer Steigerung der industriellen Warenproduktion der Industrieministerien auf 131% soll das Wachstumstempo unter anderem folgender Erzeugnisgruppen von 1985:1980 überdurchschnittlich sein (vgl. Abb. 5).

– Erhöhung des Veredlungsgrades der Rohstoffe in allen Stufen der Produktion bis zu den Finalerzeugnissen. Das Verhältnis zwischen dem mengenmäßigen Rohstoff-, Energie- bzw. Materialeinsatz und dem zu vergleichbaren Preisen bewerteten Endprodukt sowie die Valutaerlöse je kg Materialeinsatz können als zusammenfassende ökonomische Indikatoren für die Entwicklung des Veredlungsgrades angesehen werden.

Die höhere Veredlung der Produktion wird zunehmend zu einer notwendigen Voraussetzung und zu einem bestimmenden Grundzug des Wirtschaftswachstums in den 80er Jahren. Sie ist langfristig betrachtet der wichtigste Weg, um je Einheit Rohstoffe und Energie ein größeres volkswirtschaftliches Endprodukt für die Befriedigung der konsumtiven und produktiven Bedürfnisse und für den Export herzustellen. Um ein Wachstum des Nationaleinkommens von etwa 4% jährlich zu erreichen, sind in den nächsten Jahren jährliche Ein-

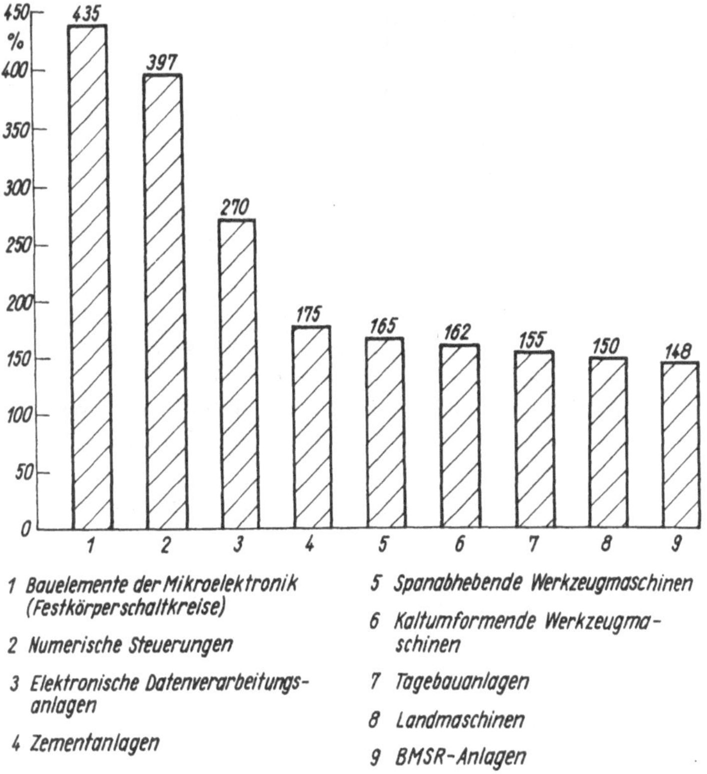

Abbildung 5: Wachstumstempo ausgewählter Erzeugnisgruppen in % (1985:1980)

Quelle: Gesetz über den Fünfjahrplan für die Entwicklung der Volkswirtschaft der DDR 1981–1985 vom 3. Dezember 1981, in: Gesetzblatt der DDR, Teil I, Nr. 35, Berlin, 9. Dezember 1981.

sparungsraten volkswirtschaftlich wichtiger Energieträger, Rohstoffe und Materialien von 5 bis 7 % erforderlich. Solche Einsparungsraten sind über einen längeren Zeitraum nur zu realisieren, wenn es gelingt, den Veredlungsgrad der Produktion wesentlich zu erhöhen.

Dabei geht es um eine qualifikations- und technologieintensive Veredlung, die maximal zur Erhöhung der volkswirtschaftlichen Effektivität beiträgt. Um die Effektivitätspotenzen einer höheren Veredlung voll zu erschließen und für das Wirtschaftswachstum wirksam zu machen, kommt es insbesondere auf die Beherrschung folgender Prozesse und Beziehungen an:

- Die erforderliche Effektivitätswirkung wird nur dann erreicht, wenn mit jeder neuen Verarbeitungsstufe ein dem internationalen Höchststand entsprechender Gebrauchswertzuwachs erreicht wird. Das heißt, es geht immer um die Einheit von höherer Verarbeitung durch zusätzliche Produktionsstufen und Qualitätsfortschritt auf jeder Produktionsstufe.

- Es müssen die Bedingungen dafür gesichert werden, daß sich die Erhöhung des Veredlungsgrades, der sich letztlich im Gebrauchswertzuwachs je Rohstoffeinheit widerspiegelt, wesentlich rascher vollzieht als die Vergrößerung der dazu erforderlichen Gesamtaufwendungen. Das heißt, daß höhere Veredlung mit der Anwendung rationeller Technologien und einer modernen, effektiven Produktionsorganisation verbunden werden muß.

- Höhere Veredlung erfordert den verstärkten Einsatz und die umfassende Nutzung qualifizierter Arbeit und ihre entsprechende Umsetzung in ökonomische Ergebnisse. Mit Hilfe der qualifizierten Arbeit ist stärker die Wirksamkeit auch der anderen Produktionselemente in ihrer dreifachen Einheit planmäßig auszunutzen, d. h. der

1. in wissenschaftlich-technischen Ergebnissen verkörperten qualifizierten Arbeit, wobei es vor allem um die kreativen Fähigkeiten der Werktätigen und deren Nutzung geht;
2. in leistungsfähigen Technologien, Arbeitsmitteln, einschließlich Software und Materialien vergegenständlichten qualifizierten Arbeit und
3. laufenden Verausgabung lebendiger qualifizierter Arbeit im unmittelbaren Produktions- und Zirkulationsprozeß.

Die Verwirklichung dieser Erfordernisse der intensiv erweiterten Reproduktion vollzieht sich in einem komplizierten Prozeß. In den letzten Jahren konnten auf der Grundlage der vom X. Parteitag der SED beschlossenen Wirtschaftsstrategie wichtige Fortschritte erreicht werden. Es bleiben aber noch vielfältige Aufgaben zu lösen.

Es gilt, die Einsparung von Energie, Rohstoffen und Materialien in einem höheren Ausmaß durch grundlegende technologische Veränderungen, wie der Anwendung der Mikroelektronik und qualitativ neuer Verfahren der Höherveredlung der Energieträger und Rohstoffe, zu erzielen. Bei der Einsparung von Arbeitsplätzen ist es notwendig, den Anteil der Effekte aus der Anwendung der Mikroelektronik, der Robotertechnik und anderer moderner Technologien wesentlich zu erhöhen.

Zwischen der Entwicklung des qualitativen Niveaus der verschiedenen Produktionselemente gibt es noch Widersprüche, z. B. zwischen der Qualifikation der Arbeitskräfte und dem technologischen Niveau der Arbeitsplätze, zwischen leistungsfähigen neuen Technologien zur Produktion hoch integrierter mikroelektronischer Bauelemente und den für die Mikroelektronik verfügbaren speziellen Materialien und Hilfsstoffen, zwischen der Herstellung von Erzeugnissen mit höheren Gebrauchseigenschaften und den Bedingungen der tatsächlichen Nutzung dieser höheren Qualität in der produktiven und nichtproduktiven Konsumtion und im Export.

Zur Überwindung dieser Widersprüche kommt es darauf an, die Vorzüge und Triebkräfte des Sozialismus zugunsten der Entwicklung und Nutzung qualitativer Faktoren noch stärker zur Wirksamkeit zu bringen. Eine wichtige Grundlage hierfür bilden die Maßnahmen zur Vervollkommnung der Leitung, Planung und wirtschaftlichen Rechnungsführung (vgl. Abschnitt 4.).

3.3.2. Qualitätsverbesserung und Wirtschaftswachstum

Der grundlegende Zusammenhang zwischen Qualitätsverbesserung und Wirtschaftswachstum besteht darin, daß unter den Bedingungen der intensiv erweiterten Reproduktion die Erhöhung des qualitativen Niveaus der Produktionsergebnisse zunehmend zum Träger und bestimmenden Inhalt des Wirtschaftswachstums wird.

Bei vorwiegend extensiv erweiterter Reproduktion wurde größtenteils die Erweiterung der quantitativen Maßstäbe der Produktion als der eigentliche Inhalt des Wirtschaftswachstums aufgefaßt und die Erhöhung des qualitativen Niveaus der Produktionsergebnisse nicht als sein immanenter, direkter Bestandteil betrachtet. Die Beibehaltung einer solchen Auffassung des Wirtschaftswachstums würde den Erfordernissen des Übergangs zur vorwiegend intensiv erweiterten Reproduktion widersprechen.

Damit ergibt sich die Frage, inwieweit die besondere Hervorhebung der Qualitätsverbesserung der Produktionsergebnisse der bestimmenden Rolle des technologischen Fortschritts gerecht wird, wie sich Erzeugnis- und Prozeßerneuerungen beim Übergang zum intensiven Reproduktionstyp zueinander verhalten.

Eine eindeutige Unterscheidung von Erzeugnis- und Prozeßerneuerungen oder auch von Qualitätsverbesserung der Erzeugnisse und Entwicklung des technologischen Niveaus der Produktion ist nur möglich, wenn der Reproduktionsprozeß statisch zu einem bestimmten Zeitpunkt und in einem bestimmten Betrieb betrachtet wird. Beim beständigen Fluß der Reproduktion und in der Gesamtheit der zur Volkswirtschaft gehörenden Betriebe sind Erzeugnis- und Technologie-(Prozeß-)entwicklung untrennbar miteinander verbunden und gehen teilweise ineinander über.

Soweit die Erzeugniserneuerung Produktionsmittel betrifft, die in der eigenen Volkswirtschaft eingesetzt werden, erfolgt ihre ökonomische Realisierung im Prinzip über die Vervollkommnung des technologischen Niveaus der Produktion in den Bereichen, die diese Produktionsmittel anwenden. Hier ist die Anwendung der Erzeugnisse die materielle Basis für die Prozeßerneuerung. Auf der anderen Seite ist der technologische Fortschritt in vielen Fällen eine unerläßliche Voraussetzung, um neue, leistungsfähigere Erzeugnisse überhaupt herstellen zu können und eine gleichbleibend hohe Qualität zu sichern. Er ist auch erforderlich, um die Effektivitätspotenzen neuer Erzeugnisse über eine hohe Arbeitsproduktivität und niedrige Kosten umzusetzen. Das ist vor allem für den Export der neuen Erzeugnisse wichtig. Noch häufig bleibt der tatsächlich bei der Entwicklung neuer Erzeugnisse erzielte Effektivitätsfortschritt infolge zu geringer Stückzahlen, zu hoher Kosten und zu geringem Anteil am Produktionsvolumen der jeweiligen Wirtschaftseinheit beträchtlich hinter den Möglichkeiten zurück.

Das Wachstum wird auch zukünftig auf der Einheit von quantitativer und qualitativer Entwicklung der Produktionsergebnisse, auf der Einheit von Menge und Qualität beruhen. Jedoch bestehen in verschiedenen Zweigen und bei verschiedenen Erzeugnisarten differenzierte Beziehungen zwischen der quantitativen und qualitativen Entwicklung der Produktion. Der Anteil der qualitativen Verbesserung der Produktionsergebnisse am Wachstum wird in der Regel um so größer sein, je stärker schon bestimmte quantitative Sättigungsgrenzen erreicht worden sind, je höher das Tempo der Erzeugniserneuerung ist und je mehr eine quantitative Erweiterung durch die Verfügbarkeit bzw. mögliche Bereitstellung bestimmter Rohstoffe begrenzt wird.

Die Beziehungen zwischen der qualitativen Vervollkommnung der Erzeugnisse und der quantitativen Erweiterung ihrer Produktion unterscheiden sich auch voneinander in den verschiedenen Phasen des Erneuerungsprozesses eines Erzeugnisses oder einer Erzeugnisgruppe. In der Einführungsphase vollziehen sich die größten Veränderungen in der Erzeugnisqualität, während das Produktionsvolumen noch niedrig ist. In der darauffolgenden Phase schnellen Wachstums verschieben sich die Akzente. Es treten in der Regel keine grundlegenden Qualitätsveränderungen mehr auf (die Weiterentwicklung der Erzeugnisse steht im Vordergrund), während die Produktion mit hohen Zuwachsraten steigt. In den Phasen des schnellen Wachstums und der Reife neu eingeführter Erzeugnisse können auch die größten Effektivitätsgewinne erzielt werden.[28] Die Effektivitätswirkungen grundlegend neuer Erzeugnisse werden um so höher sein, je besser und rascher es gelingt, die Einführungsprobleme zu beherrschen und damit eine stabile Qualität und rationelle Fertigung zu gewährleisten. Damit wird es auch möglich, schon nach relativ kurzer Zeit eine hohe Ausbreitungsgeschwindigkeit der neuen Erzeugnisse, d. h. eine hohe Zuwachsrate bei ihrer Produktion, ihrer Anwendung und bei ihrem Export zu erreichen. Eine wichtige Reserve der Effektivitätsentwicklung besteht darin, den Zeitraum zwischen der Aufnahme der Produktion eines neuen Erzeugnisses und der Erreichung des Produktionsmaximums entsprechend den wesentlich höheren internationalen Maßstäben spürbar zu verkürzen und zu erreichen, daß die national verausgabte Arbeit in stärkerem Maße auch international als gesellschaftlich notwendig anerkannt wird.

Bei den verschiedenen Erzeugnissen können sehr unterschiedliche Beziehungen zwischen quantitativer Erweiterung und Qualitätsverbesserung bestehen. Die Verbesserung der Qualität kann als Substitution für die Quantität wirken, sie kann die quantitative Erweiterung stimulieren und sie kann als Ergänzung zur quantitativen Erweiterung wirksam werden. Welche dieser Beziehungen eintritt, hängt in hohem Maße von der Stellung der jeweiligen Erzeugnisse im Reproduktionsprozeß ab.

Soweit es sich um Werkstoffe, Zulieferteile, Ersatzteile und ähn-

[28] Vgl. hierzu Probleme der Ökonomie, Leitung und Planung volkswirtschaftlich bedeutsamer Neuerungsprozesse, Studientexte der Hochschule für Ökonomie, (als Manuskript gedruckt) Berlin 1983, S. 85ff.

liches – vor allem um den Produktionsverbrauch – handelt, wirkt eine Verbesserung der Qualität (Verringerung des Gewichts durch höhere Werkstoffqualität, Verringerung des Bedarfs an Ersatzteilen durch höhere Zuverlässigkeit und längere Lebensdauer, Einsatz mikroelektronischer Bauelemente anstelle mechanischer Bauteile) sehr stark als Einsparung von Quantität. Unter den Bedingungen einer relativen Verknappung sowie der Verteuerung der Energie- und Rohstoffressourcen spielen diese Substitutionswirkungen der Qualität eine zunehmende Rolle. Sie können auch als Substitution von Energie und Material durch qualifizierte Arbeit, vor allem wissenschaftlich-technische Arbeit, angesehen werden, die insbesondere in neuen, leistungsfähigeren Technologien, Arbeitsmitteln und Materialien vergegenständlicht worden ist.

Bei Konsumgütern können sich aus Qualitätsverbesserungen sehr unterschiedliche Anforderungen an die quantitative Entwicklung ergeben. Eine hohe Qualität kann insbesondere bei Konsumgütern des laufenden Verbrauchs auch die quantitative Nachfrage bedeutend stimulieren. Eine Qualitätsverbesserung im Sinne längerer Lebensdauer, geringerer Störanfälligkeit trägt wiederum dazu bei, den Ersatzbedarf bei langlebigen Konsumgütern zu verringern. Bei neuen Konsumgütern ist in der Regel ein hohes Tempo des Bedarfszuwachses charakteristisch. Die Qualitätsverbesserung von Konsumgütern einschließlich der Entwicklung und Produktion hochwertiger Konsumgüter muß in stärkerem Maße als bisher auch dazu beitragen, die Struktur des Warenfonds in Übereinstimmung mit Tendenzen der Bedürfnisentwicklung und der Verfügbarkeit von Energie- und Rohstoffressourcen zu vervollkommnen, die Proportionalität zwischen Geldeinkommen und Warenfonds besser zu gewährleisten und überhaupt den Konsumtionsprozeß rationeller zu gestalten.

Zusammenfassend ergibt sich, daß nur eine ökonomisch realisierbare Qualitätsverbesserung oder Gebrauchswerterhöhung als Bestandteil des Wirtschaftswachstums aufgefaßt werden kann.

Abschließend soll versucht werden, einige gesetzmäßige Tendenzen und Zusammenhänge der Qualitätsentwicklung beim Übergang zur intensiv erweiterten Reproduktion zu bestimmen.

Der grundlegende Zusammenhang zwischen Qualitätsentwicklung und intensiv erweiterter Reproduktion besteht darin, daß der Stellenwert der Qualitätsverbesserung der Produktionsergebnisse für die Erhöhung der volkswirtschaftlichen Effektivität und für das

Wirtschaftswachstum tendenziell ständig zunimmt. Das gilt vor allem für solche Prozesse, wie die kontinuierliche Verbesserung der Erzeugnisqualität und ihre dauerhafte Sicherung, das raschere Tempo des Erzeugnisumschlags und die höhere Ausbreitungsgeschwindigkeit neuer Erzeugnisse sowie die verstärkte Durchführung von Strukturveränderungen in den Erzeugnisstrukturen innerhalb der Zweige zugunsten höher veredelter technologie- und qualifikationsintensiver Produkte. Der Anteil der Qualitätsverbesserung der Produktion am Wirtschaftswachstum kann als wichtiger Indikator für die beim Übergang zur intensiv erweiterten Reproduktion erreichte Stufe, für den Reifegrad des intensiven Reproduktionstyps angesehen werden.

Die zunehmende Rolle der Qualitätsverbesserung ist insbesondere eng verflochten mit den veränderten Bedingungen der Reproduktion und der Verfügbarkeit an Energie-, Rohstoff- und Materialressourcen. Die zukünftig wesentlich geringeren absoluten Zunahmen an Energie und Rohstoffen sowie die tendenziell stark ansteigenden Reproduktionsaufwendungen je Energie- und Rohstoffeinheit verstärken die Notwendigkeit einer grundlegenden Veränderung der Relationen zwischen Aufkommenszuwachs und Einsparung an Energie und Rohstoffen im Prozeß der Bilanzierung. Je mehr die erweiterte Reproduktion jedoch auf der Einsparung an Energie und Rohstoffen beruhen muß, desto größeres Gewicht erlangt die Qualitätsverbesserung und Veredlung. Sie sind die langfristig bedeutendste Richtung, um diese notwendigen größeren Dimensionen der Einsparung von Energie und Rohstoffen zu ermöglichen.

Ein weiterer gesetzmäßiger Zusammenhang besteht darin, daß mit der Vertiefung und höheren Reife der Intensivierung die wechselseitigen Verflechtungen zwischen der Qualitätsverbesserung der Produktionsergebnisse und den anderen qualitativen Wachstumsfaktoren zunehmend enger und vielfältiger werden. Die Verbesserung der Qualität setzt die weitere Vervollkommnung aller anderen qualitativen Wachstumsfaktoren voraus. Zugleich wird die Qualitätsentwicklung immer mehr zu einer entscheidenden Bedingung, um die qualitativen Wachstumsfaktoren tatsächlich ökonomisch zu nutzen und zu realisieren.

Die Qualitätsentwicklung beim vorwiegend intensiven Reproduktionstyp unterscheidet sich wesentlich von der Qualitätsentwicklung beim vorwiegend extensiven Reproduktionstyp.

Beim vorwiegend extensiven Reproduktionstyp ist das Tempo

der Qualitätsentwicklung relativ gering; das Wirtschaftswachstum vollzieht sich vorwiegend über eine mengenmäßige Erweiterung der Produktionsergebnisse.

Beim vorwiegend intensiven Reproduktionstyp erfährt die Qualitätsentwicklung eine wesentliche Beschleunigung; das Wirtschaftswachstum vollzieht sich auf der Grundlage einer engeren Verflechtung zwischen mengenmäßiger Erweiterung und qualitativer Vervollkommnung der Produktionsergebnisse. Je stärker die intensiv erweiterte Reproduktion ausgeprägt wird, desto mehr muß die Erhöhung der Qualität, einschließlich der höheren Veredlung und der Vervollkommnung der Produktionsstruktur, den Inhalt und die Wirkungen des Wachstums bestimmen.

Bei vorwiegend extensiver Reproduktion vollzieht sich die Herausbildung neuer Erzeugnisse und Strukturelemente vor allem durch die Erweiterung des vorhandenen Produktionssortiments, durch das Hinzufügen neuer Strukturelemente.

Bei vorwiegend intensiv erweiterter Reproduktion muß sich die Herausbildung neuer Erzeugnisse und Strukturelemente vor allem über die Erneuerung des Vorhandenen, über einen stärkeren Umschlag des Erzeugnissortiments (Aufnahme neuer Erzeugnisse und gleichzeitiges Einstellen der Produktion veralteter Erzeugnisse) vollziehen. Diese Art der Strukturentwicklung, bei der die einfache und erweiterte Reproduktion enger miteinander verflochten sind, muß zukünftig wesentlich verstärkt werden.

3.4. Effektivitätssteigerung durch sozialistische ökonomische Integration

Die veränderten Reproduktionsbedingungen der 80er Jahre erfordern, daß die Zusammenarbeit zwischen den Mitgliedsländern des RGW auf eine neue Stufe gehoben wird. Das gilt insbesondere für die Beschleunigung des wissenschaftlich-technischen Fortschritts und der damit verbundenen Strukturveränderungen. Die Lösung dieser Aufgaben setzt voraus, die sozialistische ökonomische Integration selbst in stärkerem Maße auf vorwiegend intensive Faktoren umzustellen und sie enger mit den Intensivierungsprozessen der nationalen Volkswirtschaften zu verbinden.

Dabei wird die Wirksamkeit der sozialistischen ökonomischen

Integration, ihre Einstellung auf die mit dem Übergang zur Intensivierung verbundenen Erfordernisse, die Weiterentwicklung ihrer Formen und Methoden jedoch auch wesentlich dadurch beeinflußt, wieweit die nationalen Volkswirtschaften selbst im Prozeß der umfassenden Intensivierung vorankommen, wie sie insbesondere die Leitung, Planung und wirtschaftliche Rechnungsführung entsprechend vervollkommnen und dadurch aktive Positionen zur stärkeren Nutzung der sozialistischen ökonomischen Integration als Intensivierungsfaktor einnehmen. Darin besteht ein Kernproblem, denn die veränderten außenwirtschaftlichen Bedingungen der 70er und 80er Jahre stehen letztendlich in starkem Maße mit den Lösungswegen, dem Stand, aber auch den Entwicklungsproblemen des Übergangs zur umfassenden Intensivierung im Zusammenhang. Letztere bedingen eine Vielzahl von neuen Erscheinungen bei konkreten außenwirtschaftlichen Prozessen, ohne daß diese vollständig darauf zurückzuführen sind. Es kommt deshalb darauf an, bei der weiteren Entwicklung der sozialistischen ökonomischen Integration umfassender von den Maßstäben des intensiven Reproduktionstyps auszugehen.

3.4.1. Sozialistische ökonomische Integration und intensiver Reproduktionstyp

Die Entwicklung der sozialistischen ökonomischen Integration wird in den 80er Jahren hauptsächlich durch die Aufgabe bestimmt, im Reproduktionsprozeß der Volkswirtschaft Bedingungen für eine stärkere Herausbildung qualitativer Faktoren des Wirtschaftswachstums zu schaffen. Hiermit sind entsprechende Anforderungen an die Intensivierung des Integrationsprozesses selbst verbunden, an die höhere Wirksamkeit seiner Instrumente und Maßnahmen. Wie schnell und umfassend diesen Erfordernissen in der Wirtschaftspraxis entsprochen werden kann, hängt im hohen Maße davon ab, wie das praktische Handeln noch konsequenter auf die neuen Aufgaben orientiert und der tatsächliche Bewegungsspielraum für umfassende Maßnahmen der Intensivierung erweitert wird. Das wiederum hängt wesentlich von weiteren Vervollkommnungen der Leitung, Planung und wirtschaftlichen Rechnungsführung sowohl im Rahmen der einzelnen Länder als auch der sozialistischen ökonomischen Integration ab.[29]

[29] Vgl. dazu Abschnitt 4.

Deshalb ist eine qualitativ neue Stufe in der Zusammenarbeit zwischen den Mitgliedsländern des RGW eine entscheidende Voraussetzung, um die Volkswirtschaften aller Bruderländer schneller und störungsarmer auf die veränderten Reproduktionsbedingungen einzustellen.

In den Materialien und Beschlüssen der Parteitage der kommunistischen und Arbeiterparteien der RGW-Länder sind deshalb eindeutige Festlegungen enthalten, daß der strategische Kurs zur Intensivierung und Steigerung der Effektivität über eine konsequente Vertiefung der sozialistischen Integration verwirklicht werden kann und muß. Richtungsweisend dafür sind die Beschlüsse der Wirtschaftsberatung der Mitgliedsländer des RGW auf höchster Ebene im Jahre 1984.[30] Gerade angesichts der Tatsache, daß die komplizierten Aufgaben der Intensivierung unter Bedingungen gelöst werden müssen, die in der zweiten Hälfte der 70er Jahre sich aus außenwirtschaftlicher Sicht schwieriger gestaltet haben, ist ein koordiniertes und gemeinsames Herangehen aller RGW-Länder besonders wichtig.

Für alle europäischen RGW-Länder kann, trotz bestimmter Unterschiede im technischen und wirtschaftlichen Niveau sowie mehr oder weniger spezifischer Probleme, als generelle Schlußfolgerung verallgemeinert werden: die Wirkung der sozialistischen ökonomischen Integration wird in allen Ländern daran gemessen, wie sie ihren Beitrag zur Lösung der technischen, technologischen, strukturellen und wirtschaftsorganisatorischen Intensivierungsaufgaben erhöht.

Für die jeweils konkreten Lösungswege ist es außerordentlich wichtig, die Orientierung auf die umfassende Intensivierung als Kernproblem zu erkennen und durchzusetzen. Das gilt insbesondere in bezug auf die Einschätzungen zu den Veränderungen, die in den äußeren Bedingungen des Wirtschaftswachstums eingetreten sind, zu ihren unmittelbaren Ursachen und wie sie mit den jeweiligen Prozessen und Faktoren der nationalen Wirtschaften im letzten Jahrzehnt verbunden waren.

Für alle RGW-Länder, die den Hauptteil bzw. einen bedeutenden Teil ihrer Energie- und Rohstoffbedürfnisse durch den Import befriedigen, kamen z. B. in der zweiten Hälfte der 70er Jahre in den

[30] Vgl. Erklärung über die Hauptrichtungen der weiteren Entwicklung und Vertiefung der ökonomischen und wissenschaftlich-technischen Zusammenarbeit der Mitgliedsländer des RGW, in: Neues Deutschland vom 16./17. Juni 1984, S. 5/6.

wertmäßigen Austauschrelationen im Außenhandel höhere Importaufwendungen zum Tragen. Ihre Auswirkungen auf die einzelnen Volkswirtschaften wurden vor allem dadurch beeinflußt, wie schnell und umfassend sich diese auf veränderte Reproduktionsbedingungen, darunter die raschere Einsparung von Ressourcen, einstellten. Dabei wurden durch die sozialistische ökonomische Integration in bestimmtem Maße negative Auswirkungen der „Preisexplosion“ auf dem kapitalistischen Weltmarkt abgeschwächt. Die im Verhältnis zum Weltmarkt niedrigeren Erdölpreise der UdSSR erleichterten z. B. in der zweiten Hälfte der 70er Jahre die Umstellungsprozesse in den nationalen Volkswirtschaften. Gleichzeitig wirkte sich auch die Krise in den kapitalistischen Industrieländern, die Inflation und Instabilität ihrer Valutabeziehungen in einem bestimmten Maße auf die Exportmöglichkeiten der RGW-Länder aus. Zu berücksichtigen ist auch, daß sich die Diskriminierung in der Handelspolitik und der ökonomische Druck einiger kapitalistischer Staaten gegenüber der sozialistischen Staatengemeinschaft verstärkten.

Obwohl das alles von nicht geringem Einfluß auf die außenwirtschaftlichen Bedingungen war, besteht jedoch die tiefere, langfristig wirkende Ursache für die Veränderungen in der Außenwirtschaft darin, daß die Notwendigkeit objektiv herangereift ist, zur umfassenden Intensivierung des gesamten volkswirtschaftlichen Reproduktionsprozesses überzugehen. Die Konsequenz ist, daß alle RGW-Länder die Anstrengungen zur Lösung entstehender Intensivierungsprobleme weiterhin verstärken, wie z. B. zur Senkung der spezifischen Materialaufwendungen, zur Erhöhung der Qualität und des technischen Niveaus von Erzeugnissen (insbesondere der Investitionsgüterindustrie), zur Sicherung der erforderlichen Investitionskraft, zur Überwindung von Bilanzdefiziten und Disproportionen in der Entwicklung einzelner Zweige.

Alles das muß letztlich zur Verbesserung der Wettbewerbsfähigkeit auf den internationalen Märkten führen; denn unter den Bedingungen der 80er Jahre ist eine hohe Effektivität der Exporte eine entscheidende Grundlage dafür, daß real hohe Tempi des Wirtschaftswachstums erreicht werden können.

Die umfassende Intensivierung des volkswirtschaftlichen Reproduktionsprozesses stellt qualitativ neue Anforderungen an die gegenseitigen Exporte der Mitgliedsländer des RGW. Diese werden vor allem dadurch charakterisiert, daß die Exportgüter bedarfsgerecht und in hoher Qualität produziert werden; einem ständigen Erneuerungsprozeß unterliegen und den Einsatz neuer Technologien und Verfahren beim Anwender wirksamer unterstützen. Das bedeutet, daß die Exporterzeugnisse den Intensivierungsprozeß beim Anwender auch dadurch fördern, daß sie ihm höchste Effektivität garantieren, d. h. die Möglichkeit eröffnen, rationeller, sparsamer, kostengünstiger produzieren zu können.

Wichtig dafür ist, daß die Exporterzeugnisse selbst effektiver hergestellt werden und flexibler auf Veränderungen in den Bedarfsanforderungen reagiert wird. Umfassende Intensivierung heißt für den gegenseitigen Export, stärker zu berücksichtigen, daß die Effektivität der Produktion sich erst im Absatz und in der Konsumtion realisiert (der Export also erst mit dem Valutaeingang ökonomisch wirksam wird) und ständig neu reproduziert werden muß. Umfassende Intensivierung erfordert, alle Möglichkeiten für die Steigerung des gegenseitigen Handels zu nutzen. Das dient der effektiveren Nutzung des Produktions- und wissenschaftlich-technischen Potentials der Bruderländer, der Verbesserung der Arbeits- und Lebensbedingungen und damit der intensiv erweiterten Reproduktion. Konsequent auf die gegenseitigen Erfordernisse der umfassenden Intensivierung ausgerichtete Exportstrategien sind ein bestimmender Faktor für eine hohe Dynamik der Zusammenarbeit zwischen den Mitgliedsländern des RGW in den 80er Jahren.

Analysen zeigen, daß die Senkung des spezifischen Produktionsverbrauchs auf der Grundlage neuer Erzeugnisse und Technologien ein Schwerpunktproblem der umfassenden Intensivierung für alle RGW-Länder darstellt. Hier kommt es darauf an, die Möglichkeiten der sozialistischen ökonomischen Integration noch wirksamer zu nutzen, denn ein materialaufwendiges Produktionswachstum führt bei Verteuerungen von Roh- und Brennstoffen zu wachsenden Entwicklungsproblemen für die Dynamik und die Effektivität der gesellschaftlichen Produktion.[31] Gegenwärtig erfolgt das Wachstum des

[31] Am Beispiel der VRB mit einem niedrigen Niveau der Selbstversorgung (78% der Energiebilanz und in noch höherem Maße der Rohstoffbilanz wird durch Importe gesichert) zeigten sich diese Probleme wie folgt:
Brennstoffe, Rohstoffe und Metalle betrugen 1980 48,2% des Importes. Aufgrund der schnell steigenden Roh- und Brennstoffpreise und der relativ hohen Material- und Energieintensität der Produktion erhöhte sich die Importintensität des Nationaleinkommens – bezogen auf die Brenn- und Rohstoffe sowie Metalle – von 8% im Jahre 1970 auf 19,5% im Jahre 1980. Die Aufwendungen an Brennstoffen und Energie je Einheit Nationaleinkommen

Endprodukts noch bei einer zunehmenden bzw. bestenfalls unveränderten Materialintensität – mit Ausnahme der DDR. In der Mehrzahl der RGW-Länder stieg der Produktionsverbrauch bisher im gleichen oder in einigen Fällen im höheren Maße als das Nationaleinkommen. Ein Schlüsselproblem besteht deshalb in der bedeutend größeren spezifischen Einsparung von Material und der Senkung der Materialkosten als dauerhafter Prozeß. Eine wichtige Voraussetzung dafür sind die Erhöhung der Qualität und des technologischen Niveaus der Erzeugnisse (insbesondere der Exporterzeugnisse) und entsprechende Veränderungen in der Struktur der Produktion und des Exports. Berechnungen für die VRB[32] ergaben, daß eine jährliche Senkung des Energieaufwandes um 10% und der Materialien insgesamt um 2,4% notwendig wäre, um allein die Verteuerung des Materialverbrauchs durch die Importpreise zu kompensieren.

Die Analyse von Erfahrungen der sozialistischen ökonomischen Integration im letzten Jahrzehnt, ihrer Ergebnisse, aber auch der noch ungelösten Probleme zeigt, daß in der Entwicklung der sozialistischen ökonomischen Integration noch bedeutende Reserven für den raschen Übergang der Volkswirtschaften der europäischen RGW-Länder auf den intensiven Entwicklungsweg liegen.

Eine maximale Mobilisierung aller Intensivierungsfaktoren, einschließlich der besseren Nutzung des Zeitfaktors und damit die Überwindung der gegebenen Begrenzungen an Ressourcen in den jeweiligen Volkswirtschaften, die Ausbilanziertheit der Wirtschaftspläne kann nur erreicht werden durch die weitere Vertiefung der sozialistischen ökonomischen Integration und ihr qualitativ höheres Niveau. Das gilt sowohl für die Zusammenarbeit auf dem Gebiet der Wissenschaft, Technik, Technologie, Konzentration und Spezialisierung als auch der Struktur, der Investitionen und des Außenhandels. Dabei stellt die Notwendigkeit zur beschleunigten Durchsetzung des wis-

stiegen in der Periode 1976 bis 1980 auf das Zweifache. Besondere Aufmerksamkeit verdient der Umstand, daß die hohe Materialintensität im Prinzip auch für spezialisierte Erzeugnisse charakteristisch ist. Durchgeführte Berechnungen mit Hilfe der Verflechtungsbilanz 1980 im Institut für Ökonomie der bulgarischen AdW zeigen, daß wichtige Exportzweige und -erzeugnisse des Maschinenbaus, die sich auf der Grundlage der internationalen Spezialisierung entwickeln, insgesamt eine höhere Metallintensität aufweisen als der Durchschnitt im Maschinenbau.

32 Durchgeführt vom Institut für Ökonomie bei der bulgarischen Akademie der Wissenschaften.

senschaftlich-technischen Fortschritts folgende zusätzliche Anforderungen:

1. Die absolut hohen und wachsenden Vorleistungen für wichtige Grundrichtungen von Wissenschaft und Technik und das rasche Tempo der Neuerungsprozesse bedingen, daß die sozialistischen Staaten bei der Sicherung der notwendigen Vorleistungen enger zusammenarbeiten. Vor allem bedeutet das eine stärkere Konzentration und Kooperation auf wissenschaftlich-technischem Gebiet.

2. Sowohl die Dynamik in Wissenschaft und Technik als auch in der Bedürfnisentwicklung führt zu relativ schnellen Veränderungen in der Nomenklatur und im Sortiment der Erzeugnisse. Dadurch wird die Flexibilität zu einer wichtigen Aufgabe, die durch die internationale Spezialisierung und Kooperation unterstützt werden muß.

Alle Formen und Instrumente der sozialistischen ökonomischen Integration müssen dazu genutzt werden, koordinierte und gemeinsame Lösungen dieser Probleme zu sichern. Dabei nimmt die konsequentere Einstellung der internationalen Spezialisierung und Kooperation der Produktion auf die neuen Bedingungen einen wichtigen Platz ein.

Es geht vor allem darum, optimale Stückzahlen zu sichern, um ein höheres technisches Niveau und einen schnelleren Erneuerungsprozeß zu erreichen. Im Maschinenbau der RGW-Länder werden bis zu 60 und 70% der Erzeugnisnomenklatur in der Welt produziert. Hierbei handelt es sich zwar um standardisierte Produktion, die aber oft nicht in optimalen Serien hergestellt wird. Die Vorzüge aus der internationalen Spezialisierung kommen nicht immer voll zur Geltung. Teilweise erfolgt die „spezialisierte" Produktion faktisch als Nebenproduktion. Die Produktion ist nicht immer in spezialisierten Betrieben organisiert, es werden zu wenig Spezialausrüstungen eingesetzt und der Konzentrationsgrad ist noch zu niedrig. Das trifft oft auch auf die Forschung und Entwicklung zu.

In der gegenwärtigen Etappe der Intensivierung kommt es darauf an, mit Hilfe der sozialistischen ökonomischen Integration einen neuen Schritt bei der Verbindung der Vorzüge des Sozialismus mit den Errungenschaften der wissenschaftlich-technischen Revolution zu tun. Damit Wissenschaft und Technik den notwendigen Vorlauf für die Erschließung neuer Effektivitätsquellen sichern, muß die sozialistische ökonomische Integration Bedingungen schaffen, daß neue Erzeugnisse, Verfahren und Technologien beschleunigt und mit genügender Breite durchgesetzt werden. Höchste Effektivität setzt vor allem voraus, daß die neuen Erzeugnisse die erforderliche Qualität aufweisen, energie- und materialsparend sind und im Export gut und mit hoher Rentabilität abgesetzt werden können.

Das bedeutet, auch eine neue Qualität beim Wirksamwerden der sozialistischen ökonomischen Integration als Intensivierungsfaktor zu erreichen. Bewährte Formen, wie die Spezialisierung und Kooperation, sind deshalb schneller und weiterzuentwickeln, vor allem die Spezialisierung auf Einzelteile, Baugruppen und Technologien. Sie ermöglicht relativ hohe Steigerungsraten der Effektivität, weil sie einen hohen Grad der Standardisierung und Vereinheitlichung bedingt und zur Beschleunigung des wissenschaftlich-technischen Fortschritts beiträgt. Das wird insbesondere durch die Konzentration der einzelnen Länder auf Baugruppen und Einzelteile sowie auch durch die gemeinsame Organisation von Forschungs- und Konstruktionsarbeiten gewährleistet.

Ihre großen Effektivitätspotenzen werden durch eine Reihe von Beispielen, so die Erfahrungen mit der Kooperation beim sowjetischen Pkw „WAS“, bestätigt. Jedoch bestehen gerade bei der gemeinschaftlichen Organisation einer breiten Skala typisierter und vereinheitlichter Baugruppen und Einzelteile noch wesentliche Reserven, um ein erweitertes Erzeugnisprofil bedarfsgerecht und zu niedrigen spezifischen Aufwendungen anbieten zu können. Gegenwärtig entfallen auf Baugruppen und Einzelteile mehr als 40% des Austauschs von Maschinenbauerzeugnissen zwischen den industriell entwickelten kapitalistischen Ländern. Die planmäßige Erschließung dieser Reserven ist von besonders großer Bedeutung, um die gemeinsamen Anstrengungen der RGW-Länder bei der Einführung und Anwendung solcher technologischer Neuerungsprozesse wie der Mikroelektronik zu verstärken.

Dazu ist es notwendig, die wissenschaftlich-technische Zusammenarbeit und die Spezialisierung der Produktion enger miteinander zu verbinden[33] und beide zusammen aktiver auf die Konstruktion, Einführung und Produktion von Erzeugnissen zu orientieren, die einen hohen Beitrag zur Effektivitätssteigerung leisten. Das betrifft vor allem die raschere Erweiterung der Produktion von ressourcensparenden

[33] In vielen Fällen umfaßte noch bis in die letzte Zeit die Spezialisierung bereits vorhandene Erzeugnisse. Infolgedessen war auch die wissenschaftlich-technische Zusammenarbeit der Mitgliedsländer des RGW nicht genügend mit den Maßnahmen zur Spezialisierung und Kooperation verbunden.

Ausrüstungen. Das bedeutet, daß insbesondere die Erzeugnisse des Maschinenbaus noch stärker auf die Lösung einer der wichtigsten Intensivierungsaufgaben, die Einsparung von Ressourcen, orientiert werden müssen. Dabei kommt es auch auf eine engere Verbindung zwischen dem Maschinenbau und dem Energie- und Rohstoffkomplex an. Der wissenschaftlich-technischen Zusammenarbeit, Spezialisierung und Kooperation auf dem Gebiet des Maschinenbaus und der Elektrotechnik/Elektronik kommen deshalb wachsende Bedeutung zu.

Spezialisierung, Kooperation, wissenschaftlich-technische Zusammenarbeit und alle übrigen Formen und Instrumente der sozialistischen Integration müssen auf ein hohes Niveau der technologischen und strukturellen Umgestaltung der Produktion ausgerichtet sein. Darin besteht eine grundlegende Anforderung an die weitere Ausgestaltung der sozialistischen ökonomischen Integration in der gegenwärtigen Etappe. Damit wird zugleich einem gewissen Beharrungsvermögen einzelner Betriebe entgegengewirkt, das sich u. a. darin zeigt, daß auf bestimmten Gebieten noch immer nach Wegen gesucht wird, um den Bedarf vorwiegend durch Schaffung neuer Produktionskapazitäten zu decken, anstatt konsequent den spezifischen Aufwand zu senken.

Die Beschleunigung des wissenschaftlich-technischen Fortschritts und die schnellere Einführung material-und fondssparender Technologien, die auch die Importbedürfnisse an Rohstoffen und Energieträgern relativ verringern, ist ebenfalls der Schlüssel, um die Struktur des gegenseitigen Warenaustauschs zwischen den RGW-Ländern ausgeglichener zu gestalten und damit den Bewegungsspielraum für seine Dynamik zu erweitern. Diese Struktur wird vor allem von zwei Warengruppen stark beeinflußt, den Maschinen und Ausrüstungen sowie den Brenn-, Rohstoffen und Metallen. Im Jahre 1982 betrugen beim Export der RGW-Länder (ohne UdSSR) im Rahmen des RGW die Maschinen 40 bis 64%; auf die Brenn-, Rohstoffe und Metalle entfielen 4 bis 14%. Beim Export der Sowjetunion in andere RGW-Länder betrug die erste Gruppe 23% und die zweite 53%. Diese Struktur erwies sich gerade unter den gegenwärtig gegebenen Reproduktionsbedingungen als vorteilhaft, weil sie es ermöglichte, daß die nationalen Export-Import-Beziehungen relativ störungsarm realisiert werden. Jedoch können sich unter dem Einfluß der oben genannten Veränderungen in den wertmäßigen Austauschrelationen des Außenhandels zeitweilige Schwierigkeiten bei der Bilanzierung entwickeln. Die Veränderungen in den Austauschrelationen betreffen diese beiden Warengruppen besonders stark. So würde die wachsende Importintensität des Nationaleinkommens in bezug auf die Roh- und Brennstoffe[34] unter Beibehaltung vorwiegend extensiver Formen der Ressourcennutzung dazu führen, daß die Dynamik des gegenseitigen Warenaustauschs beeinträchtigt wird.[35] Damit bestätigt sich die Schlußfolgerung, daß bei der weiteren Ausgestaltung der sozialistischen ökonomischen Integration im Vordergrund steht, alle Möglichkeiten zur Erhöhung des Intensivierungsgrades in den nationalen Volkswirtschaften zu mobilisieren, was schließlich zu Veränderungen in der Struktur des gegenseitigen Warenaustauschs zwischen den RGW-Ländern führen wird.

Die wichtigsten Aufgaben sind also auch hier die technologische und strukturelle Umgestaltung der Produktion in Richtung umfassender Intensivierung und die Mobilisierung aller Potenzen, die die sozialistische ökonomische Integration für ihre Lösung bietet.

Um die Zusammenarbeit auf eine neue Stufe zu heben, stehen vor der Vervollkommnung der Leitung, Planung und ökonomischen Stimulierung des Integrationsprozesses folgende Aufgaben:

– Die Koordinierung der Volkswirtschaftspläne wird das Hauptinstrument sein, um die Wirtschaftspolitik auf den mit der gegenseitigen Zusammenarbeit verbundenen Gebieten abzustimmen und stabile wirtschaftliche und wissenschaftlich-technische Beziehungen zwischen den Mitgliedsländern des RGW herauszubilden. Sie ist auf die Lösung der vorrangigen Aufgaben zu konzentrieren, d. h. vor allem auf die Hauptrichtungen der Spezialisierung der Mitgliedsländer des RGW in der sozialistischen internationalen Arbeitsteilung, auf Maßnahmen zur Erhöhung der gegenseitigen Lieferungen von wichtigen Waren, auf die Hauptproportionen und die Struktur des gegenseitigen Warenaustauschs und die Objekte der Zusammenarbeit in der Produktion.[36]

[34] Der Autor nimmt prognostisch eine reale Erdölpreiserhöhung von jährlich 3% für den Zeitraum 1985–2000 an. Vgl. zu dieser Frage R. Adreasjana, Ėnergetičeskij aspakt razvitija i problema cen na neft, in: Mirovaja ėkonomika i meždunarodnye otnošenija, Moskva, 1/1984, S. 66.

[35] Die übrigen Warengruppen (z. B. Konsumgüter — Lebensmittel und industrielle Konsumgüter) waren bisher nicht in der Lage, eine spürbar kompensierende Rolle zu spielen.

[36] Erklärung über die Hauptrichtungen der weiteren Entwicklung und Vertiefung der ökonomischen und wissenschaftlich-technischen Zusammenarbeit der Mitgliedsländer des RGW, in: Neues Deutschland vom 16./17. Juni 1984, S. 5/6.

– Fortschritte in der weiteren Spezialisierung der Produktion sind im starken Maße davon abhängig, wie die Produktionskooperation breit entwickelt wird und Direktbeziehungen zwischen Vereinigungen, Betrieben und Organisationen der beteiligten Länder hergestellt werden. Hierin besteht eine wichtige Richtung zur Vervollkommnung des Mechanismus der ökonomischen Zusammenarbeit und zur Erhöhung ihrer Effektivität. Das gilt insbesondere für das direkte Zusammenwirken in Wissenschaft, Technik, materieller Produktion und im Investbau. Dabei besteht das Ziel in einer vollständigen Verbindung der wissenschaftlich-technischen mit der Produktionszusammenarbeit und der Einbeziehung des gesamten Zyklus von der Wissenschaft und Technik bis zur Anwendung.

– Es geht darum, in internationalen Wirtschaftsorganisationen und gemeinsamen Betrieben die wirtschaftliche Rechnungsführung voll durchzusetzen. Dazu sind wirksamere Ware-Geld-Beziehungen erforderlich, so ist insbesondere die Funktion des transferablen Rubels weiter auszugestalten. Das bedeutet auch, die Preise konsequenter zu nutzen, um neue Erzeugnisse zu stimulieren und die Produktion veralteter Erzeugnisse einzuschränken bzw. einzustellen.

– Die Leitung, Planung und wirtschaftliche Rechnungsführung auf der Ebene der nationalen Volkswirtschaften muß ebenfalls wirksamer auf einen aktiven Beitrag zur Weiterentwicklung der sozialistischen ökonomischen Integration, insbesondere der Spezialisierung und Kooperation orientieren.

– Die Ausarbeitung eines gemeinsamen Komplexprogramms des wissenschaftlich-technischen Fortschritts für 15 bis 20 Jahre wird zur Grundlage für die Erarbeitung einer abgestimmten und auf einigen Gebieten auch einheitlichen wissenschaftlich-technischen Politik werden.[37] Damit sollen die wichtigsten wissenschaftlich-technischen Aufgaben durch gemeinsame Anstrengungen schnellstmöglich gelöst und zu gegenseitig vorteilhaften Bedingungen in den interessierten Ländern in die Praxis übergeleitet werden.

Die Ende der 70er Jahre beschlossenen langfristigen Zielprogramme der Zusammenarbeit, die zweiseitigen langfristigen Programme zur Spezialisierung und Kooperation der Produktion bis 1990, die Beschlüsse der RGW-Tagungen und mehrseitigen Generalabkommen über die Spezialisierung und Kooperation sowie die Beschlüsse der Wirtschaftsberatung der Mitgliedsländer des RGW auf höchster

[37] Ebenda, S. 5.

Ebene im Jahre 1984 widerspiegeln in ihrer Gesamtheit die Konzeption der RGW-Länder zur Entwicklung der Integrationsprozesse und zur intensiven Entfaltung der internationalen Spezialisierung.

Von großer Bedeutung für die wissenschaftlich-technische Entwicklung in allen RGW-Ländern sind solche Abkommen, wie über die mehrseitige Spezialisierung und Kooperation bei der Entwicklung und Produktion neuer Mittel der Rechentechnik (1981–85 erreichten hierbei die gegenseitige Lieferungen 15 Mrd. Rubel, wobei der Einführung von Klein-EDV-Anlagen große Aufmerksamkeit gewidmet wird), über die Spezialisierung und Kooperation bei der Produktion von Kernkraftwerksausrüstungen (wobei das Volumen der gegenseitigen Lieferungen im Jahre 1990 10 Mrd. Rubel erreichen soll); über die Zusammenarbeit bei der Entwicklung von Methoden zur tieferen Spaltung des Erdöls und der Produktion von Ausrüstungen für die Weiterverarbeitung von Erdöl, über die Schaffung einer einheitlichen, abgestimmten Bauelementebasis der Elektronik, über die Entwicklung der Mikroprozessorentechnik, über die Produktion von Robotern.

Diese Vereinbarungen sind eine wichtige Grundlage, um die Produktionskooperation breit zu entwickeln, die innerzweigliche Struktur weiter auszugestalten und zu verändern und insgesamt den wissenschaftlich-technischen Fortschritt zu beschleunigen. Damit wachsen die Effektivitätspotenzen der sozialistischen ökonomischen Integration, erhöhen sich aber zugleich auch die Anforderungen an die Qualität und das technische Niveau der gegenseitigen Lieferungen von Bauelementen, Baugruppen und Einzelteilen sowie an die exakte Einhaltung der Lieferverpflichtungen.

Die Realisierung und weitere Ausgestaltung dieser Maßnahmen ist ein Schlüsselproblem, um mit Hilfe der sozialistischen ökonomischen Integration die strukturellen und technologischen Umgestaltungen der 80er Jahre erfolgreich zu bewältigen.

3.4.2. Neue Effektivitätsquellen durch sozialistische ökonomische Integration

Die sozialistische ökonomische Integration beeinflußt die Effektivität und das Wirtschaftswachstum langfristig hauptsächlich durch höhere Wirksamkeit der Produktionselemente. Grundlage dafür sind die von ihr bewirkten Veränderungen in der quantitativen und qualitativen Verfügbarkeit über wichtige Ressourcen, in der Struktur und in den Proportionen der Volkswirtschaft. Die sozialistische ökonomische Integration schafft damit Bedingungen, um die Wachstumsfaktoren der jeweiligen Volkswirtschaft komplexer und intensiver zu nutzen. Sie wird auf immer mehr Gebieten zu einer notwendigen Voraussetzung, um die Potenzen der Intensivierungsfaktoren, insbesondere des wissenschaftlich-technischen Fortschritts, tatsächlich ausschöpfen zu können. Ihre Einflußnahme auf die Effektivitätssteigerung beruht also darauf, daß sich im realen Reproduktionsprozeß eine Verschmelzung der äußeren und inneren Faktoren vollzieht.[38]

Die sozialistische ökonomische Integration verändert sowohl die volkswirtschaftlichen Strukturen und Grundproportionen als auch die innerzweiglichen, innerbetrieblichen und produktionstechnologischen Beziehungen. Ihre Wirksamkeit als Intensivierungsfaktor ist um so stärker, je mehr sie die genannten Strukturen durch ressourcensparende technische und technologische Lösungen verändert. Sie ist also vor allem daran zu messen, wie sie die Erfüllung folgender Aufgaben vorantreibt:[39]

– Die beschleunigte Umstellung der Wirtschaft auf den intensiven Entwicklungsweg und die Steigerung ihrer Effektivität. Das bedeutet, den Einfluß auf die Vervollkommnung der Struktur der gesellschaftlichen Produktion, die rationelle Nutzung der materiellen Ressourcen und des gesellschaftlichen Arbeitsvermögens, die bessere Nutzung der Grundfonds und des wissenschaftlich-technischen Potentials zu verstärken.

– Die Sicherung des weiteren Produktionswachstums durch die stärkere Entfaltung qualitativer Wachstumsfaktoren. Das ist die unumgängliche Grundlage für die Festigung der materiell-technischen Basis der sozialistischen Gesellschaft und die Entwicklung des materiellen und geistig-kulturellen Lebensniveaus.

[38] W. Iskra bemerkt in diesem Zusammenhang: Die Außenwirtschaftsbeziehungen vereinigen sich mit den inneren Faktoren, vermehren ihre Kraft und wirken gemeinsam mit ihnen auf die Dynamik der sozialistischen Reproduktion. Vgl. Socialističeskoe rasširennoe vosproizvodstvo, Moskva 1980, S. 314.

[39] Vgl. Erklärung über die Hauptrichtungen der weiteren Entwicklung und Vertiefung der ökonomischen und wissenschaftlich-technischen Zusammenarbeit der Mitgliedsländer des RGW, in: Neues Deutschland vom 16./17. Juni 1984, S. 5.

— Die Erhöhung des technischen Niveaus, der Zuverlässigkeit, der Lebensdauer und der Qualität der Erzeugnisse, die Erweiterung und beschleunigte Erneuerung des Erzeugnissortiments.

— Die Entwicklung des Volumens und der Effektivität des Exports, vor allem in den Zweigen der verarbeitenden Industrie.

— Die rationellere Standortverteilung der Produktivkräfte.

— Die Beschleunigung der schrittweisen Angleichung des ökonomischen Niveaus der Mitgliedsländer des RGW.

Die Effekte der sozialistischen ökonomischen Integration kommen also zunehmend zum Ausdruck in der breiten Einführung ressourcensparender Technologien, die eine Höherveredlung der Energieträger und Rohstoffe sichern; in den Ergebnissen bei der komplexen Mechanisierung und Automatisierung der Produktion; in der Entwicklung neuer Werkstoffe und neuer Materialarten, die es ermöglichen, das gesellschaftliche Endprodukt mit höherer Effektivität zu steigern.

Hieran wird deutlich, daß die umfassendere Ausnutzung der außenwirtschaftlichen Faktoren zu einer wichtigen Bedingung geworden ist, um den Umschlag der Fonds zu beschleunigen und die Produktionselemente vorwiegend intensiv wirksam zu machen. Die Lösung dieser Aufgaben beruht auf der Kraft der ganzen sozialistischen Staatengemeinschaft, insbesondere der Sowjetunion. Daraus folgt, daß die Effekte der sozialistischen ökonomischen Integration vor allem in größeren Entwicklungsmöglichkeiten für ganze Zweige und für die Volkswirtschaft insgesamt zum Ausdruck kommen. Sie lassen sich wie folgt gruppieren:

— Effekte aus der Zusammenarbeit in der Produktion und Produktionsvorbereitung (abgestimmte Wirtschafts-, darunter Struktur- und Investitionspolitik; Spezialisierung und Kooperation, insbesondere durch Senkung der Produktionsaufwendungen, Erhöhung des technischen Niveaus und der Qualität; gemeinsame Investitionsprogramme; wissenschaftlich-technische Zusammenarbeit in ihren konkreten Formen);

— Effekte aus der Zusammenarbeit in der Zirkulation (Volumen und Struktur der Exporte und Importe; Exportrentabilität; Valutaeinnahmen und -ausgaben; Austauschrelationen im Außenhandel);

— Effekte, die unmittelbar mit Verwendungspositionen des Nationaleinkommens in Beziehung stehen und das Verhältnis von produziertem und verwendetem Nationaleinkommen beeinflussen (vor allem durch Kredite).

Charakteristisch ist also, daß die Effekte der sozialistischen ökonomischen Integration in der Mehrzahl der Fälle nicht allein als Einzelergebnisse bewertet werden können, auch nicht automatisch gegeben sind, sondern ihre Potenzen vor allem über die effektivere Gestaltung der Strukturen und Proportionen zu erschließen sind. So sind beispielsweise Richtungen der Spezialisierung und Kooperation, die eine weniger energie- und materialintensive Struktur der verarbeitenden Industrie ermöglichen, von wachsender Bedeutung für eine hohe Effektivitäts- und Wachstumsdynamik der Volkswirtschaft insgesamt. Das wird auch nicht dadurch geschmälert, daß ihre Wirkungen indirekter Natur sind und es deshalb schwierig ist, sie zu quantifizieren.

Die umfassende Einstellung der sozialistischen ökonomischen Integration auf die Erfordernisse der Intensivierung ist von entscheidender Bedeutung für die künftige Effektivitätsdynamik. Das geht schon daraus hervor, daß die RGW-Länder relativ stark in die internationale Arbeitsteilung integriert sind. So beträgt der Exportanteil am Nationaleinkommen in den meisten RGW-Ländern (mit Ausnahme der UdSSR) 30 bis 40% und er erhöht sich längerfristig noch weiter. Der überwiegende Teil der Außenwirtschaftsbeziehungen der RGW-Länder entfällt auf die sozialistische ökonomische Integration. Die Zusammenarbeit zwischen den Mitgliedsländern des RGW, insbesondere der Beitrag der UdSSR, ist eine wichtige Bedingung für eine hohe Dynamik und Proportionalität der nationalen Reproduktionsprozesse.

Grundsätzlich ist die Notwendigkeit und auch die Möglichkeit zur stärkeren Nutzung der sozialistischen ökonomischen Integration als Intensivierungsfaktor vor allem durch die zunehmende Vergesellschaftung der Arbeit und der Produktion bedingt, die mit der Beschleunigung des wissenschaftlich-technischen Fortschritts, der Diversifizierung der Produktion, der rascheren Strukturveränderungen und der Herausbildung neuer Zweige verbunden sind und insgesamt eine Vertiefung der Arbeitsteilung bedeuten. Von Einfluß sind ebenfalls die in den 70er Jahren vor sich gegangenen Veränderungen in der Weltwirtschaft und die dadurch wesentlich mitgeprägte außenwirtschaftliche Lage in den 80er Jahren.

Mit der umfassenden Herausbildung des intensiven Reproduktionstyps tritt die sozialistische ökonomische Integration selbst in eine qualitativ neue Etappe des Wirksamwerdens aller Intensivierungsfaktoren ein. Das ist die Grundlage, um die Widersprüche zwischen den überaus großen Dimensionen und dem raschen Entwicklungstempo moderner Richtungen des wissenschaftlich-technischen Fortschritts, der Herausbildung neuer Bedürfnisse sowie der zunehmenden Vielfalt von Erzeugnissen und den begrenzten Ressourcen, dem Produktions- und technischen Potential sowie den Absatzmöglichkeiten einzelner Volkswirtschaften auf effektivste Weise zu lösen.

Die weitere Ausgestaltung der sozialistischen ökonomischen Integration ist deshalb eine grundlegende Voraussetzung, damit die großen Effektivitätspotenzen der wissenschaftlich-technischen Revolution umfassender realisiert werden können. Das bedeutet insbesondere, daß von der sozialistischen ökonomischen Integration wirksamere Impulse ausgehen für eine konzentriertere Produktion von neuen Erzeugnissen in großen Serien, die breite Entwicklung der Industriekooperation, die Bewältigung der strukturellen Umstellungsprozesse und die Sicherung eines hohen Tempos im Innovationsprozeß, die stärkere Konzentration und Spezialisierung des wissenschaftlich-technischen Potentials und die raschere Ausbreitung von ressourcensparenden Richtungen des wissenschaftlich-technischen Fortschritts.

Ausgehend von den oben genannten Grundrichtungen des wissenschaftlich-technischen Fortschritts als Hauptfaktor der Effektivitätssteigerung kommt der Einfluß der sozialistischen ökonomischen Integration auf ein effektives Wirtschaftswachstum vor allem in folgendem zum Ausdruck:

1. Das technische Niveau der Erzeugnisse des Maschinenbaus in den RGW-Ländern sowie ihre Herstellungsaufwendungen bestimmen in hohem Maße den technologischen Fortschritt in ihren Volkswirtschaften. Durch den gegenseitigen Austausch zwischen den RGW-Ländern werden etwa 68% ihrer Importe an Maschinen und Ausrüstungen gedeckt. Die sozialistische ökonomische Integration, insbesondere der Beitrag der UdSSR, schafft damit wichtige Grundlagen für die technische Erneuerung fast aller Volkswirtschaftsbereiche und ermöglicht es, einen relativ hohen Grad der technisch-ökonomischen Unabhängigkeit von kapitalistischen Hauptländern zu erreichen. Jedoch zeigen Analysen, daß noch Reserven bestehen, um mit allen Ausrüstungen und Technologien aus Mitgliedsländern des RGW in höherem Maße beizutragen, die spezifischen Aufwendungen, z. B. von Energie und Rohstoffen, zu senken. Umfassende Intensivierung bedeutet deshalb für die Exporteure von Maschinenbauer-

zeugnissen, bei allen Ausrüstungen ein höheres technisches und Qualitätsniveau mit vertretbaren Aufwendungen zu erreichen, das dem von führenden Produzenten in der Welt ebenbürtig ist.

2. Die sozialistische ökonomische Integration verfügt über ein großes, entwicklungsfähiges Potential zur wissenschaftlich-technischen Zusammenarbeit. Im Rahmen des Komplexprogramms wurden bisher 16000 Arbeiten durchgeführt. Daran sind 3000 wissenschaftliche Institutionen auf mehrseitiger Basis beteiligt. Jährlich wurden etwa 2000 Ergebnisse vorgelegt, die folgenden Zwecken dienten: es wurden etwa 200 bis 300 neue und vervollkommnete Konstruktionen von Maschinen, Geräten und anderen Ausrüstungen geschaffen, 100 bis 150 technologische Prozesse entwickelt bzw. vervollkommnet, 100 bis 200 neue Arten von Grund- und Hilfsmaterialien hervorgebracht.[40] Damit wurde ein wichtiger Beitrag zur Modernisierung und Sortimentserneuerung der Produktion, zur technischen Weiterentwicklung und zur weiteren Spezialisierung und Kooperation geleistet.

Gemessen sowohl an den Möglichkeiten als auch an den Erfordernissen befriedigen diese Ergebnisse jedoch noch nicht. Der Übergang zur umfassenden Intensivierung erfordert, daß die wissenschaftlich-technische Zusammenarbeit den Erneuerungsprozeß von Erzeugnissen und Technologien in den RGW-Ländern spürbar vorantreibt. Das ist eine Grundfrage, um das Effektivitätspotential wissenschaftlich-technischer Neuerungsprozesse vollständiger zu erschließen. Insbesondere bedeutet das, den Einfluß der sozialistischen ökonomischen Integration auf die Erzeugniserneuerung, insbesondere die Spezialisierung und Kooperation bei der Produktion neuer Erzeugnisse, der Nutzung moderner Technologien und damit verbundene Veränderungen in den Volkswirtschaftsstrukturen zu verstärken.

3. Die beschleunigte Durchsetzung des wissenschaftlich-technischen Fortschritts stellt weitergehende Anforderungen an die internationale Spezialisierung und Kooperation. Sowohl die wissenschaftlich-technische Zusammenarbeit als auch die abgestimmte Strukturpolitik sind eng mit der Spezialisierung und Kooperation verbunden und hängen von ihr ab.[41] Die entscheidende Stellung dieser Integra-

[40] Vgl. Mnogostoronnoe sotrudničestvo stran-členov SĖV. Itogi i perspektivy, Moskva 1982, Sekretariat SĖV, S. 18.

[41] Daher befindet sich die Notwendigkeit zur umfassenderen Abstimmung der Wirtschafts- und insbesondere der Strukturpolitik in voller Übereinstimmung mit den Beschlüssen des XXVI. Parteitages der KPdSU, die bevorstehenden

tionsform resultiert nicht nur aus den Erfahrungen der bisherigen Zusammenarbeit, sondern sie ermöglicht es am besten, die Faktoren der umfassenden Intensivierung wirksam zu machen.

Die internationale Spezialisierung und Kooperation war durch die Anstrengungen aller Mitgliedsländer des RGW, vor allem der UdSSR, bereits bisher ein wichtiger Effektivitätsfaktor. Sie realisierte sich als neue, zusätzliche Produktivkraft durch die Kombination der gesellschaftlichen Arbeit im internationalen Maßstab.

Hauptgebiete der innerzweiglichen internationalen Spezialisierung (auf Erzeugnisse, Typen, Baugruppen, Technologien) und Kooperation sind der Maschinenbau, die Elektronik und die chemische Industrie.[42]

Durch spezialisierte Produktion wird immer stärker der Handel zwischen den RGW-Ländern geprägt. Im Zeitraum von 1970 bis 1982 erhöhte sich z. B. der Export spezialisierter Maschinenbauerzeugnisse innerhalb des RGW auf das 5fache; er beläuft sich auf etwa 35% der gegenseitigen Lieferungen von Maschinen und Ausrüstungen und etwa 40% des Gesamtexports spezialisierter Erzeugnisse. Der Anteil spezialisierter Erzeugnisse am Export von Maschinen und Ausrüstungen beträgt in der VRB – 52,1%, UVR – 43,8%, DDR – 40,0%, VRP – 21,7%, SRR – 28,0%, UdSSR – 20,5% und ČSSR – 33,4%.[43]

In den 70er Jahren erhöhten viele Länder den Produktionsanteil spezialisierter Erzeugnisse und ihren Exportanteil. Hohe Exportquoten wurden bereits bei solchen profilbestimmenden Erzeugnissen erreicht, wie bei Hebe- und Transportmaschinenbau, EDV-Anlagen und peripheren Geräten, spanabhebenden Maschinen, Landwirtschaftstechnik (80 bis 90%) in der VRB; bei Autobussen (80%), bei Schwachstromapparaturen (60%) in der UVR; bei Textilmaschinen (80%) in der DDR; bei Flußschiffen, Straßenbahnen (80%), Ausrüstungen für Kernkraftwerke (100%) in der ČSSR.

zwei Fünfjahrplanperioden zu einer Periode intensiver Produktions- und wissenschaftlich-technischen Kooperation der sozialistischen Länder als Hauptrichtung der Vertiefung der Integrationsprozesse zu machen. (Vgl. L. I. Breshnew, Bericht des ZK der KPdSU an den XXVI. Parteitag und die bevorstehenden Aufgaben der Partei in der Innen- und Außenpolitik, a. a. O., S. 9).

[42] Bis jetzt sind in diesen Zweigen auf zweiseitiger und mehrseitiger Grundlage mehr als 1200 Abkommen und Verträge über Spezialisierung und Kooperation abgeschlossen worden.

[43] Berechnet nach: Statističeskij ežegodnik stran-členov SĖV, Moskva 1976 und 1983.

Internationale Erfahrungen zeigen, daß in den Hauptzweigen des Maschinenbaus die Großserienproduktion optimal sein kann, wenn ihr Absatz Gebiete mit 150 bis 200 Mio Menschen umfaßt.

Die genannten Beispiele beweisen, daß diese wichtige Effektivitätsforderung durch die sozialistische ökonomische Integration grundsätzlich realisiert werden kann.

Quantitativ entfallen auf Maschinen und Ausrüstungen etwa 44% des gegenseitigen Warenaustauschs zwischen den RGW-Ländern, wobei dieser Anteil höher als in der EWG ist. Für das Ausmaß der damit verbundenen Konzentration einige Beispiele: An der Gesamtproduktion der entsprechenden Erzeugnisse im Rahmen des RGW haben die einzelnen Länder folgenden Anteil: 80% Autobusse in der UVR und der UdSSR; 60% der Gabelstapler in der VRB; 95% der Traktoren in der SRR und der UdSSR; 93% der Elektrolokomotiven in der ČSSR und der UdSSR; 92% der Webstühle in der ČSSR und der UdSSR; 75% der Personenwaggons in der DDR und der UdSSR.

4. Die bedeutsamsten Wirkungen der sozialistischen ökonomischen Integration auf das Wirtschaftswachstum gehen von Struktureffekten aus.[44] Angesichts der Anforderungen des wissenschaftlich-technischen Fortschritts an die Flexibilität der Strukturen können diese Potenzen der sozialistischen ökonomischen Integration kaum überschätzt werden. Positive Erfahrungen, die der RGW bei der sozialistischen Industrialisierung solcher Länder wie der VRB,[45] UVR, VRP und

[44] Das bezieht sich sowohl auf Struktureffekte, die unmittelbar meßbar, als auch auf solche, die nur indirekt oder schwer quantifizierbar sind. Der Struktureffekt im meßbaren (statistischen) Sinne umfaßt nur einen *Teil* der Auswirkungen struktureller Veränderungen. Nach Berechnungen des Internationalen Instituts für ökonomische Probleme des sozialistischen Weltsystems, Moskau, betrug der strukturelle Anteil am Zuwachs des Nationaleinkommens in den einzelnen Ländern (1960 bis 1978): VRB – 32%, UVR – 20%, VRP – 31%, SRR – 36%, ČSSR – 18%, UdSSR – 5%. Sehr schwierig ist es, den Anteil zu ermitteln, den die Struktureffekte der sozialistischen ökonomischen Integration daran haben. Für die VRB wird eingeschätzt, daß in den 70er Jahren annähernd 30% des Struktureffekts mit Außenwirtschaftsfaktoren und vor allem der sozialistischen ökonomischen Integration zusammenhängt. Hierbei wurde vom Anteil der spezialisierten Erzeugnisse am Export und vom Exportanteil am Nationaleinkommen ausgegangen.

[45] In Bulgarien entfielen 1983 auf den Maschinenbau und die Elektronik 54% der Exporte des Landes für den RGW-Markt, während in den 50er Jahren Maschinen nicht exportiert wurden. Diese Tatsache ist ein Präzedenzfall in der Industriegeschichte der europäischen Länder; er ist hauptsächlich das Ergebnis des hohen Integrationsniveaus der bulgarischen Wirtschaft im RGW-System, vor allem der zweiseitigen Integration mit der UdSSR.

SRR vor allem in den 60er Jahren sammelte, gilt es für den Übergang zur umfassenden Intensivierung auszuwerten. Dabei sind jedoch die veränderten Bedingungen in Rechnung zu stellen. Während sich in der Vergangenheit der Struktureffekt in den meisten RGW-Ländern noch hauptsächlich über Veränderungen zwischen den großen Wirtschaftsbereichen wie Industrie und Landwirtschaft realisierte, werden die zukünftigen Möglichkeiten der Effektivitätserhöhung mit Veränderungen vor allem in den innerzweiglichen und Erzeugnisgruppenstrukturen im Zusammenhang stehen. In der möglichst raschen Ein- und Umstellung der Strukturen auf die veränderten inneren und äußeren Reproduktionsbedingungen besteht eine der wichtigsten Aufgaben beim Übergang zur umfassenden Intensivierung.

4. Vervollkommnung der Leitung, Planung und wirtschaftlichen Rechnungsführung im Dienste der Effektivität

4.1. Sozialistische Intensivierung – neue Etappe des Wirtschaftens

Die Durchsetzung der ökonomischen Strategien der sozialistischen Länder für die achtziger Jahre ist mit qualitativen Wandlungen in den Formen und Methoden des Wirtschaftens verbunden. Hierbei geht es vor allem um Vervollkommnungen der Leitung, Planung und wirtschaftlichen Rechnungsführung entsprechend den Erfordernissen des intensiven Reproduktionstyps.[1]

Wie rasch und umfassend der volkswirtschaftliche Reproduktionsprozeß von der Intensivierung durchdrungen wird, hängt wesentlich davon ab, wie die gesamte Gesellschaft zur Lösung der damit verbundenen neuen Probleme mobilisiert wird. Um der Wirtschaftspraxis ausreichende Unterstützung bei der Bewältigung dieses komplizierten Prozesses zu geben, ist es notwendig, rechtzeitig und gewissenhaft die neuen Bedingungen und die Merkmale in den Wechselbeziehungen zwischen Intensivierung und Effektivität herauszuarbeiten. Das bringt auch unmittelbar einen Effektivitätszuwachs, denn andernfalls wäre die Wirtschaftspraxis gezwungen, auch weiterhin, sozusagen empirisch, sehr unrationell nach der Methode ‚trial-and-error' zu verfahren.[2]

[1] Im Beitrag werden hauptsächlich diejenigen Probleme der Vervollkommnung der Leitung, Planung und wirtschaftlichen Rechnungsführung behandelt, die mit der entschiedeneren Effektivitätssteigerung auf dem Wege der Intensivierung verbunden sind. Dabei ist zu berücksichtigen, daß damit nur ein – wenn auch sehr wichtiger – Aspekt der Gesamtproblematik behandelt wird. Weiterhin ist zu beachten, daß hier auf allgemeine Positionen und unterschiedliche Auffassungen zum Begriff und den Elementen des Wirtschaftsmechanismus nicht weiter eingegangen wird.

[2] Vgl. M. Gorbatschow, Sowjetische Heldentat bewies: Sozialismus ist unbesiegbar!, in: Neues Deutschland vom 9. Mai 1985, S. 8.

4.1.1. *Effektivität — Hauptentscheidungskriterium in der Planung*

„Die höchstmögliche Steigerung der Effektivität der Produktion ist die prinzipielle Grundlage der gegenwärtigen ökonomischen Entwicklung, eine der wichtigsten wirtschaftspolitischen Aufgaben der gegenwärtigen Etappe des kommunistischen Aufbaus.“[3] Deshalb ist es Aufgabe der Leitung, Planung und wirtschaftlichen Rechnungsführung, Bedingungen zu schaffen, damit in allen Bereichen und durch jeden Werktätigen ein hoher Beitrag zur volkswirtschaftlichen Effektivitätssteigerung erzielt wird.[4]

Die weitere Vervollkommnung von Leitung und Planung wird aus folgenden Gründen im zunehmenden Maße durch die Erfordernisse der Effektivitätssteigerung bestimmt.

— In der Effektivitätsdynamik kommt unmittelbar zum Ausdruck, wie die Vorzüge des Sozialismus immer besser anerkannt und planmäßig realisiert werden.

— Die umfassende Durchdringung der gesamten Volkswirtschaft auf dem Wege der Intensivierung ist Voraussetzung für dauerhaft hohe Raten der Effektivitätssteigerung, d. h., die Intensivierung wird zum Hauptweg für die weitere Erhöhung der gesellschaftlichen Effektivität. Das bedeutet außerordentlich enge Wechselbeziehungen zwischen Intensivierung und Effektivität, die aber keineswegs linear verlaufen. Beispielsweise schlagen sich in einzelnen Bereichen konkrete Fortschritte der Intensivierung manchmal erst in einer Effektivitätssteigerung der folgenden Planperiode nieder. So erfordern die weitere Mechanisierung der Arbeit und die Einführung komplexer Automatisierungslösungen bedeutende Vorleistungen, die im allgemeinen erst in nachfolgenden Planperioden zurückfließen.

In diesem Sinne kann für bestimmte konkrete Planaufgaben auch die Frage nach der Effektivität der Intensivierung gestellt werden.

Die Effektivität als Hauptentscheidungskriterium durchzusetzen heißt also, alle Betriebe und Produktionsvereinigungen sowie Arbeitskollektive auf vorwiegend intensive Wege des Produktionswachstums

[3] Vgl. XXVI. Parteitag der KPdSU, Rechenschaftsbericht des Zentralkomitees der KPdSU und die nächsten Aufgaben der Partei in der Innen- und Außenpolitik, Berichterstatter: L. I. Breshnew, Berlin 1981, S. 57.

[4] XXVI. Parteitag der KPdSU, Die Hauptrichtungen der wirtschaftlichen und sozialen Entwicklung der UdSSR für die Jahre 1981 bis 1985 und für den Zeitraum bis 1900, Berichterstatter: N. A. Tichonow, Berlin 1981, S. 18.

zu orientieren. Der Lösung dieser Aufgabe sind die Planung sowie die wissenschaftlich-technische und Strukturpolitik unterzuordnen. Ebenso gilt das für die Methoden der Wirtschaftsführung, die Politik auf dem Gebiet der Leitung.[5]

Jedoch bedeutet das keineswegs, daß ein spezieller Wirtschaftsmechanismus für die Intensivierung entwickelt wird. Wie die Intensivierung immer mehr alle Gebiete des volkswirtschaftlichen Reproduktionsprozesses durchdringt, wird auch die Leitung und Planung entsprechend vervollkommnet, nimmt die neuen Fragen in sich auf und orientiert damit immer wirksamer auf die vollständigere und komplexe Nutzung der Intensivierungsfaktoren. Das heißt, daß die Aufgabe nicht darin besteht, ein neues Plandokument zur Intensivierung zu schaffen, sondern das gesamte System der Leitung, Planung und wirtschaftlichen Rechnungsführung in bestimmten Etappen entsprechend zu vervollkommnen. Grundlage dafür sind der erreichte Intensivierungsgrad und die weiteren Aufgaben zur Herausbildung des intensiven Reproduktionstyps.

Da der Übergang zur umfassenden Intensivierung einen längeren Zeitraum umfaßt, müssen Leitung und Planung sichern, daß die Wirtschaft flexibel auf damit verbundene differenzierte Bedingungen reagiert und immer wieder neu auftretende Probleme und Widersprüche dieses komplizierten Umstellungsprozesses auf rationellste Weise löst. Es geht letztlich darum, Umstellungsprobleme auf den verschiedensten Gebieten durch höhere Rationalität des volkswirtschaftlichen Gesamtprozesses zu kompensieren und keine dauerhaften negativen Auswirkungen auf die gesellschaftliche Effektivität zuzulassen. Das ist eine entscheidende Bedingung, um ein kontinuierliches, hohes Wirtschaftswachstum zu gewährleisten.

Mit der Umstellung des volkswirtschaftlichen Reproduktionsprozesses auf die umfassende Intensivierung steht deshalb die Planung vor einer Reihe von Aufgaben. Dazu gehören:

— Schaffung eines funktionsfähigen Systems von lang- und mittelfristigen Plänen, die in ihren Grundrichtungen stabil sind und die konsequent die neuen Erfordernisse der Intensivierung berücksichtigen. Das ist eine wichtige Voraussetzung, um flexibel auf veränderte Reproduktionsbedingungen zu reagieren, d. h. im Rahmen des Plans

[5] Vgl. XXVI. Parteitag der KPdSU, Die Hauptrichtungen der wirtschaftlichen und sozialen Entwicklung der UdSSR für die Jahre 1981 bis 1985 und für den Zeitraum bis 1990, Berichterstatter: N. A. Tichonow, Berlin 1981, S. 18.

zielgerichtete Umstellungen vorzunehmen, die eine Erfüllung der Planziele gewährleisten. Damit erhöhen sich die Anforderungen an die Qualität der Pläne. Insbesondere ist der Fünfjahrplan zum grundlegenden Planinstrument zu entwickeln. Sicherung einer planmäßigen und langfristigen Flexibilität des Reproduktionsprozesses stellt aber auch höhere Anforderungen an die Arbeit mit Strategien. Das schließt ein, daß die langfristigen Komplexprogramme der Entwicklung von Wissenschaft und Technik, die Zielprogramme der sozialistischen ökonomischen Integration und der wichtigsten Richtungen der wirtschaftlichen und sozialökonomischen Entwicklung der Volkswirtschaft stärker für die Begründung der Pläne wirksam werden.

— Verstärkte Berücksichtigung der sozialen Ziele in den Plänen, um die Vorzüge des Sozialismus bewußter zu nutzen und konkrete Maßnahmen zur Entfaltung seiner Entwicklungstriebkräfte festzulegen. Wichtig ist, daß im stärkeren Maße staatliche Standards und Normative für die Arbeitsbedingungen, für Qualität der Umwelt, Vorgaben für die Entwicklung und Produktion von speziellen Ausrüstungen zur Verbesserung der Arbeits- und Lebensbedingungen sowie zum Umweltschutz angewendet werden. Umfassende Intensivierung erweitert nicht nur im bedeutenden Maße den Spielraum für soziale Leistungen, sondern sie erfordert auch die stärkere Begründung der Planziele *sowohl* aus ökonomischer *als auch* aus sozialer Sicht. Sie fordert und ermöglicht eine höhere Qualität in der Durchsetzung der Einheit von ökonomischen und sozialen Kriterien der Effektivität. Ohne diese Verbindung können für Grundrichtungen des wissenschaftlich-technischen Fortschritts, wie z. B. die Anwendung der Mikroelektronik, bereits nicht mehr die für den Sozialismus effektivsten Lösungswege bestimmt werden. Hierin besteht eine Schwerpunktaufgabe der weiteren Forschung.

— Vervollkommnung der Wechselbeziehungen zwischen den verschiedenen Ebenen der Planung, um die Interessen der Volkswirtschaft wirksamer mit denen der Zweige, Territorien, Betriebe sowie der Arbeitskollektive zu verbinden. Sie trägt dazu bei, die Maßstäbe der Intensivierung überall in der Volkswirtschaft durchzusetzen. Dazu gehört auch der Ausbau der Ziel-Programm-Planung für wichtige volkswirtschaftliche Komplexe, wie der Agrar-Industrie-Komplex, und ihre organische Verbindung mit den Volkswirtschaftsplänen. Damit werden wichtige Intensivierungsfaktoren umfassender in den Planungsprozeß einbezogen.

— Wirksamere Gestaltung der Wechselbeziehungen zwischen den

Plänen (insbesondere den Fünfjahres- und Jahresplänen) und der wirtschaftlichen Rechnungsführung. Das bedeutet letztlich Schaffung stabiler Grundlagen, damit die materielle Interessiertheit und die Verantwortlichkeit der Arbeitskollektive erhöht werden. Ziel ist, die Initiative der Werktätigen entschiedener auf die Effektivitätssteigerung durch Intensivierung auszurichten. Ein hohes Wirtschaftswachstum durch Intensivierung und die Sicherung der dazu notwendigen Proportionalitätsbedingungen stellen insbesondere Anforderungen an die Weiterentwicklung der Effektivitätsplanung. Da es dabei in der Hauptsache um die Effektivitätssteigerung durch Intensivierung geht, müssen auch die Intensivierungsmaßstäbe und -kriterien verstärkt Eingang in die Planung finden.

Zu den Schwerpunkten ihrer weiteren Qualifizierung gehören insbesondere:

– Den wissenschaftlich-technischen Fortschritt als Hauptfaktor der Effektivitätssteigerung (einschließlich seiner Bedingungen und Konsequenzen) im Plan zu berücksichtigen und seine Durchsetzung zu realisieren. Von der Arbeit mit den Effektivitätskennziffern müssen deshalb im stärkeren Maße Impulse ausgehen, um den wissenschaftlich-technischen Fortschritt zu beschleunigen, insbesondere technologische Neuerungsprozesse, neue Erzeugnisse und Werkstoffe schneller einzuführen, die Erneuerungsraten der Ausrüstungen zu erhöhen und dadurch den Bestand an moralisch und physisch verschlissenen Grundfonds zu verringern. Um die Lösung dieser Probleme zu unterstützen, sollen in der UdSSR die Aufgaben zur Entwicklung von Wissenschaft und Technik ab 1988 in die Leistungsbeurteilung für die Betriebe und Produktionsvereinigungen einbezogen werden.

Wie erste Ergebnisse des 1984 in der UdSSR begonnenen Experiments zeigen, können die Bildung und Ausnutzung des Produktionsentwicklungsfonds sowie des einheitlichen Fonds für die Entwicklung von Wissenschaft und Technik ein wichtiges Instrument sein, um das Produktionspotential besser auszunutzen und die Möglichkeiten der Betriebe zu erweitern, um den wissenschaftlich-technischen Fortschritt auf dem Wege der Modernisierung und Rekonstruktion[6] sowie der Verbesserung der Qualität der Erzeugnisse und der Erhöhung

[6] Erste Erfahrungen im Rahmen des 1984 begonnenen Experiments zeigten, daß in Betrieben eines Ministeriums etwa 60% der Mittel des Produktionsentwicklungsfonds real und effektiv für Rekonstruktion und Modernisierung verausgabt wurden.

ihres Neuheitsgrades verstärkt durchzusetzen. So fließen z. B. die für Modernisierung und Rekonstruktion aufgewendeten Mittel dreimal schneller zurück als beim Neubau; die Fondsquote steigt.

Diese beiden genannten Fonds ermöglichen eine grundsätzlich neue Richtung der Erweiterung der Funktionen der Betriebe im Investitionsprozeß zugunsten der schnelleren und umfassenderen Anwendung des wissenschaftlich-technischen Fortschritts in enger Verbindung mit der besseren Nutzung vorhandener Fonds.

Um mit Hilfe der wirtschaftlichen Rechnungsführung die Effektivitätspotenzen der Modernisierung und Rekonstruktion immer besser zu nutzen, sind in folgenden Richtungen weitere Vervollkommnungen erforderlich:

- die Erhöhung des Anteils der Mittel für die Erneuerung des vorhandenen Produktionsapparates, die in den Produktionsentwicklungsfonds eingehen und ihre normative Begründung durch den Verschleißgrad der Grundfonds und das Tempo des wissenschaftlich-technischen Fortschritts;
- die Anwendung von Normativen, um die Höhe dieser Abführungen in Abhängigkeit vom Bedarf an Mitteln für die Modernisierung und Konstruktion zu bestimmen;
- die Mittel für Generalreparaturen vollständig im Produktionsentwicklungsfonds zu erfassen.

– Die engere Verbindung von Effektivitätsplanung und -bilanzierung. Mit der Herausbildung der Effektivitätssteigerung zum Hauptfaktor für das Wirtschaftswachstum hat die Bilanzierung eine wachsende Verantwortung für die Schaffung der proportionalitäts- und termingerechten materiellen Voraussetzungen für die Effektivitätsentwicklung. Die Effektivität der Reproduktion selbst wird zunehmend zu einem aktiven Faktor für die Sicherung der Bilanziertheit. heit. Sie ist in ihrer Bedeutung zunehmende Quelle der materiellen Deckung für die gegenwärtigen Bilanzen, und von ihrer Höhe und der Struktur ihres Wiedereinsatzes für die erweiterte Reproduktion hängen wesentlich Dynamik und Bilanziertheit zukünftiger Reproduktionsperioden ab. Die Effektivitätsplanung muß deshalb im wachsenden Maße dazu beitragen, alle Einsparungen an Ressourcen bilanz- und produktionswirksam zu machen und damit ein hohes Produktionswachstum auf intensiver Grundlage zu sichern.

– Die stärkere Berücksichtigung der Einheit und der Wechselwirkungen zwischen materiellen und finanziellen Prozessen in der

Effektivitätsplanung. Dafür gilt es insbesondere, die Ware-Geld-Beziehungen bewußt auszunutzen.

So muß beispielsweise betont werden, daß sich gegenwärtig der Einfluß des Kredits auf die Intensivierung verstärkt. Insbesondere gilt das für seine aktive Ausnutzung zur planmäßigen Steuerung des Geldumlaufs in Übereinstimmung mit den gesellschaftlichen Bedürfnissen und für die Sicherung der Ausbilanziertheit der natural-stofflichen und wertmäßigen Seiten der Reproduktion. In der UdSSR wurde z. B. der Bankkredit zu einer grundlegenden, in manchen Zweigen dominierenden Quelle für die Finanzierung der Umlaufmittel, wodurch faktisch der Wirkungsbereich für die Prinzipien der wirtschaftlichen Rechnungsführung ausgedehnt wird. Während Ende 1968 48,3% der Umlaufmittel durch Bankkredit finanziert wurden, waren es Ende 1982 57,3%.[7] Als Kriterium für die Effektivität der Funktionsweise und der Entwicklung der Kreditbeziehungen ist der Grad der Übereinstimmung zwischen dem Geldumlauf und dem Verbrauch wesentlich. Die Bedeutung dieses Kriteriums wird daran deutlich, daß es im starken Maße den Intensivierungsgrad der gesellschaftlichen Reproduktion charakterisiert und damit auch das Effektivitätsniveau. Die Beschleunigung des Umschlags aller Ressourcen kann als eine der wichtigsten Kennziffern der Intensivierung bezeichnet werden. Dabei kann der Prozeß der Beschleunigung (ebenso der Verlangsamung oder des Gleichbleibens) des Umschlags in naturalstofflicher und in wertmäßiger Form ausgedrückt werden. Beide Formen unterliegen mehr oder weniger einer einheitlichen Tendenz, obwohl ihre Bewegung im einzelnen auch voneinander abweichen kann. Der wertmäßige Umschlag der Ressourcen steht in unmittelbarer Verbindung mit dem Geldumlauf. Es muß betont werden, daß die Übereinstimmung des Geldumlaufs mit den gesellschaftlichen Bedürfnissen u. a. Auskunft darüber gibt, inwieweit die wertmäßigen Proportionen und die ihnen entsprechenden Plankennziffern mit den natural-stofflichen Beziehungen übereinstimmen.

Da der Kredit zu den wichtigsten Elementen des Geldumlaufs gehört, werden durch seinen verstärkten Einfluß auf die Funktionsweise des Geldes Reserven zur Effektivitätssteigerung erschlossen. Einerseits ist der Geldumlauf (und damit der Kredit) ein Element des planmäßig gestalteten Systems der Leitung, Planung und wirtschaft-

[7] Vgl. V. Rybin, Kredit i intensifikacija proizvoc tva, in: Voprosy ėkonomiki (Moskva), 7/1984, S. 55.

lichen Rechnungsführung; andererseits hängt von ihm wesentlich die Wirksamkeit dieses Systems mit ab, seine Einflußnahme auf die Effektivitätserhöhung durch Intensivierung.

— Die entschiedenere Anwendung von Intensivierungsmaßstäben für alle Bereiche der Volkswirtschaft, wobei entsprechend den unterschiedlichen Reproduktionsbedingungen und Anforderungen begründete Differenzierungen notwendig sind, um insgesamt den volks-*die Effektivitätsplanung enger mit dem realen Intensivierungsprozeß zu verbinden.* Auf diese Weise können die Etappen, die jeweiligen
zu verbinden. Auf diese Weise können die Etappen, die jeweiligen
Aufgaben bei der Intensivierung und ihr Realisierungsgrad besser begründet werden. Das bedeutet, daß bei der Effektivitätsbeurteilung Kennziffern über wichtige Seiten des Intensivierungsprozesses stärker mit herangezogen werden, wie z. B. Kennziffern über die Mechanisierung der Arbeit, die komplexe Einführung von Maschinensystemen und neuen Technologien; Plannormative für die rationelle Nutzung von Rohstoffen und Material (u. a. abfallarmes Technologien); für die Anwendung neuer Materialarten, für die wissenschaftliche Arbeitsorganisation, für die Aussonderung veralteter Ausrüstungen und ihre Modernisierung.[8]

— Die Effektivität der *Reproduktion* muß in ihrer ganzen Komplexität umfassend zum Ausgangspunkt der Planung werden. Für die Effektivitätsplanung bedeutet das vor allem:

- Die Effektivitätssteigerung durch Intensivierung und ihr Beitrag zum Produktionswachstum müssen im Mittelpunkt der Effektivitätsplanung stehen, was auch entsprechende Vervollkommnungen in den Kennziffern bzw. in ihrem System erfordert.
- Notwendig sind Fortschritte in der zusammenfassenden Beurteilung der Effektivität, insbesondere mit dem Ziel, dadurch Effektivitätsreserven aus der besseren Nutzung und effektiven Kombination aller einzelnen Faktoren der Reproduktion, wie des gesellschaft-

[8] Beginnend mit dem Jahre 1988 werden in den zentralen Fünfjahres- und Jahresplänen Aufgaben zur Entwicklung und Produktion neuer und der Modernisierung vorhandener Maschinen, Ausrüstungen und Geräte sowie zur Aussonderung veralteter Maschinenbauerzeugnisse ausgewiesen. Das heißt, daß die Aufgabenstellungen zur Entwicklung von Wissenschaft und Technik in die Reihe der wichtigsten Kennziffern aufgenommen werden, nach denen die Ergebnisse der Tätigkeit der Betriebe und Vereinigungen bewertet werden.

lichen Arbeitsvermögens, der Materialien, der Grundfonds und Investitionen zu erschließen.

- Der Kreislaufaspekt der Reproduktion muß stärker in der Effektivitätsplanung seinen Niederschlag finden. Vor allem gilt es, Effektivitätsreserven zu erschließen durch die bessere Planung und Abstimmung der Beziehungen zwischen den Phasen der Reproduktion (Produktion, Distribution, Zirkulation, Konsumtion), im Zyklus Wissenschaft – Produktion – Absatz – Konsumtion und bei der Orientierung und Überleitung von Ergebnissen der Wissenschaft in die gesellschaftliche Praxis.
- Konsequente Durchsetzung des reproduktiven Aspekts der Effektivität erfordert auch, die Effektivitätsanalyse und -planung auf bisher noch weniger berücksichtigte Gebiete, wie den nichtproduktiven Bereich, auszudehnen und auch dort die Intensivierungsmaßstäbe sinngemäß anzuwenden.

– Verstärkte Entwicklung und Anwendung von Effektivitätsnormativen. Effektivitätsnormative gewinnen im Zuge der Intensivierung zunehmende Bedeutung sowohl für die Sicherung der gesamtvolkswirtschaftlichen Wachstums- und Proportionalitätsziele als auch für die Schaffung von Rahmenbedingungen, unter denen die Betriebskollektive ihre Initiativen voll entfalten können. Das stellt vor allem Anforderungen an die weitere Qualifizierung der Effektivitätsplanung auf der volkswirtschaftlichen Ebene, weil sie eine wichtige Grundlage sind, um Mindestforderungen an die Effektivität der von den Betrieben genutzten Ressourcen und Fonds zu begründen. Wichtig ist es, stabile Effektivitätsnormative für längerfristige Perioden festzulegen.

Reale Fortschritte in der Intensivierung hängen davon ab, daß die genannten Erfordernisse im Komplex realisiert werden. Am Beispiel der Ausarbeitung angespannter Pläne stellt sich diese Komplexität wie folgt dar. Angespannte Pläne – und damit die möglichst vollständige Erschließung innerer Reserven – setzen voraus, daß von vornherein die Anforderungen, die soziale Prozesse an das Endergebnis stellen, fixiert werden. Das ist die Grundlage, um konkrete Planaufgaben für die Arbeitskollektive zu begründen und deren Zusammenhang zum volkswirtschaftlichen Endergebnis aufzuzeigen. Die Bilanziertheit der Pläne wiederum schafft wichtige materielle Bedingungen, damit die Arbeitskollektive die Möglichkeiten und die Bereitschaft zu höheren Leistungen tatsächlich realisieren können.

4.1.2. *Wirtschaftliche Rechnungsführung beim Übergang zum intensiven Reproduktionstyp*

Die grundlegende Funktion der wirtschaftlichen Rechnungsführung – die erweiterte Reproduktion der Ressourcen zu sichern und dazu die Arbeitskollektive auf die Sicherung der geplanten bedarfsgerechten Produktion bei Minimierung der Aufwendungen zu orientieren – muß mit dem Übergang zur umfassenden Intensivierung weiter ausgestaltet werden. Das ergibt sich vor allem aus der wachsenden Rolle der Effektivitätssteigerung für die Sicherung des Produktionswachstums und ihre damit verbundenen neuen Bedingungen und Quellen. Hierbei ist von Bedeutung, daß die Rolle von Wertkennziffern in dem Maße wächst, wie die Bilanziertheit der Pläne und die Übereinstimmung von materiellen und finanziellen Prozessen verbessert wird. Damit werden auch die Bedingungen für die Wirksamkeit ökonomischer Normative und Limits günstiger. Die Normativbasis des Planes bildet gewissermaßen ein „Transmissionsinstrument", das die Aktivitäten der Arbeits- und Betriebskollektive mit den gesamtvolkswirtschaftlichen Interessen verbindet. Normative, wie auch andere ökonomische Hebel und Stimuli, müssen – unter Berücksichtigung der vielfältigen vermittelnden Stufen – auf die Realisierung der strategischen Entwicklungsziele der Gesellschaft gerichtet sein. Damit wird gesichert, daß die Effektivitätssteigerung auf der Ebene der Betriebe und Produktionsvereinigungen sich im wachsenden Maße auch in einer höheren Dynamik der volkswirtschaftlichen Effektivität niederschlägt.

Obwohl unter sozialistischen Bedingungen keine objektiven Grundlagen zur Herausbildung antagonistischer Widersprüche bestehen, wird die Übereinstimmung der Interessen zwischen verschiedenen Volkswirtschaftsebenen keineswegs konfliktlos, automatisch hergestellt. Die weitere Vervollkommnung der wirtschaftlichen Rechnungsführung ist eine wichtige Voraussetzung, um diese Übereinstimmung immer besser zu realisieren und entsprechend den sich verändernden Bedingungen immer wieder neu herzustellen. Dabei geht es vor allem um die Weiterentwicklung der ökonomischen Stimulierung, ihren stärkeren Einfluß auf die Interessen der Arbeitskollektive, der Wirtschaftseinheiten und verschiedenen Leitungsebenen. Ziel ist, die Anstrengungen verstärkt auf die Lösung gesamtgesellschaftlicher Aufgaben auszurichten.

Folgende Aufgaben stehen hierbei im Vordergrund:

– engere Verbindung der Ergebnisse der wirtschaftlichen Rechnungsführung mit den volkswirtschaftlichen Endergebnissen sowohl bei der Ausarbeitung als auch bei der Erfüllung der Pläne;

– die Schaffung von Bedingungen, um die wirtschaftlich-operative Selbständigkeit der Betriebe und Vereinigungen zu erhöhen und dadurch die Interessiertheit an der Erschließung von Effektivitätsreserven zu verstärken;

– Weiterentwicklung der ökonomischen Stimulierung der Betriebskollektive entsprechend den neuen Anforderungen, die die Effektivitätssteigerung durch Intensivierung stellt (darin ist eingeschlossen die stärkere Durchsetzung der materiellen Verantwortung für Nichterfüllung der Pläne, unrationelles Wirtschaften, nicht bedarfsgerechte Produktion u. a. m.[9]);

– die Durchsetzung der ökonomischen Interessiertheit und materiellen Verantwortung für die Beschleunigung des wissenschaftlich-technischen Fortschritts, für die ständige Ausbreitung von Neuerungsprozessen. Es geht darum, daß der wissenschaftlich-technische Fortschritt alle Arbeitsergebnisse der Betriebe durchdringt und zu ihrem Hauptbestandteil wird;

– die Weiterentwicklung der Wirtschaftsverträge zwischen den Bereichen sowie die Verstärkung des Einflusses der Verbraucher auf die Produktionsergebnisse;

– die durchgehende Anwendung der wirtschaftlichen Rechnungsnungsführung auf volkswirtschaftliche Komplexe (wie den Agrar-Industrie-Komplex) und alle ihre Teilbereiche, wobei im gleichen Maße die Interessiertheit und Verantwortung jedes dieser Teilbereiche für das Gesamtergebnis des Komplexes zu sichern ist.

Die genannten Maßnahmen zur Vervollkommung der wirtschaftlichen Rechnungsführung zielen darauf ab, eine höhere Effektivitätssteigerung auf dem Wege der Intensivierung zu erreichen. Darin ist eingeschlossen, alle Stimulierungsmittel – sowohl die für das Betriebskollektiv als auch für den einzelnen Werktätigen – stärker dort einzusetzen, wo zusätzliche Reserven der Effektivitätssteigerung aus-

[9] Hier ist zwischen der Vermittlerrolle und der Regulierungsfunktion ökonomischer Hebel zu unterscheiden. In ihrer Vermittlerrolle gewährleisten sie die Messung der Aufwendungen und Produktionsergebnisse im Vergleich mit ihrer gesellschaftlich notwendigen Größe. Ihre Regulierungsrolle dagegen besteht in der Einwirkung auf den Produktionsverlauf, dessen Effektivität durch die Realisierung ihrer Kontroll-, Stimulierungs- und Verteilungsfunktion.

geschöpft werden. Eine wichtige Grundlage dafür ist, die Aufwendungen der Betriebe und Kombinate entschiedener am gesellschaftlich notwendigen Niveau zu messen und den realen Beitrag jedes Werktätigen zum Gesamtergebnis des Kollektivs anzuerkennen.

Höhere Effektivität der Reproduktion bedeutet, daß ihre Kriterien auch in der Verteilungsphase der gesellschaftlichen Produktion entschiedener angewendet werden. Die Effektivität drückt sich hier vor allem darin aus, wie wirksam die kollektive und individuelle Stimulierung ist und wie gut begründet die Anteile der einzelnen Werktätigen und der Arbeitskollektive an der Herstellung des gesellschaftlichen Endprodukts sind. Mit dem Übergang zur umfassenden Intensivierung bilden sich neue Anforderungen an die Durchsetzung des Gesetzes der Verteilung nach der Leistung heraus. Entsprechend den Hinweisen, die bereits Marx für die Verteilung des gesellschaftlichen Produkts in der ersten Phase der kommunistischen Gesellschaftsformation gegeben hat,[10] wird es wichtiger als jemals zuvor, *jedwede Gleichmacherei in der Entlohnung zu überwinden.* Dazu gehört auch, daß der Lohnfonds für den Betrieb auf der Grundlage des tatsächlichen Beitrages zum volkswirtschaftlichen Endergebnis gebildet wird. Bessere Durchsetzung der Verteilung nach der Leistung erfordert vor allem eine stärkere leistungsgerechte Differenzierung in der Entlohnung, insbesondere nach dem Kompliziertheitsgrad, den Bedingungen der Arbeit, der Arbeitsleistung und Ausnutzung der Arbeitszeit sowie nach der volkswirtschaftlichen Bedeutung der Arbeit in den verschiedenen Bereichen. Notwendig ist es, das Tarifsystem und die Zahl der Lohngruppen zu erweitern sowie die Differenzierung zwischen den Tarifsätzen zu vergrößern.

Auch bei der Prämiierung geht es darum, entschiedener auf hohe Arbeitsleistungen zu orientieren, die einen großen Effektivitätszuwachs sichern. Der Anteil der Prämienmittel ist recht hoch (er beträgt in der Industrie der UdSSR etwa 18% der Gesamtlohnsumme des Produktionspersonals). Jedoch werden die Mittel noch in zu starkem Maße gleichmacherisch, proportional zum Grundlohn verteilt. Um die Prämie wirksamer als Stimulus für die Erschließung von Intensivierungsreserven einzusetzen, ist es notwendig, die Zersplitterung

[10] Vgl. K. Marx, Kritik des Gothaer Programms, in: MEW, Bd. 19, Berlin 1962, S. 20.
(„Demgemäß erhält der einzelne Produzent – nach den Abzügen – exakt zurück, was er ihr gibt.“)

der fondsbildenden Quellen zu überwinden, die Prämienhöhe bedeutend zu steigern und zu sichern, daß die Prämien umfassend in den Arbeitskollektiven begründet werden. Wichtig ist, die unterschiedliche Beeinflußbarkeit des Arbeitsergebnisses durch den Werktätigen noch mehr zu berücksichtigen. So sollte z. B. die Prämienhöhe dann konsequent von der Steigerung des Produktionsvolumens abhängig gemacht werden, wenn diese wesentlich vom Werktätigen selbst bestimmt werden kann (wie z. B. bei der Bedienung einzelner oder mehrerer Maschinen).

Demgegenüber sollte für die Beschäftigten an Fließreihen und in Anlagenprozessen, bei der Bedienung automatischer Linien und Maschinensysteme Prämienformen der Vorzug gegeben werden, die Vorschläge zur Verbesserung der Technologie und Produktionsorganisation stimulieren. Bei diesen Beschäftigten sind die Möglichkeiten zur direkten Einflußnahme auf die Steigerung des Produktionsvolumens, die Einsparung von Rohstoffen, Material und Energie sowie die Qualitätsverbesserung verhältnismäßig geringer.

Die stärkere Durchsetzung des Leistungsprinzips ist eine wichtige Voraussetzung, damit sich die Arbeitsproduktivität im erforderlichen Grade schneller als der Durchschnittslohn entwickelt. Sie stellt aber auch hohe Anforderungen an die volkswirtschaftliche Proportionalität. Die richtige Lösung des Verteilungsproblems im Sozialismus „erfordert natürlich eine materielle Absicherung der Geldmittel der Bevölkerung durch vielfältige Konsumgüter und Dienstleistungen".[11]

Die materielle Deckung der Geldeinnahmen der Bevölkerung hängt im hohen Maße mit davon ab, daß die Entlohnung der Arbeit leistungsgerecht erfolgt, d. h. ein entsprechender Beitrag zum Wachstum des gesellschaftlichen Endprodukts erbracht wurde. Verteilung nach der Leistung begründet also nicht nur die Differenzierung der Arbeitseinkommen zwischen den Werktätigen, sondern schließt die Entlohnung der Arbeit nach ihren tatsächlichen Ergebnissen ein.

Die Intensivierung erfordert auch bei anderen Verteilungsformen, wie z. B. bei der Bildung des Gewinns, der Fondsbildung, der Kreditierung, eine stärkere Differenzierung in Abhängigkeit von den Endergebnissen. Besonders wichtig ist die konsequente Durchsetzung von Stimulierungsformen, die dazu beitragen, daß die Kollektive Wachstums- und Effektivitätsreserven vollständig aufdecken und sich für

[11] J. A. Andropow, Die Lehre von Karl Marx und einige Fragen des sozialistischen Aufbaus in der UdSSR, in: Neues Deutschland vom 25. 2. 1983, S. 3.

ihre Erschließung verantwortlich fühlen. Dazu gehören z. B. die Stimulierung der rechtzeitigen Erfüllung der Lieferverträge in vollem Umfange durch die Betriebe; die Erstattung von Verlusten, die beim Besteller durch fehlende Zulieferungen entstanden sind; die Anwendung von stabilen Abführungssätzen des Gewinns für die Fondsbildung im Betrieb. Notwendig sind auch weitere Vervollkommnungen der Preisbildung, des Normativsystems u. a. m.

Neue Anforderungen werden ebenfalls an die Organisationsstruktur der Wirtschaft und ihre Leitungsmethoden gestellt. Im Vordergrund stehen hierbei die Entwicklung von Leitungssystemen für volkswirtschaftliche Komplexe (einschließlich Wissenschaft und Technik) sowie die konsequente Verbindung zwischen der Leitung von Verantwortungsbereichen und von Zielprogrammen. Notwendig sind auch weitere Festlegungen zu den Leitungsfunktionen, wie z. B. zur Verfügbarkeit über Ressourcen und zur materiellen Verantwortlichkeit auf den verschiedenen Ebenen. Von immer größerer Bedeutung ist es, sowohl die strategischen als auch die operativen Funktionen der Leitungstätigkeit voneinander abzugrenzen und richtige Proportionen zwischen ihnen herzustellen.

Die volle Einstellung der Leitung und Planung auf die Erfordernisse umfassender Intensivierung ist auch deshalb kompliziert, weil langjährig bewährte und im ökonomischen Denken und Handeln verwurzelte Herangehensweisen, wie sie der noch vorwiegend extensiv erweiterten Reproduktion entsprachen, gemäß den herangereiften Veränderungen im Reproduktionstyp umgestaltet werden und diese aktiv fördern müssen. Daraus ergibt sich die Notwendigkeit, die Ausgestaltung der Leitung, Planung und wirtschaftlichen Rechnungsführung selbst zum Gegenstand der Perspektivplanung zu machen. Die weitere Ausprägung des reproduktiven Charakters der Effektivität wirkt ebenfalls in dieser Richtung, denn sie bedingt die stärkere Verbindung von gegenwärtigen und zukünftigen Prozessen der Effektivitätssteigerung. In der Regel stehen die jeweiligen operativen Entscheidungen in engen Wechselbeziehungen zur langfristigen Dynamik des Reproduktionsprozesses, insbesondere beeinflußt durch die lange Umschlagzeit der Grundfonds und durch die Zusammenhänge zwischen Fondsvorschüssen und Einsparungen an laufenden Aufwendungen.

Perspektivische Vorstellungen zur Weiterentwicklung von Leitung, Planung und wirtschaftlicher Rechnungsführung sind besonders in folgenden Richtungen notwendig:

– Die langfristige Planung der Grundrichtungen in der Entwicklung der Volkswirtschaft schließt eine Vielzahl von neuen Entwicklungstendenzen und Aufgaben ein, deren Bewältigung es erfordert, Leitung, Planung und wirtschaftliche Rechnungsführung weiter zu vervollkommnen. Deshalb ist es unumgänglich, dazu einen speziellen Planteil zu erarbeiten. Dieser müßte sowohl Bestandteil der Komplexprogramme des wissenschaftlich-technischen Fortschritts für 20 Jahre als auch der Pläne zu den Grundrichtungen der wirtschaftlichen und sozialen Entwicklung für 10 Jahre werden.

– Analoge Arbeiten sind auch auf der Ebene der Bereiche und Zweige notwendig, um in der Leitung und Planung die Zweigspezifik entsprechend zu berücksichtigen. Insbesondere wäre das auch eine wichtige Grundlage zur besseren Begründung langfristiger Normative.

– Ebenfalls ist es erforderlich, spezielle Aussagen zur weiteren Vervollkommnung von Leitung, Planung und wirtschaftlicher Rechnungsführung in die Planung komplexer Zielprogramme (z. B. der Programme zur Einsparung von Brennstoffen und Metallen, zur Entwicklung der BAM-Zone, zur Einschränkung von manueller Arbeit) aufzunehmen. Damit kann die einheitliche Zielrichtung aller Planungs- und Stimulierungsmaßnahmen besser gesichert werden.

Perspektivische Vorstellungen zur Vervollkommnung von Leitung, Planung und wirtschaftlicher Rechnungsführung sind eine wichtige Voraussetzung, um die Intensivierungsfaktoren voll zu entfalten. Sie sind ein notwendiger Schritt zur höheren Wirksamkeit von Leitung, Planung und wirtschaftlicher Rechnungsführung und tragen dazu bei, Einzelmaßnahmen, die teilweise in ihren Auswirkungen einander widersprechen, zu einem abgestimmten System weiterzuentwickeln.

Zusammenfassend bestehen die wichtigsten Aufgaben bei der bewußten Herausbildung des intensiven Reproduktionstyps in der UdSSR darin, das Niveau der staatlichen Leitung und Planung zu erhöhen; die wirtschaftlich-operative Selbständigkeit der Betriebe und Produktionsvereinigungen zu erweitern; die breite Masse der Werktätigen noch umfassender in die Leitung einzubeziehen, die Rolle der Arbeitskollektive zu stärken sowie Disziplin und materielle Verantwortlichkeit zu festigen.

Auf die Lösung dieser Aufgaben ist in der UdSSR ein umfangreiches Experiment zur Vervollkommnung des Wirtschaftsmechanismus im entwickelten Sozialismus[12] gerichtet. Dieses Experiment schließt Ver-

[12] Entsprechend dem Beschluß der ZK der KPdSU und des Ministerrates der UdSSR vom 14. Mai 1983 „Über zusätzliche Maßnahmen zur Erweiterung

änderungen im Planungssystem und in der Stimulierung und Leitung ein. Es wird in einer Reihe von wichtigen Zweigen in allen Betrieben und Einrichtungen durchgeführt. Dabei geht es darum, die Rechte der Betriebe und Vereinigungen bei den effektivitätsbestimmenden Prozessen und Faktoren zu erweitern. Das Experiment schließt ein, daß durch die übergeordneten und Funktionalorgane der Planung, Finanzen und Banken sowie in der materiell-technischen Versorgung alle Bedingungen geschaffen werden, die für die breite Erschließung von Effektivitätsreserven durch die Kollektive notwendig sind. Durch die Verbindung von Plankennziffern und ökonomischen Normativen sollen die Pläne stabiler und ihre Realisierungsbedingungen verbessert werden. Die Verantwortungsbereiche erhalten größere Möglichkeiten, die Ressourcen flexibler einzusetzen. Dazu gehört, daß *genau* festgelegt ist, über welche materiellen Fonds und Arbeitskräfte sie im Planzeitraum verfügen können. Der Einfluß der Lieferverträge auf den Produktionsplan und die materielle Verantwortlichkeit der Zulieferer, Finalproduzenten sowie der Organe für die materiell-technische Versorgung werden erhöht. Das soll dazu beitragen, die Bilandeckung zu verbessern.

Erprobt wird auch ein wirksameres (flexibles und stärker differenziertes) System der kollektiven und individuellen Stimulierung. Hierziertes System der kollektiven und individuellen Stimulierung. Hierbei werden die Entwicklung der Lohnfonds und des Prämienfonds sowie der Produktionsergebnisse (einschließlich der Effektivitätssteigerung) enger miteinander verbunden. Es wird die normative Gewinnverwendung durchgesetzt, wobei die Betriebe mit hohen Leistungen stärker am Gewinn beteiligt werden. Die Betriebe und Produktionsvereinigungen erhalten größere Rechte bei der Planung und Realisierung des wissenschaftlich-technischen Fortschritts.

Das Experiment vereinigt in sich die Verstärkung der zentralen staatlichen Leitung und Planung mit der Erweiterung der Initiative der Kollektive. Gleichzeitig wird die materielle Verantwortlichkeit für die Arbeitsergebnisse erhöht. Bekanntlich sah Lenin die strengste Verantwortung und „freiwillige Durchführung der Vorschriften und

der Rechte der Produktionsvereinigungen (Betriebe) der Industrie bei der Planung und Wirtschaftstätigkeit und zur Stärkung ihrer Verantwortlichkeit für die Arbeitsergebnisse“ wurde mit dem 1. Januar 1984 ein umfangreiches Experiment zur Vervollkommnung des Wirtschaftsmechanismus des entwickelten Sozialismus begonnen.

Anordnungen, die notwendig sind, damit der Wirtschaftsmechanismus wirklich so arbeitet wie eine Uhr"[13], im engen Zusammenhang. Wissenschaftlichkeit, Sachlichkeit und objektive Beurteilung der Ergebnisse sind wichtige Voraussetzungen für die Durchführung des Experiments. Seinem Wesen nach ist es die Realisierung des Modells des Wirtschaftsmechanismus der nächsten Zukunft,[14] d. h. eine wichtige Etappe bei der Einstellung auf den intensiven Reproduktionstyp.

4.2. Durchsetzung der Effektivität mittels Wertkategorien

Hauptanliegen unserer ökonomischen Strategie ist es, durch die Entwicklung und ökonomische Nutzung der modernen Wissenschaft beschleunigt Effektivitätszuwachs in der Volkswirtschaft zu erzielen.

Eine so betont auf Rationalität gerichtete ökonomische Strategie gibt zwangsläufig der *Gesamteffektivität* des Reproduktionsprozesses die bestimmende Funktion in der Kette von der Entnahme der Rohstoffe aus der Natur bis hin zur individuellen und gesellschaftlichen Konsumtion. Gesamteffektivität ist mit umfassender Ökonomie der Zeit identisch, denn nach Marx löst sich alle Ökonomie in *Ökonomie der Zeit* auf. Dieser ökonomische Generalnenner ist trotz der enger gewordenen Wechselbeziehung zur Ökonomie der Naturressourcen noch immer gültig.

Das reproduktionstheoretische Denken in Zeitkategorien ist eine unverzichtbare Notwendigkeit, um die bestmögliche Durchsetzung der Ökonomie der Zeit in ihrer über die Kategorien der Warenproduktion vermittelten Form zu verstehen und handhabbar zu gestalten. In *Geldgrößen erfaßte Ökonomie* kann und soll im Sozialismus *Mittel zur umfassenden Zeitökonomie* sein und darf sich nicht verselb-Intensivierung letztlich der Übergang zur allseitigen Ökonomie der Zeit im Marxschen Sinne.

[13] W. I. Lenin, Die nächsten Aufgaben der Sowjetmacht, in: Werke, Bd. 27, a. a. O., S. 201.

[14] Vgl. K. Černenko, Delo vsej partii, dolg každogo kommunista, in: Kommunist (Moskva), 15/1983, S. 18ff.

4.2.1. Anforderungen an die Ausnutzung der Wertkategorien zur Durchsetzung der Ökonomie der Zeit

Die sozialistische Produktion ist, obwohl in Warenform organisiert, an der *allseitigen Ökonomie der Zeit* interessiert, da es bei der Steigerung der Arbeitsproduktivität und der Effektivität vor allem um die Schaffung von disponibler Zeit geht.

In den *Wechselbeziehungen von vorgeschossenem und laufendem Aufwand im Reproduktionsprozeß* kommen die Probleme der Durchsetzung der Ökonomie der Zeit mit Hilfe von Wertkategorien besonders deutlich zum Ausdruck.

Ausgangspunkt für das Verständnis von vorgeschossenem und laufendem Aufwand als Faktoren der Effektivität des gesellschaftlichen Reproduktionsprozesses und ihrer Beeinflussung ist ihre Wechselbeziehung. Diese äußert sich nach Marx in der „Vermehrung der Produktivkraft der Arbeit“[15] als Gebrauchswert des fixen Kapitals und den daraus entspringenden zusätzlichen Möglichkeiten für erhöhte Konsumtion, Ausbau der nichtproduzierenden Bereiche, verstärkte Akkumulation und erweiterte Freizeit. Marx bezeichnete es somit als allgemeine Gesetzmäßigkeit, daß infolge der Verbesserung der technologischen Bedingungen durch mehr und leistungsfähigere Produktionsmittel die Ergiebigkeit der Arbeit steigt, oder, in anderen Worten, daß ein Zusammenhang zwischen der Zunahme des fungierenden vorgeschossenen Aufwands im Produktionsprozeß und der Abnahme des laufenden Aufwands je Erzeugniseinheit besteht. Je geringer dabei die Zunahme des vorgeschossenen Aufwands für eine bestimmte Steigerung der Arbeitsproduktivität — der grundlegenden Kategorie der Ökonomie des laufenden Aufwands an lebendiger und vergegenständlichter Arbeit — ist, desto *größer* ist die Effektivität. Um den Anforderungen der fondssparenden Reproduktion zu entsprechen, muß die Steigerung der Arbeitsproduktivität die Erhöhung des Fondsvorschusses im Entwicklungstempo übertreffen.

Im Sozialismus hat gesellschaftliche Arbeit die grundsätzliche Funktion, Bedürfnisse zu befriedigen. Darin besteht die *Einheit* von vorgeschossenem und laufendem Aufwand. Daß zwischen beiden Aufwandsarten *unterschieden* wird, liegt in der spezifischen Funktion zur Durchsetzung der Ökonomie der Zeit im gesellschaftlichen Maßstab

[15] K. Marx, Grundrisse der Kritik der politischen Ökonomie, a. a. O., S. 652.

und erscheint, wie im einzalnen noch zu zeigen ist, in den möglichen unterschiedlichen Zeiträumen von der Verausgabung der Arbeit bis zur konsumtiven Wirksamkeit.

Die ständige *Aufhäufung* von Arbeit in *vergegenständlichter* Form mit dem Ziel, durch deren Nutzung im darauf folgenden Prozeß Arbeit in Form von *laufendem* Aufwand je Gebrauchswerteinheit *einzusparen*, ist ein *durchgängiges Problem* bei Marx, eben weil es ein Grundproblem der gesellschaftlichen Ökonomie der Zeit darstellt. Bereits ganz am Anfang des „Kapitals" ist es mit der Feststellung angesprochen, daß es für die Existenz eines Gegenstandes als Ware unwesentlich ist, „wie die Sache das menschliche Bedürfnis befriedigt, ob unmittelbar als Lebensmittel, d. h. als Gegenstand des Genusses, oder auf einem Umweg, als Produktionsmittel."[16] Der Sinn dieses Umwegs besteht in höherer Rationalität des Stoffwechsels zwischen Mensch und Natur, die zugleich unter sozialistischen Bedingungen den Spielraum für die persönlichkeitsfördernde Gestaltung dieses Stoffwechsels erweitert.

Bei den *Arbeitsgegenständen* ist dieser Umweg durch die gesellschaftlich geteilte Arbeit in hohem Maße determiniert: das Produkt muß mehrere Stufen durchlaufen, ehe es Gegenstand des Genusses sein kann. Das erfordert Vorräte als eine Form von vorgeschossenem Aufwand. Dagegen besteht bei den *Arbeitsmitteln* über die Länge des Umwegs theoretisch größerer Entscheidungsspielraum, der jedoch durch die politischen und ökonomischen Bedingungen in seinem Optimum weitgehend bestimmt ist. Diese Aufhäufung von Arbeit als Beitrag zum Produktivitätsfortschritt, die Akkumulation, bezeichnet Engels als „die wichtigste progressive Funktion der Gesellschaft"[17]. Damit wird ihre Langzeitwirkung anschaulich hervorgehoben.

Eine Bemerkung zur Terminologie hinsichtlich der akkumulierten Arbeit. Im reproduktionstheoretischen Sinn ist der Ausdruck „Vorgeschossener Aufwand" für die aufgehäufte Arbeit viel treffender als die Bezeichnung „einmaliger" Aufwand. Denn auch dieser sogenannte Aufwand wird natürlich als laufender Aufwand verausgabt; die Grundmittel im produktiven Bereich im Werte von mehr als 500 Mrd. Mark in der DDR stellen laufenden Aufwand in *den* Perio-

[16] K. Marx, Das Kapital, Erster Band, in: MEW, Bd. 23, a. a. O., S. 49.
[17] F. Engels, Herrn Eugen Dührings Umwälzung der Wissenschaft (Anti-Dühring), in: MEW, Bd. 20, a. a. O., S. 290.

den dar, in denen die Arbeit aufgehäuft wurde. Diese Grundmittel verursachen auch ohne ihre Erweiterung ständigen laufenden Aufwand im Rahmen ihrer einfachen Reproduktion. Und im Umfang ihres physischen und moralischen Verschleißes stellen sie laufenden Aufwand für die damit gefertigten Produkte dar.

Es ist also keineswegs Einmaligkeit, die diese Aufwandsart heraushebt. Vielmehr ist es der *Zeitpunkt* bzw. *Zeitraum* des Entstehens dieses Aufwands; er liegt – im Unterschied zum laufenden Aufwand – *vor* der Aufnahme der Produktion. Im Zeitraum der Verwendung des Ergebnisses dieses Aufwands zur Erweiterung der Reproduktion stellt er Abzug vom unmittelbar konsumierbaren Produkt dar, wird in stofflicher Form gewissermaßen auf die „hohe Kante" gelegt; erst später zahlt er sich in einem Mehr an möglicher Konsumtion infolge Verringerung des laufenden Aufwands je Gebrauchswert aus. Deshalb ist die Bezeichnung vorgeschossener Aufwand vorzuziehen, wobei die Dauer bis zum Abschluß des Vorschusses, also bis zum vollen Rückfluß an die Gesellschaft, sehr unterschiedlich sein kann.

Daraus ergibt sich als Schlußfolgerung: Das eigentliche reproduktionstheoretische Problem der Ökonomie von vorgeschossenem und laufendem Aufwand liegt *nicht* in der Vergleichbarkeit der *Art* des Aufwands. Da beide Arten gleiche Substanz enthalten – denn sie sind Produkte menschlicher Arbeit –, sind sie auch eindeutig kommensurabel. Das gilt unabhängig von ihrer Form als Ware, bei der diese Substanz als Tauschwert eine eigenständige Erscheinungsform erhält. Das Problem liegt vielmehr in der den jeweiligen Bedingungen entsprechenden komplexen *ökonomischen und sozialen Wertung des Unterschieds der Zeiträume bzw. Zeitpunkte zwischen dem Entstehen des Aufwands und seinem „Wirksamwerden" als Mittel der Konsumtion.* Dabei muß für die Konsumtion ein bestimmter „Verstärkereffekt" erwartet werden, der einen solchen Zeitverzug rechtfertigt. Der Verstärkereffekt für die Konsumtion ist um so größer, je höher die Einsparung an laufendem Aufwand während der Nutzung des vorgeschossenen Aufwands ist. Das ist nur eine andere Ausdrucksweise für den Sachverhalt, daß die ökonomische Effektivität um so höher ist, je weniger Fondsvorschuß für eine bestimmte Steigerung der Arbeitsproduktivität erforderlich ist.

Wenn andererseits als charakteristisch für den vorgeschossenen Aufwand seine allmähliche wert- und damit aufwandsmäßige Transformation in mit seiner Hilfe gefertigte Gebrauchswerte hervorgehoben wird, so ist das nur ein anderer und auch nicht vollständiger

Ausdruck für eintretende Zeitverschiebungen zwischen der Verausgabung der Arbeit und ihrem Eingehen in die Konsumtion. Die Arbeit eines Bäckers ist um Größenordnungen der Konsumtion näher als die eines Konstrukteurs von Produktionsinstrumenten zur Herstellung von Produktionsinstrumenten. Der allmähliche, sich unter Umständen über viele Jahre erstreckende Verbrauch der Grundmittel ist kein vollständiger Ausdruck der eintretenden Zeitverschiebung, weil in diese Zeitverschiebung außerdem der Zeitraum für das Aufhäufen dieses Aufwands bis zur Aufnahme der Produktion im fertiggestellten Objekt mit eingeht.

Es ist eine *Zeitverschiebung mit dem Ziel des Zeitgewinns;* Zeit einmal verstanden als einseitig gerichtete Größe, als Abschnitt auf der Zeitachse, zum anderen als Maß der Dauer der Verausgabung von Arbeit und damit als Maß der Arbeit selbst. *Ökonomie der Zeit im weitesten Sinne umfaßt in diesem Zusammenhang: Möglichst geringen Arbeitszeitvorschuß für eine möglichst große Zeiteinsparung bei minimaler Zeitverschiebung zwischen Vorschuß und Einsparung für jedes einzelne Vorhaben einschließlich des Wirksamwerdens zu einem möglichst frühen Zeitpunkt.*

Dabei bedarf es eines ausgewogenen Verhältnisses zwischen kurz-, mittel- und langfristig wirksam werdender Akkumulation, um den Prozeß der Erhöhung der Ökonomie der Zeit kontinuierlich und unumkehrbar zu gestalten. Die Möglichkeiten dazu sind unerschöpflich und wurden mit den Fortschritten in Wissenschaft und Technik bei Bestehen sozialistischer Produktionsverhältnisse ökonomisch und gesellschaftlich immer ergiebiger. Die Schlüsselfrage der Ökonomie der Zeit und damit auch der Arbeitsproduktivität besteht heute darin, „daß die wissenschaftlich-technische Arbeit unmittelbar ihren Niederschlag findet in einem hohen volkswirtschaftlichen Endergebnis, das mit immer weniger Aufwand hergestellt wird".[18] Dem dient die zielstrebige Vervollkommnung des Systems der Leitung, Planung und wirtschaftlichen Rechnungsführung.

Maschinerie ersetzte — und das gilt, wenn auch mit abnehmender Tendenz, bis in die Gegenwart — vor allem lebendige Arbeit. „Ausschließlich als Mittel zur Verwohlfeilerung des Produkts betrachtet,

[18] G. Mittag, Theoretische Verallgemeinerung der Erfahrungen der Entwicklung der Kombinate für die Leistungssteigerung in der Volkswirtschaft, insbesondere bei der Nutzung der qualitativen Faktoren des Wachstums, in: Wirtschaftswissenschaft, 1/1984, S. 43.

ist die Grenze für den Gebrauch der Maschinerie darin gegeben, daß ihre eigne Produktion weniger Arbeit kostet, als ihre Anwendung Arbeit ersetzt."[19] An dieser Grenze erlischt objektiv der zeitversetzte konsumtionsbezogene „Verstärkereffekt". Im Kapitalismus ist diese Grenze bekanntlich enger, weil die Maschinerie hier, um vorteilhaft zu sein, weniger Arbeit kosten darf, als durch ihre Nutzung am *bezahlten* Teil der lebendigen Arbeit eingespart wird.

Diese Feststellung darf allerdings nicht so verstanden werden, daß im Sozialismus Maschinen sofort und überall angewendet werden können, wo sie Arbeit einsparen würden. Die Akkumulationskraft reicht nicht aus, um alle technisch gegebenen Möglichkeiten zu nutzen. Wesentlich ist jedoch, daß die engere Grenze im Kapitalismus sich aus dem Wesen der Kapitalverwertung ergibt, also systembedingt ist. Während sich die Grenzen im Sozialismus mit der Erhöhung der Akkumulationskraft erweitern, weil die Gesellschaft dann auf der Grundlage größeren und kontinuierlich wachsenden materiellen Reichtums mit einer größeren Zeitverschiebung belastet werden, also zusätzlich Zeitersparnis realisieren kann. „In einer kommunistischen Gesellschaft hätte daher die Maschinerie einen ganz andren Spielraum als in der bürgerlichen Gesellschaft."[20] Aber auch dann wird der Kampf um die bei gegebenen Bedingungen geringste Zeitverschiebung zwischen Aufwand und Ergebnis nichts von seiner grundlegenden Bedeutung verlieren.

Das macht deutlich, daß die Wirtschaftspolitik Produktivität immer im Zusammenhang mit dem dafür erforderlichen vorgeschossenen Aufwand nach seiner Höhe sowie nach der Dauer seiner Nutzung und seines Rückflusses bewerten muß. Dabei werden in der Regel die vorgeschossenen Aufwände in Kategorien der Warenproduktion und die Nutzungsdauer direkt in Zeit widergespiegelt. Jedoch können Rückflußdauer als Zeitökonomie im reproduktionstheoretischen Sinn einerseits und ausgedrückt in Kennziffern, abgeleitet aus Kategorien der Warenproduktion andererseits, wesentliche Unterschiede aufweisen. Da es aber im Sozialismus in Übereinstimmung mit dem Grundgesetz letztlich um Zeitökonomie geht, diese aber vorwiegend über Kategorien der Warenproduktion zu erfassen und durchzusetzen ist, gilt es, sich Klarheit über Sinn und

[19] K. Marx, Das Kapital, Erster Band, in: MEW, Bd. 23, a. a. O., S. 414.
[20] Ebenda, S. 414. Fußnote.

Aussage einer Rückflußdauer als Kategorie der unmittelbaren Zeitökonomie zu verschaffen.

Für das reproduktionstheoretische Verständnis erscheint es angebracht, zwei Formen des Rückflusses zu unterscheiden. Einmal erfolgt Rückfluß des Vorschusses beim Gebrauch durch Wertübertragung, der sich in den Amortisationen ausdrückt. Die Dauer dieses Rückflusses stimmt mit der normativen Nutzungsdauer überein. Dann ist der Vorschuß aufgebraucht und muß materiell ersetzt werden. Auch das ist eine Form des Rückflusses, wirksam als zeitweise Aufhebung der Bindung finanzieller Mittel. Zum anderen erfolgt Rückfluß in Form von absoluten Einsparungen im Zeit- bzw. vorwiegend im Geldausdruck. In diesem Sinn wird der Begriff der Rückflußdauer in der Regel angewendet. Sie zeigt an, in welcher Frist diese Einsparungen die Höhe des Vorschusses erreicht haben. Dabei ist der Rückfluß, gemessen in Arbeit, früher erreicht als der Rückfluß, gemessen in Geld. Darauf wird im folgenden näher eingegangen, denn Klarheit darüber kann dazu beitragen, die von Marx im Kapitalismus gesehenen engeren Grenzen der Anwendung der Maschinerie zu verstehen und bei Anwendung von Kategorien der Warenproduktion in der wirtschaftlichen Rechnungsführung zu beachten.

Unter sonst gleichen Bedingungen bestimmen Rückfluß- *und* Nutzungsdauer den Nutzeffekt. Dieser Zusammenhang ist ein doppelter. Zum einen wird über die Nutzungsdauer die Höhe der jährlichen Amortisationen bestimmt, die zu Lasten der brutto erzielten jährlichen Einsparungen die Rückflußdauer beeinflussen. Zum anderen ist die Höhe der Einsparungen insgesamt von den erzielten jährlichen Einsparungen und von der Dauer der möglichen Nutzung abhängig. Für die Bestimmung des zulässigen Investitionsaufwands aus der Vorgabe von Nutzungsdauer, Rückflußdauer und zu erreichender Einsparung besteht folgender grundsätzlicher Zusammenhang:

$$I = \frac{N \cdot R}{N + R} \cdot E. \qquad (1)$$

Dabei bedeuten:

I = zulässiger Investitionsaufwand,
N = Nutzungsdauer,
R = Rückflußdauer,
E = Einsparung (ohne Verrechnung der Amortisationen).

Entsprechend ist

$$R = \frac{I}{E - \frac{I}{N}}. \tag{2}$$

Generell ist die Tendenz zu beobachten, daß die Nutzungsdauer neben dem physischen wesentlich durch den moralischen Verschleiß begrenzt wird. Dieser kann jedoch in erheblichem Umfang durch Modernisierung über einen beträchtlichen Zeitraum abgefangen werden. Zum Teil ergeben sich gerade durch den wissenschaftlich-technischen Fortschritt völlig neue Möglichkeiten dafür. Das gilt besonders dann, wenn die technologische Grundfunktion des Aggregats weiter genutzt werden kann und über Zusatzeinrichtungen Arbeitsgeschwindigkeit, Arbeitsgenauigkeit, Bedienungsaufwand, Ausnutzungsgrad usw. verbessert werden können.

Die Verwendung des Begriffes Rückfluß im Zusammenhang mit der Zeitökonomie bedarf abschließend noch einer Präzisierung. Im Unterschied zum Geld kann Zeit im eigentlichen Sinne nicht zurückfließen; vielmehr geht es dabei um Mengen an *Arbeit*, die in Zeit ausgedrückt sind. Sie werden einerseits vorgeschossen, und aufgrund dieses Vorschusses wird anschließend Arbeit absolut oder relativ eingespart. Sinnvoll ist die Bezeichnung als Rückfluß in diesem Zusammenhang nur für saldierte Zeiteinsparungen. Als reproduktionstheoretisches Kriterium für diese Art von „Rückflußdauer" bietet sich der Zeitraum an, in dem der durch die „Umweg"-produktion eingetretene Konsumtionsausfall wieder wettgemacht ist, also beispielsweise mit einer Maschine, die 1000 Stunden Arbeit gekostet hat, netto 1000 Stunden absolut eingespart sind. Das bedeutet aber keineswegs, daß der zusätzliche Fondsvorschuß *in Geldform* ebenfalls zurückgeflossen ist.

Welche Anforderungen an die Ausnutzung der Wertkategorien zur Durchsetzung der Ökonomie der Zeit gestellt werden, wird letztlich durch das Ziel der sozialistischen Produktion bestimmt. Da dieses Ziel in Übereinstimmung mit dem Grundgesetz des Sozialismus in „der *höchsten* Wohlfahrt und der freien *allseitigen* Entwicklung *aller* Mitglieder der Gesellschaft"[21] besteht, bilden die *Konsumtionseffekte der Produkte in der Einheit von Gegenwart und Zukunft*, also betrachtet

[21] W. I. Lenin, Bemerkungen zum zweiten Programmentwurf Plechanows, in: Werke, Bd. 6, a. a. O., S. 40.

im Prozeß der ständigen Wiederholung, die Ergebnisseite der volkswirtschaftlichen Gesamteffektivität. Vorwiegend über die Konsumtion dienen die Gebrauchswerte letztlich der Entwicklung des Menschen als Subjekt und zugleich als Produkt der Geschichte.

Daraus ergibt sich für die Fragestellung zweierlei.
Erstens: In der dialektischen Einheit der Ware als Wert und Gebrauchswert hat im Sozialismus der Gebrauchswert die Priorität, weil dieser für die Konsumtion (für die Bedürfnisbefriedigung) bestimmend ist. Zweitens: Ökonomie der Zeit im Sozialismus umfaßt unmittelbar alle Phasen des Reproduktionsprozesses einschließlich der Konsumtion, wobei in der Produktion die entscheidenden Grundlagen dafür gegeben bzw. zu schaffen und ständig zu vervollkommnen sind.

Um die volle Durchsetzung der Ökonomie der Zeit als Problem der wirtschaftlichen Rechnungsführung zu erfassen, ist zunächst zu untersuchen, wie sich die dem kapitalistischen System immanente Schranke für die Steigerung der Arbeitsproduktivität in Kategorien der Warenproduktion widerspiegelt. „Für das Kapital ... gilt das Gesetz der gesteigerten Produktivkraft der Arbeit nicht unbedingt“[22], damit also nur bedingt, da der Nutzen vom Standpunkt des Kapitals „aus der Vermindrung nicht der angewandten, sondern der bezahlten Arbeit entspricht“.[23] Der kapitalistische Regelmechanismus wirkt auf die Verringerung des gesellschaftlich notwendigen Arbeitsaufwands nicht direkt, sondern über die Verringerung des Kostpreises. Und da wirkliche Kost und (vom Kapitalisten) bezahlte Kost nicht identisch sind, ist nach Marx die Steigerung der Produktivkraft der Arbeit für das Kapital nicht voll identisch mit der Steigerung der allgemeinen Produktivkraft der gesellschaftlichen Arbeit.

Maschinerie ist eine Form der vergangenen Arbeit. Bei ihrem Kauf wird im Preis auch der Mehrwert bezahlt; realisierter Mehrwert des Produzenten wird damit zum Kostenbestandteil beim Anwender. Die durch Maschinerie ersetzte lebendige Arbeit schlägt aber nur mit dem *bezahlten* Teil, dem notwendigen Produkt, als Verminderung der Kosten zu Buche. Für eine kostenneutrale Substitution muß deshalb in Abhängigkeit vom Verhältnis zwischen notwendiger und Mehrarbeit ein Mehrfaches an lebendiger Arbeit eingespart werden; erst darüber hinaus wird die Substitution für das Kapital interessant, weil profitabel. Bei einer Teilung von 40% notwendiger Arbeit und 60%

[22] K. Marx, Das Kapital, Dritter Band, in: MEW, Bd. 25, a. a. O., S. 272.
[23] K. Marx, Das Kapital, Erster Band, in: MEW, Bd. 23, a. a. O., S. 415.

Mehrarbeit liegt diese Grenze bei 2,5 Stunden eingesparter lebendiger Arbeit für 1 Stunde zusätzlicher vergangener Arbeit.

Die wirtschaftliche Rechnungsführung im Sozialismus arbeitet mit den Kategorien Preis, Kosten, Gewinn usw., wenn diese auch völlig andere soziale Verhältnisse beinhalten. Bei den Selbstkosten zeigt sich das u. a. in der unterschiedlichen Homogenität. Im Kapitalismus stellen sie eine anteilige produktbezogene Addition von Preisen der zum Zwecke der Verwertung gekauften Waren dar. Dagegen setzen sich die Selbstkosten im Sozialismus dem Wesen nach aus Preisen für gekaufte Waren, als deren anteiligen Produktionsverbrauch, aus dem direkt in Geldform gezahlten Anteil am gemeinsamen Konsumtionsfonds für die an der Produktion beteiligten Arbeitskräfte und mit Einführung des Beitrages für gesellschaftliche Fonds (darauf wird im folgenden näher eingegangen) aus einer Beteiligung der Wirtschaftseinheiten an den gesellschaftlichen Aufwendungen für die Reproduktion des gesellschaftlichen Arbeitsvermögens zusammen.

Ökonomie der Zeit ist direkt auf Einsparung an *Arbeit* gerichtet. Gleichzeitig kann aber auf die Hebelwirkung der *Selbstkosten* auf der Ebene der Kombinate und Betriebe nicht verzichtet werden, eben weil eine direkte durchgängige Rechnung in Zeit (noch) nicht möglich ist. Deshalb ist die Kenntnis der Möglichkeiten einer unterschiedlichen Entwicklung von Selbstkosten einerseits und dem Gesamtquantum der im Produkt steckenden Arbeit andererseits von theoretischer und wirtschaftspolitischer Bedeutung, um das Intensivierungspotential ökonomisch und sozial voll zu nutzen.

Das wird bei Substitutionsprozessen der verschiedensten Art deutlich. Im klassischen Fall der Verminderung der lebendigen Arbeit durch Erhöhung des Fondsvorschusses treten kostenmäßig gesehen an die Stelle von Geldbeträgen für lebendige Arbeit Geldbeträge für vergegenständlichte Arbeit, die je Geldeinheit ein geringeres Quantum Arbeit ausdrücken als die Geldeinheiten, die die Einsparungen an bezahlter lebendiger Arbeit anzeigen. Im Extremfall kann so ein sinkendes Arbeitsquantum je Produkt mit steigenden Selbstkosten verbunden sein. Wichtig ist, daß aus volkswirtschaftlicher Sicht schon bei Kostenneutralität erhebliche Arbeitseinsparungen vorhanden sind. Das ist von Bedeutung für die Beurteilung der Effektivität bei der Beseitigung von Arbeitsplätzen mit körperlich schweren, extrem monotonen oder gesundheitsgefährdenden Anforderungen.

Dabei könnte sich die Frage erheben, ob die Effektivitätsanforderungen im Sozialismus generell geringer sein dürfen als im Kapitalismus. Das ist natürlich nicht der Fall. Auch im Sozialismus ist nicht jede technisch mögliche Verringerung des laufenden Aufwands ökonomisch realisierbar, sondern es muß dabei eine bestimmte untere *Schwelle der Effektivitätssteigerung überschritten* werden.

Weichen die betrieblichen und die gesellschaftlichen Kosten für lebendige Arbeit zu stark voneinander ab, können sich daraus Hemmnisse für die Durchsetzung des wissenschaftlich-technischen Fortschritts entwickeln. Solche Abweichungen sind objektiv bedingt, da die Kosten, die für Bildung und Gesundheit überwiegend auf der Ebene der Volkswirtschaft anfallen, vom Staatshaushalt getragen werden. Auch die umfangreichen Stützungen, die aus gesellschaftlichen Fonds für die Beibehaltung niedriger Verbraucherpreise bei Waren des Grundbedarfs, für Verkehrstarife und Mieten oder als Zuschüsse für kulturelle Einrichtungen gezahlt werden, *verringern* die in den Wirtschaftseinheiten anfallenden Kosten für die lebendige Arbeit und damit *die Kosteneinsparung bei der Substitution lebendiger durch vergegenständlichte Arbeit.* In der DDR wurde deshalb — beginnend 1984 in der Industrie — ein kalkulatorischer „Beitrag für gesellschaftliche Fonds" in Höhe von 70% der Lohnkosten als Selbstkostenbestandteil eingeführt.[24] Damit erhalten Einsparungen an lebendiger Arbeit einen stärkeren Ausweis in der Selbstkostensenkung.

Diese Regelung darf nicht als Aufweichung strenger Effektivitätsmaßstäbe fehlinterpretiert werden, sondern stellt Veränderungen in der Kombination der Elemente des Produktionsprozesses stärker in den gesellschaftlichen Reproduktions- und Effektivitätsbezug.

Ähnliche Probleme wie bei der Substitution lebendiger Arbeit durch erhöhten Fondsvorschuß treten auf, wenn bisher selbst durchgeführte Arbeiten in andere Betriebe verlagert werden, Prozesse, die mit der Vertiefung der Spezialisierung und Kooperation untrennbar verbunden sind. Trotz Einsparung an gesellschaftlicher Arbeit können bezogene Teile, beispielsweise zentral gefertigte Zahnräder, zu Recht „teurer" sein als in Eigenfertigung, weil sie nunmehr mit dem anteiligen Produkt für die Gesellschaft bzw. dem Gewinn des Herstellers in die Selbstkosten beim Anwender eingehen. Entscheidungsgrundlage für den Aufbau solcher zentraler Fertigungen kann also nur der Vergleich entweder der vollen Zeitaufwände bzw. nach gleichen

[24] Vgl. Verordnung über den Beitrag für gesellschaftliche Fonds vom 14. April 1983, in: Gesetzblatt der DDR, Teil I, Nr. 11, Berlin, 4. Mai 1983, S. 105.

Kalkulationsrichtlinien gebildeten Preise oder der Stück*selbst*kosten sein, nicht aber der *Preis* bei Fremdbezug mit den *Selbstkosten* der Eigenfertigung.

Wird dagegen vorgeschossene Arbeit dazu eingesetzt, vergegenständlichte Arbeit in Form von Material oder Energie einzusparen – und die notwendigen hohen Raten solcher Einsparungen bedürfen der Investitionen ebenso wie bei lebendiger Arbeit –, so werden kostenmäßig Geldeinheiten mit gleicher Arbeitshaltigkeit substituiert; kostenneutrale Substitutionen sind auch arbeitsneutral.
Hierbei gewinnt jedoch für die Zeitökonomie die Stofförkonomie einschließlich der Energieökonomie zunehmende Bedeutung. Natürlich kostet auch die Maschinerie, die zur Ökonomisierung von Naturstoff eingesetzt wird, selbst Material und Energie. Es kommt also darauf an, mit wenig, aber hochveredeltem Naturstoff möglichst viel Naturstoff einzusparen. Wertmäßig gleiche Materialeinsparungen enthalten um so mehr Naturstoff, je früher sie in den Stufen der gesellschaftlich geteilten Arbeit eingespart werden. Andererseits wird bei zunehmender Veredlung mit der gleichen Menge an Naturstoff eine wachsende Menge gesellschaftlicher Arbeit eingespart.

Um Ökonomie im Maßstab der gesamten Gesellschaft durchsetzen zu können, sind zuverlässige Aussagen über das Quantum an Arbeit je Erzeugniseinheit unverzichtbar. Ist eine unmittelbare Zeitrechnung nicht möglich – und die historische Entwicklung hat gezeigt, daß in der ersten Phase der kommunistischen Gesellschaft die Nutzung der Kategorien der Warenproduktion für die Funktionsfähigkeit des Reproduktionsprozesses unerläßlich ist –, so müssen diese Informationen über die Geldrechnung vermittelt werden. Das heißt, die Preise der Waren müssen dem gesellschaftlichen Arbeitsaufwand weitgehend proportional sein. Das gilt vor allem, solange die Waren sich innerhalb des Reproduktionsprozesses befinden, weil sonst eine optimale Kombination der grundlegenden Elemente des Arbeitsprozesses ebenso unmöglich ist, wie der von Engels für die Planaufstellung geforderte Vergleich des gesellschaftlichen Nutzens der Gebrauchswerte mit den gesellschaftlichen Zeitaufwänden für ihre Herstellung. Haben die Produkte die Produktionssphäre verlassen, verliert die Meßfunktion der Preise ihre Dominanz und ist der Verteilungsfunktion für die Produkte unter die Klassen und Schichten der Bevölkerung untergeordnet.

Beim Übergang zur umfassenden Intensivierung hat die Ökonomie von vorgeschossenem und laufendem Aufwand eine Schlüsselstellung inne. In der Vergangenheit war das Tempo der Verringerung des laufenden Aufwands in der Regel mit einer annähernd umgekehrt proportionalen Entwicklung des vorgeschossenen Aufwands verbunden. Erhöhung des Grundfondsvorschusses in vergleichbaren Preisen und Steigerung der Arbeitsproduktivität verliefen tendenziell etwa gleichförmig. Doch haben geringe Unterschiede große ökonomische Wirkung. Von 1955 bis 1982 stieg das durchschnittliche Nettoprodukt, also das Nationaleinkommen, je Berufstätiger in den produzierenden Bereichen von 8364 Mark auf 30751 Mark[25], also auf 368%. Die vergleichbare durchschnittliche Grundfondsausstattung erhöhte sich von 21088 Mark auf 81986 Mark, also auf 389%. Trotz recht unterschiedlicher Entwicklung in den einzelnen Jahren weist damit die Grundfondsquote über einen längeren Zeitraum eine auffällige Konstanz nach. Seit 1975 verringerte sie sich jedoch um nahezu 10%.

Obwohl jährlich erhebliche Mengen an Arbeit akkumuliert wurden, die stofflich eine Vervielfachung der Grundfonds bewirkten, hat im Verhältnis dazu das darin verkörperte Volumen an gesellschaftlicher Arbeitszeit nur unwesentlich zugenommen. 1955 entsprach der vorgeschossene Aufwand je Arbeitskraft dem Jahresnettoergebnis von 2,52 produktiven Arbeitern. Er stieg, trotz der stofflichen Erhöhung auf nahezu das Vierfache, lediglich auf das Jahresnettoergebnis von 2,67 produktiven Arbeitern, und das bei spürbarer Verkürzung der jährlichen Arbeitszeit. Die Erklärung dafür liegt darin, daß die Erhöhung des Werts der fungierenden Grundfonds durch Akkumulation mit ihrer „Entwertung“ durch die Steigerung der Arbeitsproduktivität einhergeht. Vernachlässigt man diesen Zusammenhang in der Zeit, also im Wertausdruck, und betrachtet nur die Entwicklung der Geldbeträge der Grundfondsausstattung, so liegt — verstärkt durch die Tendenz steigender Wiederbeschaffungspreise — der irrige Schluß nahe, daß der Substitutionsaufwand für eine Arbeitskraft im Laufe der Jahrzehnte unendlich groß wird. Im Wesen der umfassenden Intensivierung liegt jedoch, fondssparende Wege der Reproduktion durchzusetzen. Damit nimmt die Masse der je Beschäftigten eingesetzten Grundfonds weiter zu, auch ihr Preisausdruck wird steigen. *Dagegen nimmt die erforderliche Reproduk-*

[25] Die Abweichungen gegenüber dem Statistischen Jahrbuch der DDR 1983, S. 13, ergeben sich durch die Berechnung *ohne* Einbeziehung der Lehrlinge.

tionszeit ab, indem die Arbeitsproduktivität schneller als die Grundfondsausstattung wächst, was sich in der Zunahme der Grundfondsquote (netto) niederschlägt.

4.2.2. Schlußfolgerungen für die ökonomische Bewertung von Wirtschaftseinheiten und Vorhaben

Die in den Beschlüssen zur weiteren Qualifizierung der Leitung, Planung und wirtschaftlichen Rechnungsführung festgelegten neuen Maßstäbe der Leistungsbewertung der Kombinate und Betriebe orientieren darauf, ein hohes Leistungswachstum auf dem Wege der Intensivierung zu erreichen und einen größeren Beitrag zum real verteilbaren volkswirtschaftlichen Endprodukt zu leisten. Die Zusammenhänge der Hauptkennziffern Nettoproduktion, Gewinn, Erzeugnisse und Leistungen für die Bevölkerung und für den Export wirken in der Richtung, die qualitativen Wachstumsfaktoren intensiver zu nutzen.

Mit der Anwendung der Nettoproduktion als einer Hauptkennziffer der Leistungsbewertung steht vor der Wirtschaftswissenschaft die Aufgabe, „das Wesen der Nettoproduktion als einer leistungs- und effektivitätsorientierten Produktionskennziffer tiefgründig zu erfassen und alle Seiten des Reproduktionsprozesses auf den intensiven Weg der erweiterten Reproduktion einzustellen.“[26] Dazu kann u. U. beitragen, die Anforderungen an das Nettoprodukt der Kombinate und Betriebe normativ zu begründen. Im folgenden wird deshalb ein Vorschlag vorgestellt, der auf den Wechselbeziehungen zwischen dem vorgeschossenen und dem laufenden Aufwand beruht.

Wenn langfristig für die ständige Erhöhung der Arbeitsproduktivität die Ausstattung mit mehr und vor allem mit leistungsfähigeren Grundmitteln je Arbeitsplatz und Arbeitskraft nach wie vor große Bedeutung besitzt, so ist es zur komlexen Wertung ökonomischer Entwicklungen nicht ausreichend, das Nationaleinkommen bzw. seinen Zuwachs nur jeweils *einem* dieser Elemente – lebendige Arbeit oder Grundfonds – *allein* zuzurechnen. Gerade das erfolgt bei der Anwendung von Teilkriterien der Effektivität, und zwar bei der Zurechnung zur lebendigen Arbeit in der Kennziffer Arbeitsproduktivität, bei Zurechnung zu den Grundfonds in der Kennziffer Grundfonds-

[26] Ökonomische Strategie der Partei – klares Konzept für weiteres Wachstum, Berlin 1983, S. 54.

quote. Die im Nationaleinkommen zum Ausdruck kommende Aneignung der Natur findet aber über die durch Arbeitsmittel gestützte lebendige Arbeit im Ergebnis ihres Zusammenwirkens statt.

Die praktischen Schwierigkeiten der Orientierung an der Gesamteffektivität bestehen vor allem darin, daß Arbeitsproduktivität und Fondsquote sich oft gegensätzlich entwickeln. In jedem Produktionsprozeß — betrieblich oder gesellschaftlich — führt die reine Substitution lebendiger Arbeit durch Fonds immer zu einer Steigerung der Arbeitsproduktivität und zu einer Senkung der Fondsquote, gleichgültig, ob in der Warenproduktion oder in der Nettoproduktion ausgedrückt.[27]

Bei der umfassenden Intensivierung des Reproduktionsprozesses steht jedoch die Aufgabe, eine Steigerung der Fondsquote und der Investitionseffektivität zu erreichen. Darauf muß auch die Leistungsbewertung noch stärker orientieren.

Welche Konsequenzen ergeben sich aus der Funktionsgemeinschaft von Arbeitskraft und Grundfonds für die Bewertung der Leistung von Wirtschaftseinheiten oder der Effektivität von Investitionsvorhaben? Nettoprodukt entsteht nur durch lebendige Arbeit. Die Gesellschaft kann und muß daher vom Betrieb bzw. Kombinat für jede von ihm genutzte Arbeitskraft notwendiges und Mehrprodukt fordern. Andererseits wird die Arbeit durch die Produktionsfonds überhaupt erst möglich und mit steigender Ausstattung produktiver, die Arbeitskraft bildet *in der Einheit mit Grundfonds* das produktive Potential. Somit ist es begründet, die Höhe der normativen Zurechnung von Mehrprodukt je Arbeitskraft in Abhängigkeit von ihrer Ausstattung mit Grund- bzw. Produktionsfonds festzulegen. Es bietet sich an, die gleiche Masse an Mehrprodukt für eine Arbeitskraft in Rechnung zu stellen wie für *die* Menge an Grundfonds, die für ihren Ersatz notwendig ist, annähernd ausgedrückt in der durchschnittlichen Ausstattung mit Grundfonds je Arbeitskraft. Das bedeutet, in der Zurechnung des Nettoprodukts entfällt auf eine Arbeitskraft das notwendige

[27] Der Ausweis nach der Nettoproduktion ist sogar stärker betroffen, weil — eine kostenneutrale Substitution angenommen, die aber normalerweise, wie gezeigt wurde, auf jeden Fall mit Zeiteinsparungen verbunden ist — die wegfallenden Lohnkosten zum Nettoprodukt gehören, die anfallenden Amortisationskosten jedoch nicht. Man darf dabei jedoch nicht übersehen, daß mit dem Kauf der Maschine bereits Nettoprodukt realisiert wurde und bei der partiell mit der Nutzung laufenden Reproduktion der Maschine neues Nettoprodukt gebildet wird.

Produkt und die Hälfte des Mehrprodukts. Die andere Hälfte des Mehrprodukts wird proportional der Ausstattung mit Produktionsfonds zugerechnet. Preise, die annähernd solchen Bedingungen entsprechen, besitzen hohe Proportionalität zu den gesellschaftlich notwendigen Arbeitsaufwänden in einer dem Sozialismus adäquaten Modifizierung. Bei etwa 40% primär an die Arbeitskräfte verteiltem Nettoprodukt in der Volkswirtschaft der DDR (gesellschaftliche Fonds sind dabei nicht berücksichtigt) ergeben sich für 1982 unter Einbeziehung der Grundfondsausstattung folgende Wertungsfaktoren der Arbeitskräfte für die einzelnen Bereiche (vgl. Tab. 17).

Tabelle 17: Wertungsfaktoren der Arbeitskraft in Abhängigkeit von der Grundfondsausstattung 1982

Bereich	Arbeitskräfte (Tsd.)	Grundfonds je Arbeitskraft (Mark)	Wertungsfaktor der Arbeitskräfte für	
			Nettoprodukt	Bruttogewinn
Industrie	3208,9	106096	1,09	1,15
Produzierendes Handwerk	259,0	9266	0,73	0,56
Bauwirtschaft	594,6	29516	0,81	0,68
Land- und Forstwirtschaft	904,8	75984	0,98	0,96
Verkehr	579,3	129898	1,18	1,30
Binnenhandel	845,5	32880	0,82	0,70
Sonstige produzierende Zweige	145,6	26099	0,80	0,69
Volkswirtschaft gesamt	6537,7	81986	1,00	1,00

Quelle: Berechnet nach dem Statistischen Jahrbuch der DDR 1983, Berlin 1983, S. 13 und S. 105/106.

Das heißt, das realisierte Nettoprodukt beispielsweise eines Industriearbeiters sollte gegenüber dem eines Bauarbeiters im Durchschnitt 1,09:0,81 = 1,35mal so hoch sein, der Gewinn 1,15:0,67 = 1,69mal, wenn die Preise dem gesellschaftlichen Arbeitsaufwand unter Berücksichtigung der unterschiedlichen Fondsausstattung annähernd proportional sind. Der Anschaulichkeit wegen ist die unterschiedliche Qualifikation nicht berücksichtigt. Doch wäre ein möglicher Schritt in diese Richtung, statt der Anzahl der Personen die Lohnsummen zugrunde zu legen.

Theoretische Grundlage der vorgeschlagenen Zurechnung ist die Gleichsetzung einer Arbeitskraft mit ihrem Freisetzungsaufwand. Bei durchschnittlicher Ausstattung mit Grundfonds bedeutet das, das Reineinkommen jeweils zur Hälfte auf die Arbeitskräfte und zur Hälfte auf die Grundfonds zu berechnen. Da in der praktischen Kalkulation der Gewinn jedoch auf die Verarbeitungskosten erhoben wird, müßten die kalkulatorischen Gewinnzuschläge für die Betriebe und Kombinate entsprechend der Fondsausstattung der Arbeitskräfte differenziert werden, um aufwandsproportionale Preise zu erhalten. Aufwandsproportional wird hier verstanden in der Einheit von vorgeschossenem und laufendem Aufwand, also unter Berücksichtigung der Fondsausstattung als Indikator unterschiedlicher potentieller Produktivität. Das normative Nettoprodukt und der normative Gewinn, abgeleitet aus der tatsächlichen Zahl der Arbeitskräfte und der tatsächlichen Höhe der Grundfonds, könnten die objektive Bezugsgröße für das erzielte Nettoprodukt und den erzielten Bruttogewinn bilden. Investitionen und Veränderungen der Arbeitskräftezahl werden dadurch in die Leistungsbewertung der Kombinate und Betriebe einbezogen und erhöhen deren volkswirtschaftliche Orientierung.

Diese so begründete Zurechnung des Reineinkommens erlaubt es auch, in der Leistungsbewertung der Betriebe und Kombinate der jeweiligen Ressourcensituation Rechnung zu tragen. Das geschieht, indem die Normative auf die jeweils gewollte Substitutionsdynamik ausgerichtet werden. Eine Erhöhung des Nettoprodukt- bzw. Gewinnnormativs für lebendige Arbeit bei Entlastung des Gewinnormativs für vorgeschossenen Aufwand z. B. würde die Einsparung von Arbeitsplätzen durch Investitionen fördern, weil dadurch die Relation des Ist-Gewinns zum Normativgewinn günstig beeinflußt wird. Besteht dagegen ein volkswirtschaftliches Interesse, mit beschränktem Grundfondsvolumen möglichst viel Arbeitskräfte zu beschäftigen, so muß das Gewinnormativ für lebendige Arbeit niedrig sein, weil sich damit der Spielraum für den ökonomisch noch sinnvollen Einsatz von Arbeitskräften erweitert.

Ein solches Herangehen würde es ermöglichen, die künftigen Anforderungen an die Nettoproduktion der Betriebe und Kombinate aus dem geplanten Zuwachs des Nationaleinkommens und der Ressourcenentwicklung für jede Wirtschaftseinheit zu begründen. Erkenntnisse der Effektivitätstheorie werden mit diesem Vorschlag praktisch wirksam gemacht. Die Nettoproduktion wird synthetisch untersetzt, und es entfällt die Notwendigkeit, die Planung der Nettoproduktion im Nachhinein aus der Warenproduktion abzuleiten. Es ist ein Schritt auf dem Wege, „den Plan stärker mit der wirtschaftlichen Rechnungsführung zu verbinden".[28]

Eine solche Bestimmung der normativen Nettoproduktion hat eine gewisse formale Ähnlichkeit mit dem kapitalistischen Herangehen an die ökonomische Effektivität. Dort wird Effektivität nicht gemessen als Verhältnis von Ergebnis und Aufwand im Sinne von Erlösen und Kosten, also an der Profitmasse bzw. an den Kosten je 100 Mark Produktion. Der Effektivitätsbezug entsteht erst dadurch, daß der *Profit zum fungierenden Kapital* ins Verhältnis gesetzt wird. Während hierbei im fungierenden Kapital das produktive Potential zum Ausdruck kommt, wird dieses unter sozialistischen Bedingungen durch die mit Produktionsmitteln versehenen Arbeitskräfte charakterisiert. „Das kostbarste Potential unseres Landes ist das Arbeitsvermögen der über 8 Millionen Werktätigen."[29] Diese bilden unter Einbeziehung der ihnen zur Verfügung stehenden Grundfonds die Bezugsbasis für reale Effektivitätsaussagen.

Im Unterschied zum Kapitalismus ist im Sozialismus die Anhäufung vergangener Arbeit grundsätzlich mit der gezielten Gewinnung von Arbeitskräften für andere Tätigkeiten verbunden. Deshalb muß die Sicherung der Proportionalität von aufgehäufter und lebendiger Arbeit bei der Anwendung des produktiven Potentials berücksichtigt werden.

Die Betrachtung der durchschnittlich mit Grundfonds ausgestatteten Arbeitskraft als Grundeinheit des produktiven Potentials der Gesellschaft macht auch klar, daß Investitionsvorhaben *mit* Zuführung von Arbeitskräften in ihren Anforderungen an Nettoprodukt und Gewinn bei gleicher volkswirtschaftlicher Gesamteffektivität höher liegen können oder sogar müssen als ohne Zuführung von Arbeitskräften. Wird das nicht beachtet, so besteht eine gewisse Neigung der Investoren, durch den Einsatz zusätzlicher Arbeitskräfte in das Projekt die Aufwandssummen zu Lasten des wissenschaftlich-technischen Niveaus der Anlagen zu senken und die Effektivitätsparameter „aufzubessern".

[28] G. Mittag, Hoher Leistungszuwachs für die weitere Stärkung unserer Republik, in: Einheit, 5/1982, S. 468.

[29] 5. Tagung des ZK der SED. Mit Tatkraft und Zuversicht die vor uns liegenden Aufgaben zum Wohl des Volkes meistern. Aus dem Schlußwort des Genossen Erich Honecker, Berlin 1982, S. 24.

Es ist Aufgabe der politischen Ökonomie, die reproduktionstheoretischen Zusammenhänge von vorgeschossenem und laufendem Aufwand, von Einsparung an Arbeit und ihre Widerspiegelung in Wertgrößen, aber auch deren volkswirtschaftliche Konsequenzen für die Gestaltung und Bewertung des Reproduktionsprozesses der Wirtschaftseinheiten präzise zu erforschen.

Aus der Wechselwirkung von vorgeschossenem und laufendem Aufwand als Faktor der Effektivität lassen sich folgende Hinweise für die konsequente Durchsetzung der neuen Maßstäbe der Leistungsbewertung[30] und ihre weitere Vervollkommnung ableiten:

– Die Einheit von materiellen und finanziellen Proportionen ist eine wichtige Voraussetzung, um die Aufgabenstellungen für die Kombinate und Betriebe aus den Erfordernissen der gesamtwirtschaftlichen Dynamik und Bilanziertheit abzuleiten und die volle Entfaltung der wirtschaftlichen Rechnungsführung sowie der persönlichen materiellen Interessiertheit zu sichern.

– Die Nettoproduktion ist als Hauptkennziffer der Leistungsbeurteilung der Betriebe und Kombinate konsequent für die weitere Herausarbeitung intensiver Wege des Produktionswachstums zu nutzen, was die Objektivierung ihrer Aussagekraft einschließt.

– Um Niveau und Dynamik der Nettoproduktion der Kombinate und Betriebe gesellschaftlich werten zu können, muß sie an normativen Anforderungen gemessen werden. Grundlage dafür sind Zahl und Qualifikation der Arbeitskräfte und die Höhe der in Anspruch genommenen produktiven Fonds (d. h. das produktive Potential).

– Reale Wertmaßstäbe sind der Ausgangspunkt, um die Effektivitätsentwicklung richtig zu messen und sie zu stimulieren. Deshalb ist die Preisbildung im Einklang mit den Leistungskriterien weiter zu vervollkommnen.

– Um den wissenschaftlich-technischen Fortschritt als Hauptfaktor einer kontinuierlichen Erhöhung der Effektivität zu beschleunigen, müssen die Interessen der Kombinate und Betriebe stärker in *Kategorien der wirtschaftlichen Rechnungsführung* ausgedrückt werden; ein weiterer Schritt in dieser Richtung ist die Anwendung der

[30] Vgl. Ökonomische Strategie der Partei – klares Konzept für weiteres Wachstum, Berlin 1983, S. 48ff.; Nach neuen Maßstäben die Intensivierung umfassend organisieren, Seminaristische Beratung des ZK der SED mit den Generaldirektoren der Kombinate und den Parteiorganisatoren des ZK, Berlin 1984, S. 42ff., S. 49ff.

wirtschaftlichen Rechnungsführung in der Forschung und Entwicklung.

Die bewußte Ausnutzung der Wechselbeziehungen zwischen vorgeschossenem und laufendem Aufwand gehört zu den Wegen, um die Leistungsbewertung der Kombinate und Betriebe noch konsequenter auf die Erfordernisse des intensiven Reproduktionstyps, insbesondere auf neue Schritte bei der Beschleunigung des wissenschaftlich-technischen Fortschritts, zu orientieren.

4.3. Zur Quantifizierung der Effektivitätssteigerung durch Intensivierung

4.3.1. Wissenschaftlich-technischer Fortschritt — Intensivierung — Effektivität

Das Wirksamwerden des wissenschaftlich-technischen Fortschritts als Hauptfaktor der Intensivierung ist vor allem mit seinen neuen Richtungen verbunden, die in immer größerem Maße ein ressourcensparendes Produktionswachstum gewährleisten, das auch den Anforderungen der Umweltreproduktion am besten gerecht wird. Angesichts der damit verbundenen qualitativen Veränderungen sind neue Methoden erforderlich, um seinen Einfluß auf Effektivität und Wachstum zu messen.[31]

Solche Einzelkennziffern wie Fonds-, Material- und Arbeitskräfteintensität der Produktion besitzen auch weiterhin ihre Berechtigung, weil es um den rationellsten Einsatz aller Ressourcen geht und es sich keine Volkswirtschaft erlauben kann, bestimmte Ressourcen über längere Zeit für Zwecke zu verbrauchen, für die andere wesentlich effektiver sind. Jedoch ist eine Gesamtbeurteilung der Effektivität von zunehmender Bedeutung, um die Wirkungen moderner Richtungen des wissenschaftlich-technischen Fortschritts zu erfassen. Gerade für die Volkswirtschaft insgesamt sind hier weitere Arbeiten notwendig, weil die gegenwärtig angewendeten Berechnungsmethoden es noch nicht in ausreichendem Maße ermöglichen, den Einfluß des

[31] Vgl. A. Ančiškin, Osnovnye napravlenija intensifikacii obščestvennogo proizvodstva, in: Obščestvennye nauki, 4/1981, S. 6.

wissenschaftlich-technischen Fortschritts auf die Veränderungen in der Struktur, im Sortiment und in der Qualität zu berücksichtigen.

Diese Frage ist angesichts des hohen Tempos und der Vielfalt neuer technischer Entwicklungsrichtungen von großer aktueller Bedeutung, um die Veränderungen im Volumen und in der Qualität der Erzeugnisse zu bewerten. Weiterhin ist ihre Lösung Voraussetzung, um Prälich-technischen Fortschritts zu bestimmen. Deren Tempo und Anwendungsbereich hängen vor allem vom wirtschaftlichen Entwicklich-technischen Fortschritts zu bestimmen. Deren Tempo und Anlungsniveau ab, vom wissenschaftlich-technischen Potential, von der wissenschaftlich-technischen Strategie u. a. m.

Um den Einfluß des wissenschaftlich-technischen Fortschritts auf die Intensivierung zu bestimmen, muß davon ausgegangen werden, daß er die Produktionsmittel, die Konsumgüter, Leistungen, Organisationsformen und Leitungsmethoden qualitativ verändert. Der wissenschaftlich-technische Fortschritt beeinflußt die Intensivierung in verschiedenen Richtungen:

1. Erhöhung des qualitativen Niveaus der materiell-technischen Basis;
2. Strukturveränderungen;
3. Verbesserungen in der Nutzung der materiell-technischen Basis und des Arbeitszeitfonds sowie des Qualifikationspotentials der Beschäftigten;
4. Verbesserung der sozialen Ergebnisse.

Die Erhöhung des Intensivierungsgrades mit Hilfe des wissenschaftlich-technischen Fortschritts ist ein komplizierter, vielgestaltiger und widersprüchlicher Prozeß. Seine Analyse erfordert, die Wechselbeziehungen zwischen wissenschaftlich-technischem Fortschritt, Intensivierung und Effektivität gründlich herauszuarbeiten und real zu beurteilen. Obwohl zwischen wissenschaftlich-technischem Fortschritt und Intensivierung enge Beziehungen bestehen, dürfen beide nicht miteinander identifiziert werden. Der wissenschaftlich-technische Fortschritt wirkt als Hauptfaktor der Intensivierung des Reproduktionsprozesses. Jedoch wird die Intensivierung darüber hinaus von einer Reihe weiterer Faktoren beeinflußt, wie z. B. von Srukturveränderungen, Vervollkommungen in der Organisation der Arbeit und der Produktion, Verbesserungen in der Ausnutzung der Produktionskapazitäten und des Qualifikationspotentials, in der Arbeitsdisziplin u. a. m. Mit der Ausbreitung der wissenschaftlich-technischen Revolution verstärken sich die indirekten Einflüsse des wissenschaftlich-technischen Fortschritts auf alle anderen Intensivierungsfaktoren. Trotzdem bleibt eine Abgrenzung notwendig, weil sonst wichtige Reserven zur Effektivitätssteigerung unberücksichtigt bleiben und auch die Spielräume für die Ausbreitung des wissenschaftlich-technischen Fortschritts eingeschränkt werden würden. Die Intensivierung wirkt über die weitere Vervollkommnung und bessere Ausnutzung der verschiedenen produktiven Ressourcen auf die Erhöhung der Effektivität.

Mit der Einführung neuer und vervollkommneter Produktionsmittel, Technologien, Formen der Organisation und Leitung verändert sich das technisch-ökonomische Niveau der Produktion qualitativ. Damit steigt der Intensivierungsgrad. Die Haupteinflüsse gehen von strategischen Richtungen des wissenschaftlich-technischen Fortschritts aus, zu denen vor allem die komplexe Mechanisierung und Automatisierung, die Anwendung der Mikroelektronik, der Robotertechnik, der biologischen Wissenschaften u. a. gehören. Auf der Grundlage der Robotertechnik ist z. B. in der VRB die Automatisierung der Montageprozesse bis zu 80% und der Meß- und Kontrollarbeiten bis zu 100% vorgesehen.

Die VRB steht gegenwärtig vor der Aufgabe, in entscheidenden Zweigen zur komplexen Automatisierung überzugehen und in den übrigen Produktionszweigen zur komplexen Mechanisierung.[32] Dieses differenzierte Herangehen ist durch den gegenwärtigen Mechanisierungs und Automatisierungsgrad bedingt. Im Jahre 1980 betrug der Anteil manueller Arbeit in der Industrie 49,2% und im Bauwesen 59,3%.[33] Die komplexe Mechanisierung trägt gegenwärtig in der VRB am meisten zu Fortschritten in der Intensivierung bei. Der Mechanisierungsgrad, bezogen auf Maschinerie und maschinell betriebene Werkzeuge, betrug 1980 in der Industrie 26,5%; bezogen auf Maschinen, die von Hand bedient werden, belief er sich auf 16,5%.[34] Die Ausstattung mit Ausrüstungen je Arbeitskraft stieg in der Industrie von 1971 bis 1980 auf das 2,3fache. Gleichzeitig wird auch die komplexe Automatisierung der Produktion weitergeführt. Damit werden die Möglichkeiten erweitert, um auch geistige Routinearbeiten rationeller durchzuführen. Im Jahre 1980 betrug der Automatisie-

[32] Vgl. T. Shivkov, Ekonomičeskaja politika Bol'garskoj kommunističeskoj partii, Bd. III, Sofia, Partisdat, 1982, S. 424.

[33] Vgl. Ikonomičeska misl, (Sofia) 2/1984, S. 10.

[34] Vgl. ebenda.

rungsgrad der Arbeit in der Industrie der VRB 2,4%, darunter 1,8% in der metallverarbeitenden Industrie, 4% in der chemischen Industrie.

Mit der weiteren Erhöhung des Automatisierungs- und Mechanisierungsgrades, vor allem durch die Anwendung der Mikroelektronik und der Robotertechnik, wird sich der Prozeß der Substitution lebendiger Arbeit durch Arbeitsmittel fortsetzen. Das kommt zusammengefaßt in der Erhöhung der technischen Zusammensetzung der Produktion zum Ausdruck. Diese wird durch das Verhältnis zwischen den Produktionsgrundfonds und der lebendigen Arbeit (ausgedrückt durch den Lohnfonds) charakterisiert. Dieses Verhältnis betrug 1971 bis 1975 in der VRB 7,9:1 und erhöhte sich im Zeitraum von 1976 bis 1980 auf etwa 12,1:1.[35] Eine ähnliche Tendenz zur Zunahme kommt auch in der Entwicklung der organischen Zusammensetzung (Verhältnis der gesamten Produktionsfonds zum Lohnfonds und Teilen der gesellschaftlichen Konsumtion) zum Ausdruck. Sie erhöhte sich von 4,6:1 in den Jahren 1971—75 auf 6,1:1 im Zeitraum von 1976 bis 1980. Der weitere Übergang von der Handarbeit zur mechanisierten und die Zunahme der automatisierten Arbeit auf einem qualitativ hohen Niveau werden im weiteren wesentlich die Intensivierung der Produktion bestimmen.

4.3.2. Quantifizierung der Effektivitätssteigerung durch Intensivierung — am Beispiel der VRB

Anhand der Entwicklung in der VRB wird im folgenden der Versuch gemacht, mit Hilfe von Produktionsfunktionen[36] den Einfluß des wissenschaftlich-technischen Fortschritts als Hauptfaktor der Intensivierung auf das Wachstum des Nationaleinkommens zu beurteilen. Die Methode des Herangehens und die Auswertung der Ergebnisse geben generelle Hinweise für die Erfassung der volkswirtschaftlichen Wirkungen des wissenschaftlich-technischen Fortschritts. Zur Demonstration der Aussagekraft ist das Beispiel der VRB besonders

[35] Statističeski godišnik na NR Bulgarija, Sofia 1982, S. 130. (Osnovnye proizvodstvennye fondy — po pervonačalnoi stoimosti).

[36] Dem liegen grundlegende methodologische Ausgangspunkte für die Anwendung von Produktionsfunktionen in der sozialistischen Wirtschaft zugrunde, wie sie vor allem von Ančiškin ausgearbeitet worden sind (vgl. A. I. Ančiškin, Prognozirovanie rosta socialističeskoj ėkonomiki, Moskva 1973.

geeignet, weil dort mit dieser Methode gute Erfahrungen bei der Analyse und bei langfristigen Prognosen gesammelt worden sind.

Die Aussagefähigkeit der Untersuchungsergebnisse hängt vor allem davon ab, daß die ökonomischen Zusammenhänge richtig erfaßt werden und die statistischen Daten zuverlässig sind. Dabei muß einschränkend darauf hingewiesen werden, daß die verfügbaren statistischen Informationen die Verschiedenartigkeit der Produktionselemente und den Grad ihrer tatsächlichen Ausnutzung nicht im genügenden Maße zum Ausdruck bringen. Deshalb spielten statistische Analysemethoden eine große Rolle, um die in der Wirtschaftspraxis ablaufenden Prozesse annähernd in den Modellansätzen zu berücksichtigen. Dabei wird unterstellt, daß in den eingegebenen Informationen die Auswirkungen von Grundrichtungen des wissenschaftlich-technischen Fortschritts auf die Struktur der Produktion, der Konsumtion und der Verteilung richtig erfaßt worden sind.

Die Berechnungen erfolgten für den Zeitraum von 1961 bis 1980. Grundlage war eine Produktionsfunktion mit zwei Faktoren mit dynamischen Koeffizienten und konstanten Substitutionselastizitäten. Dabei mußten bestimmte Vereinfachungen der real existierenden Zusammenhänge in Kauf genommen werden. Die Ergebnisse beziehen sich auf die Entwicklung von Parametern und Effektivitätskriterien, für die analytische Zusammenhänge nachgewiesen werden konnten.[37] So wurde zugrunde gelegt, daß der wissenschaftlich-technische Fortschritt sich mit Hilfe der Arbeit und der Produktionsfonds materialisiert und seine Wirksamkeit in den Veränderungen der Effektivitätsparameter für die eingesetzte lebendige und vergegenständlichte Arbeit zum Ausdruck kommt. Die qualitativen Veränderungen der Produktionselemente wurden außerhalb des Modells eingeschätzt und in das Modell eingegeben. Grundlage dafür bildeten Veränderungen in den Arbeitskräften und Produktionsfonds, die sich auf volkswirt-

[37] Der intensive Nationaleinkommenszuwachs (AN_i) wird nach der Gleichung
$$N_i = N_0(T_n - \alpha_{1t} T_l - \alpha_{2t} T_f)$$
berechnet.
N_0 = Nationaleinkommen im Basisjahr,
T_n, T_l, T_f = Zuwachstempo entsprechend des Nationaleinkommens, der Arbeitsmenge und der Produktionsfonds,
α_{1t}, α_{2t} = Effektivitätskoeffizient der Arbeit der Produktionsfonds.
Unterstellt wurde eine bestimmende wesentliche Begrenzung der Untersuchungsziele und eine Vereinfachung der real bestehenden Abhängigkeiten.

schaftlicher Ebene quantifizieren ließen.[38] Die Einschätzungen tragen Näherungscharakter.

Zur Berücksichtigung der qualitativen Aspekte in der Entwicklung der Arbeitskräfteanzahl wurden zwei Gruppen von Faktoren herangezogen, die die Kompliziertheit und Qualität der Arbeit beeinflussen und quantitativ ausgedrückt werden können: die Berufspraxis und das Bildungsniveau der Beschäftigten in der materiellen Produktion. Demzufolge wurde der Index der qualitativen Entwicklung der Arbeitskräfte durch die Veränderungen in der Struktur der Beschäftigten nach den Berufsjahren, der Altersstruktur sowie durch Veränderungen der Kennziffer „Zahl der Ausbildungsjahre je Beschäftigten in der materiellen Produktion" bestimmt. In bezug auf die Produktionsfonds wird der Index qualitativer Veränderungen durch drei Gruppen von Faktoren beeinflußt: die Altersstruktur der Grundfonds; die Veränderungen im technischen Niveau der Produktionsgrundfonds, beurteilt mit Hilfe der „Elektro"- und „Energieausstattung" der Ausrüstungen; der Anteil der Ausrüstungen am Grundfondsbestand insgesamt. Den Berechnungen zum Einfluß der Intensivierung wurden dynamische Reihen des Nationaleinkommens, der Produktionsfonds, der Anzahl der Beschäftigten in der materiellen Produktion und der Konsumtionsrate am verwendeten Nationaleinkommen zugrunde gelegt.

Davon ausgehend konnte folgender Einfluß der intensiven und extensiven Faktoren auf den Zuwachs des Nationaleinkommens im Zeitraum von 1961 bis 1980 ermittelt werden (vgl. Tab. 18).

Tabelle 18: Anteil des Einflusses intensiver und extensiver Faktoren auf das Wachstum des Nationaleinkommens (in %)

Periode	Anteil des Einflusses der	
	intensiven Faktoren	extensiven Faktoren
1961–1965	56	44
1966–1970	57	43
1971–1975	66	34
1976–1980	64	36

Quelle: Berechnet nach: Statističeski godišnik na NR B'lgaria, Sofia 1970, 1976, 1982.

[38] Methodische Grundlage für diese Einschätzungen bildete: A. I. Ančiškin, Prognozirovanie rosta socialističeskoj ėkonomiki, Moskva 1973.

In dem analysierten Zeitraum von 20 Jahren war das Wachstumstempo des Nationaleinkommens in der VRB relativ hoch. Es betrug jeweils im Durchschnitt je Jahr): von 1961 bis 1965 6,7%, von 1966 bis 1970 8,75%, von 1971 bis 1975 7,8% und von 1976 bis 1980 6,15%. Dabei war der Einfluß extensiver Wachstumsfaktoren vor allem in den 60er Jahren bedeutend, bedingt vor allem durch die Einbeziehung von zusätzlichen Arbeitskräften und Naturressourcen sowie die Erweiterung der Produktionsmaßstäbe. Der fondsintensive Charakter des Wirtschaftswachstums kam in dieser Periode im Sinken der Fondsquote zum Ausdruck (diese nahm im Zeitraum von 1961 bis 1965 um 5,1% ab und um 2,45% von 1966–1970), in – im Verhältnis zur Dynamik der Grundfondsausstattung – niedrigeren Steigerungstempi der Arbeitsproduktivität (von 7,15% im Zeitraum 1961 bis 1965 und 8,15% 1966 bis 1970) und fast konstanten Wachstumstempi der Fondsausstattung je Arbeitskraft (von 12,25% im Zeitraum von 1961 bis 1965 und von 10,6% 1966 bis 1970).[39]

In den 70er Jahren hat sich der Einfluß der extensiven Faktoren auf das Wachstum des Nationaleinkommens ständig verringert. So nahmen die Beschäftigten in der materiellen Produktion nur unbedeutend zu (um etwa 0,05% je Jahr). Jedoch wurde bei den Investitionen das relativ hohe Wachstum aufrechterhalten.[40]

Mit der beginnenden Erschöpfung extensiver Wachstumsmöglichkeiten zum Ende der 60er und Anfang der 70er Jahre erhielten qualitative Faktoren erstrangige Bedeutung für die weitere soziale und ökonomische Entwicklung.

Die Berechnungen ergaben eine tendenzielle Erhöhung des Einflusses der intensiven Faktoren in den 70er Jahren. Das kommt auch im Wachstum des Nationaleinkommens aufgrund der Wirksamkeit

[39] Statističeski godišnik na NR Bulgaria, Sofia 1970, S. 66, 86, 96–98; 1976, S. 100, 116, 124–126; 1981, S. 106, 126, 140–142.

[40] Der volkswirtschaftliche Intensivierungsgrad wird wesentlich durch das Verhältnis beeinflußt, in dem die Investitionen für die Wissenschaft und für die Produktion eingesetzt werden. Dabei drückt die Veränderung dieser Proportion zugunsten der Wissenschaft einen zunehmenden Einfluß qualitativer Wachstumsfaktoren aus. Diese Proportion betrug im Jahre 1980 in der VRB 1:12. In der UdSSR belief sie sich im Jahre 1975 auf 1:6,6 und für die USA auf 1:4. (Vgl. P. A. Kulvec, Problemy ėkonomičeskoj ėffektivnosti ispolzovanija naučno-techničeskogo potenciala, Vilnjus 1978, S. 147). Diese Proportion wird in der VRB durch die selektive Politik auf dem Gebiet des wissenschaftlich-technischen Fortschritts beeinflußt, die außerdem die breite Nutzung von wissenschaftlich-technischen Lösungen anderer Länder einschließt.

intensiver Faktoren zum Ausdruck. Die durch die intensiven Faktoren bedingten Steigerungsarten des Nationaleinkommens betrugen (jeweils im Durchschnitt je Jahr) im Zeitraum von 1961 bis 1965 3,5%, von 1966 bis 1970 5%, von 1971 bis 1975 5,1% und von 1976 bis 1980 3,9%[41] (vgl. Tab. 19).

Tabelle 19: Einfluß der intensiven Faktoren auf das Wachstum des Nationaleinkommens (in %)

Kennziffer	1961–1965	1966–1970	1971–1975	1976 1980
Anteil des Einflusses intensiver Faktoren am Zuwachs des Nationaleinkommens	56	57	66	64
davon				
qualitative Veränderungen in bezug auf die Beschäftigten in der materiellen Produktion	2	5	9	12
Wissenschaftlich-technischer Fortschritt, der sich in den Produktionsfonds materialisiert	8	8	10	8
„Neutraler" wissenschaftlich-technischer Fortschritt[1]	46	44	47	44
darunter				
Strukturveränderungen	36	38	40	35

[1] Dieser umfaßt vor allem Effekte, die sich aus der gesellschaftlichen Organisation der Produktion und damit auch der Kombination der Produktionselemente ergeben; den Hauptanteil nehmen Struktureffekte ein.

Quelle: Nach Berechnungen des Ökonomischen Instituts der AdW der VRB.

Deutlich wird der gewachsene Einfluß qualitativer Veränderungen bei den Arbeitskräften. Er beruht vor allem auf der Erhöhung des Bildungsniveaus für die Beschäftigten in der materiellen Produktion. Demgegenüber zeigte sich in der Entwicklung der Produktionsgrundfonds ein Sinken des Erneuerungsgrades. Der Erneuerungskoeffizient der Produktionsgrundfonds betrug im Jahre 1970 12,17%, 1975 6,57% und 1980 10,4%.

In der Faktorenanalyse kam das darin zum Ausdruck, daß der Anteil

[41] Statističeski godišnik na NR Bulgaria, Sofia 1970, S. 106, 126, 141; 1982, S. 106, 126, 141.

des wissenschaftlich-technischen Fortschritts, der sich in den Produktionsfonds materialisierte, etwas abnahm.

Bei der Beurteilung der Intensivierungsfortschritte muß berücksichtigt werden, welche volkswirtschaftliche Ebene jeweils zugrunde gelegt wurde. Das bedeutet z. B., daß bei Untersuchungen für die Volkswirtschaft insgesamt die Wirkung solcher Faktoren wie der Proportionen und Strukturen, der Entwicklung der Spezialisierung und des Veredlungsgrades der Produktion, Veränderungen in der Konsumtionsstruktur u. a. m. einzubeziehen ist.

Laut Tabelle war der intensive Zuwachs des Nationaleinkommens in der Hauptsache mit Strukturveränderungen verbunden, die in der Faktorenanalyse unter „neutralem" wissenschaftlich-technischen Fortschritt erfaßt sind.

Die statistisch meßbaren Effekte von Veränderungen sowohl in der Struktur der Volkswirtschaftsbereiche und -zweige als auch innerhalb der Zweige und Erzeugnisgruppen wirkten bisher positiv auf das Wachstumstempo der Effektivität und des Nationaleinkommens. Ursache dafür war vor allem die Zunahme des Anteils der materiellen Produktion bei wichtigen Ressourcen sowie die Steigerung des Produktionsanteils der Industrie und ihrer dynamischen Zweige, die durch eine überdurchschnittliche Produktivitätsdynamik gekennzeichnet sind. Der Einfluß dieser Struktureffekte auf das Wachstum unterliegt jedoch einer abnehmenden Tendenz. Bestimmte Strukturveränderungen (z. B. die schnelle Entwicklung des nichtproduzierenden Bereichs) beginnen gegenwärtig auch in entgegengesetzter Richtung zu wirken. Dabei muß aber berücksichtigt werden, daß es sich hier um statistische Struktureffekte handelt, die lediglich angeben, wie sich die Veränderung der Anteile bestimmter Bereiche auf die Effektivitäts- und Wachstumsdynamik auswirkt. Jedoch wird damit keine Gesamtaussage über die Auswirkungen von Strukturveränderungen auf die Effektivität getroffen, weil die indirekten Wirkungen einzubeziehen sind, die vielfach die statistischen Struktureffekte übertreffen.

Die Berücksichtigung statistischer Struktureffekte ist auch bei der Analyse der Material- und Fondsintensität der Produktion notwendig, um die Fortschritte in der Intensivierung real einschätzen zu können. Wie bestimmte Einsparungen von Ressourcen gesamtvolkswirtschaftlich zu beurteilen sind, kann immer nur in Verbindung mit der konkreten Struktur und dem Sortiment der Produktion eingeschätzt werden. Aus der Sicht der Intensivierung ist es z. B. unterschiedlich zu werten, ob die Fondsquote sinkt, weil die Fonds nicht genügend genutzt werden, oder ob die Ursache dafür Struktur- und Sortimentsveränderungen sind, die mit der Bedarfsenwicklung im Zusammenhang stehen bzw. mit der Erhöhung des Anteils von Fonds für soziale Zwecke oder für die Beseitigung von körperlich schwerer und gesundheitsgefährdender Arbeit.

Für die künftige Effektivitätsentwicklung werden vor allem Veränderungen in der Struktur der Volkswirtschaftsbereiche, der Produktions-, Zweig- und Erzeugnisstruktur von Bedeutung sein.

Die Analyse verdeutlicht den großen Einfluß, den der wissenschaftlich-technische Fortschritt in der Industrie auf die Effektivität der gesamten Volkswirtschaft ausübt. In der Industrie wurden 25 bis 35% des gesamten intensiven Zuwachses des Nationaleinkommens realisiert.

Insgesamt weisen die Ergebnisse der Berechnungen darauf hin, daß die Entfaltung intensiver Faktoren, insbesondere der wissenschaftlich-technische Fortschritt, die Effektivitätssteigerung positiv beeinflußte.

Mit der Herausbildung der umfassenden Intensivierung zum Hauptweg der Effektivitätssteigerung wird ein neuer methodologischer Ansatz notwendig, um die volkswirtschaftliche Effektivitätssteigerung zu bestimmen und ihre hauptsächlichen Einflußfaktoren zu analysieren. Bisher wurden die meisten Erfahrungen bei der Analyse von Teilkriterien der Effektivität gesammelt.[42] Damit können jedoch die komplizierten und komplexen Veränderungen in und zwischen den Produktionselementen nicht berücksichtigt werden, die mit der Intensivierung verbunden sind und die auch die Kennziffern für die Volkswirtschaft insgesamt entsprechend beeinflußten. Deshalb stellt die Aussage, in welcher Weise sich wichtige Kennziffern der volkswirtschaftlichen Gesamtentwicklung veränderten, lediglich eine Anfangsetappe in der Effektivitätsanalyse dar.

Im Verlauf der Intensivierung verändern sich sowohl das Tempo und die Entwicklungsrichtungen von Teilkriterien der Effektivität als auch ihr jeweiliger Beitrag zur Effektivitätssteigerung insgesamt.

[42] Berechnet nach der Formel:
$(T_0 - T_1)O_1$ und $(M_0 - M_1)O_1$,
Dabei bedeuten:
T_0 und T_1 Koeffizient der Arbeitsaufwendigkeit im Basis- und laufenden Jahr,
M_0 und M_1 = entsprechende Materialintensitätskoeffizienten,
O_1 = Volumen des Nationaleinkommens in vergleichbaren Preisen vom 1. 1. 1982.

Der gegenwärtige Erkenntnisstand erlaubt auf volkswirtschaftlicher Ebene lediglich eine qualitative Analyse dieser Veränderungen und noch keine quantitative Messung. Beispielsweise betrifft das den Einfluß der Intensivierung auf das Verhältnis von lebendiger und vergegenständlichter Arbeit. In der VRB betrug im Zeitraum von 1971 bis 1975 der Anteil des Materials an den Gesamtaufwendungen 67,9% und erhöhte sich 1976 bis 1980 auf 71,4%. Der Anteil des Arbeitslohnes verringerte sich von 24,7% auf 19,1%; der Anteil der Amortisationen stieg von 7,4% auf 9,4%[43].

Während im Zeitraum von 1971 bis 1975 die Einsparung von gesellschaftlicher Arbeit hauptsächlich durch die Einsparung von lebendiger Arbeit bedingt war, wuchs von 1976 bis 1980 der Einfluß der Einsparungen auch an vergegenständlichter Arbeit. Das heißt, daß insgesamt zwar in beiden Perioden der Einfluß von Einsparungen lebendiger Arbeit überwog, daß sich aber die Struktur der Einsparungen von gesellschaftlicher Arbeit veränderte. Im Zeitraum von 1976 bis 1980 wurde die Gesamteinsparung von gesellschaftlicher Arbeit nicht mehr allein durch die Einsparung von lebendiger Arbeit bedingt, sondern sowohl durch die Einsparung von lebendiger als auch von vergegenständlichter Arbeit. Im vorwiegenden Einfluß der Einsparung von lebendiger Arbeit kommt zum Ausdruck, daß es sich bisher hauptsächlich um eine Intensivierung auf Teilgebieten und bei einzelnen Faktoren handelte, wobei der Ersatz lebendiger durch vergegenständlichte Arbeit eine entscheidende Rolle spielte. Zunehmende Einsparungen auch von vergegenständlichter Arbeit zeigen, daß die Intensivierung umfassenden Charakter annimmt. Davon ausgehend wird mit der Analyse nachgewiesen, daß die Volkswirtschaft der VRB durch den beginnenden Übergang zur umfassenden Intensivierung gekennzeichnet ist.

Der in den Berechnungen zum Ausdruck kommende Gesamteffekt beruht auf der Einsparung von lebendiger und vergegenständlichter Arbeit sowie auf Verbesserungen in der Qualität der Erzeugnisse (erfaßt mit Hilfe der Preise). Darin drücken sich wissenschaftlich-technische Fortschritte und insgesamt der gestiegene Intensivierungsgrad der Produktion aus. Für den Beitrag zur Gesamteffektivität sind darüber hinaus noch die Aufwendungen von Bedeutung, die erforderlich waren, um diese Effekte zu erreichen. Diese wurden durch

[43] Statističeski godišnik na NR Bulgaria, Sofia 1982, S. 76, 78, 145.

die neu in Betrieb genommenen Grundfonds und den Zuwachs an Produktionsumlauffonds erfaßt. Auf dieser Grundlage wurden für die VRB Koeffizienten der Gesamteffektivität berechnet.[44] Diese Koeffizienten betrugen im Durchschnitt für den Zeitraum von 1971 bis 1975 0,21 und für 1976 bis 1980 dementsprechend 0,23. Auch daran wird deutlich, daß der wissenschaftlich-technische Fortschritt und andere Maßnahmen der Intensivierung die volkswirtschaftliche Effektivität insgesamt positiv beeinflußten. Reserven für einen höheren Beitrag des wissenschaftlich-technischen Fortschritts zur Effektivitätssteigerung bestehen vor allem in der stärkeren Einführung und beschleunigten Ausbreitung seiner ressourcensparenden Richtungen.[45] Ihre Erschließung erfordert weitere Vervollkommnungen in der Messung und Planung der Effektivität.

4.4. Bewertungsfragen des Nationaleinkommens und -reichtums

Die Beurteilung der Effektivität und der Intensivierung (als Hauptweg zur Effektivitätssteigerung) beruhen methodologisch auf dem gleichen Ausgangspunkt, dem Vergleich von Aufwand und Ergebnis. Der Messung der Effektivität und ihrer Entwicklungsdynamik muß sich die Wirtschaftswissenschaft verstärkt zuwenden. Sie ist eine wichtige Voraussetzung, um die erforderlichen Lösungen „zur vollständigen und hocheffektiven Nutzung des Produktionspotentials und des wissenschaftlich-technischen Potentials des Landes“[46] zu erarbeiten.

Die gegenwärtig vorliegenden vielfältigen und z. T. widersprüchlichen Vorschläge zur Beurteilung der Effektivität der gesellschaft-

[44] Der Effektivitätskoeffizient (E) wurde nach folgender Formel berechnet:

$$E = \frac{E'}{F_g + F_u}$$

Dabei bedeuten:
E' = Einsparung lebendiger und vergegenständlichter Arbeit,
F_g = in Betrieb genommene Grundfonds,
F_u = Zuwachs der Produktionsumlauffonds.

[45] Vgl. dazu Abschnitt 3.

[46] Informacionnoe soobščenie, O plenume centralnogo komiteta kommunističeskoj partii sovetskogo sojuza. Ju. V. Andropova, Tekst vystuplenija general'nogo sekretarja CK KPSS, in: Kommunist (Moskva), 1/1984, S. 7.

lichen Produktion und des Intensivierungsgrades unterscheiden sich im wesentlichen durch die Bestimmung der Gesamtaufwendungen. Jedoch erfodert gerade die weitere Herausbildung des intensiven Reproduktionstyps, insbesondere die zunehmende Einheit von ökonomischen und sozialen Ergebnissen, daß auch zur Bewertung der Effekte tiefergehende Untersuchungen erfolgen.

4.4.1. Bewertung des Nationaleinkommens

Bei der Bestimmung der volkswirtschaftlichen Effektivität wird als Ergebnisgröße im allgemeinen das Nationaleinkommen zugrunde gelegt. Dabei gilt es zu beachten, daß das Nationaleinkommen in zwei verschiedenen Formen auftritt, die aber im Grunde genommen eine Einheit bilden. Das sind:

– das Volumen des jährlich in allen Zweigen der materiellen Produktion geschaffenen Neuwerts (widergespiegelt durch die Summe der Primäreinkommen Lohn, Gewinn und Grundrente);
– das in Geldform ausgedrückte Volumen der für die Konsumtion und Akkumulation bestimmten materiellen Gebrauchswerte (Nettoprodukt im physischen Volumen).

Praktisch stimmen beide Formen in der Bewertung nur unter bestimmten vereinfachenden Annahmen überein, wenn eine autarke Wirtschaft vorausgesetzt wird, in der zwischen den Phasen der Produktion und der Konsumtion keinerlei Wertverluste (wie z. B. durch Verderben oder Beschädigung) auftreten. Ein Vergleich der Konsumtions- und Akkumulationsmittel, d. h. des Nationaleinkommens in seinem physischen Volumen, mit den finanziellen Primäreinkommen – also gewissermaßen ein Ergebnis-Aufwand-Vergleich – würde demnach die Größe 1 ergeben bzw. einen Wert, der nahe bei 1 liegt, wenn beide zu den gleichen effektiven Preisen bewertet werden würden.

Aus den Unterschieden zwischen beiden Größen lassen sich gewisse Aussagen über die volkswirtschaftliche Effektivität ableiten. Dieser Vergleich berücksichtigt jedoch ungenügend, wie das Ziel der sozialistischen Produktion realisiert wird. Die Bewertung des Nationaleinkommens muß mit Auskunft darüber geben, wie es zur Befriedigung der Bedürfnisse der Gesellschaft und aller ihrer Mitglieder beiträgt. Daraus folgt, daß die Ergebnisgröße der sozialistischen Produktion nur in Kategorien des Gebrauchswerts ausgedrückt werden kann. In der Regel wird deshalb das Nationaleinkommen zu konstanten Preisen bewertet, gewissermaßen im physischen Volumen erfaßt. Jedoch sind damit eine Reihe von ungelösten methodischen Fragen verbunden, die seine Aussagekraft beeinträchtigen. Streng genommen ist das physische Volumen des Nationaleinkommens nur dann annähernd aussagekräftig, wenn folgende Bedingungen eingehalten werden:

– Jedes Erzeugnis muß mit seinem individuellen Index (der die Entwicklung im Berichts- gegenüber dem Basiszeitraum charakterisiert) in die Bewertung eingehen. Seine Veränderung wird aber nur dann richtig berücksichtigt, wenn die Nomenklatur der zu messenden Produktenmenge stabil ist. Diese Voraussetzung steht jedoch im Widerspruch zu den raschen Veränderungen in der Struktur der gesellschaftlichen Produktion.

– Ein weiteres Problem steht damit im Zusammenhang, daß die individuellen Indizes mit Hilfe finanzieller Größen ausgedrückt werden. Das bedeutet, daß der Einfluß des Preises in der Entwicklung des sogenannten physischen Volumens mit enthalten ist. Damit ergeben sich Verzerrungen in der Aussage vor allem in den Zweigen, die eine Vielzahl nicht vergleichbarer Produkte herstellen. Das gilt insbesondere für Finalprodukte. Deshalb sind besonders in solchen Zweigen wie der Konfektions- und Schuhindustrie sowie in vielen Zweigen des Maschinenbaus die Möglichkeiten zur Messung des Produktionswachstums anhand von physisch vergleichbaren Erzeugnissen eingeschränkt.

– Die Entwicklung des physischen Volumens wird annähernd richtig widergespiegelt, wenn die Erzeugnis- bzw. Erzeugnisgruppenstrukturen stabil sind, d. h. die Proportionen, in der sich das wertmäßig ausgedrückte Produktionsvolumen (Erzeugnismenge mal Preis) auf die Erzeugnisarten verteilt, unverändert bzw. nur unbedeutend verändert ist.[47]

Aus diesen Problemen folgt, daß die bekannten Methoden zur Messung des physischen Produktionsvolumens auf Basis konstanter Preise besonders unter den veränderten Reproduktionsbedingungen der 80er und 90er Jahre wenig geeignet sind, um die Entwicklung des Gesamtvolumens materieller Gebrauchswerte widerzuspiegeln. Die

[47] Bei Strukturveränderungen beeinflußt der statistische Struktureffekt den Index des physischen Volumens an Nationaleinkommen ziemlich stark. Dadurch gibt es Verzerrungen in der Aussage.

Merkmale des intensiven Reproduktionstyps stehen im Widerspruch zu wichtigen Prämissen, die der Bestimmung des physischen Volumens an Nationaleinkommen zugrunde liegen:

1. Die Bedarfsstruktur verändert sich tatsächlich im raschen Tempo. Dadurch sind die Basispreise nicht mehr geeignet, den Anteil verschiedener Erzeugnisgruppen am Endprodukt real widerzuspiegeln. So verringerten sich in der UdSSR in den letzten Jahrzehnten die Preise für verschiedene Erzeugnisse der Rundfunkelektronik (wobei neben einer gewissen Sättigung des Bedarfs[48] die Senkung der spezifischen Produktionsaufwendungen von Einfluß war), während andererseits auch für bestimmte Produkte die Preise gestiegen sind (z. B. bei Pkw, hochwertigen Möbeln, delikaten Fischwaren). Preis- und Strukturveränderungen beeinträchtigen jedoch die Aussagekraft des physischen Volumens des Nationaleinkommens. Billiger gewordene Erzeugnisse z. B., deren Bedarf sich in Richtung der Sättigung entwickelt, würden im physischen Volumen des Nationaleinkommens mit relativ höherem Gewicht bewertet. Umgekehrt bei teurer gewordenen Produkten, nach denen wachsender Bedarf besteht.

2. Die Entwicklungsdynamik ist bei neuen Konsum- und Investitionsgütern, für die es also keine konstanten Preise der Basisperiode gibt, besonders groß.

Obwohl die Preisindizes für vergleichbare Erzeugnisse konstant sein können oder sogar sinken, führt deshalb der wachsende Anteil nichtvergleichbarer Erzeugnisse zu einem schnellen, teilweise auch überhöhten Zuwachs des physischen Volumens. In dieser Richtung wirken unterschiedliche, zum Teil gegensätzliche Faktoren, wie z. B. relativ hohe spezifische Aufwendungen zu Beginn der Fertigung neuer Erzeugnisse, beschleunigte Verbesserungen der Gebrauchseigenschaften je Erzeugniseinheit, aber auch das Bestreben mancher Betriebe, durch eine Pseudoerneuerung des Sortiments eine schnellere Steigerung der Preise gegenüber dem realen Gebrauchswert zu erreichen.

Zusammenfassend folgt daraus, daß allein mit Hilfe des physischen Volumens die Wachstumsdynamik annähernd real widergespiegelt werden konnte, solange sich die Zusammensetzung des Endprodukts relativ langsam veränderte und die Bedarfsstruktur verhältnismäßig

[48] So besaßen z. B. im Jahre 1980 in der UdSSR von 100 Familien bereits 85 einen Radioapparat und ebenso viele Fernsehgeräte.

stabil war.[49] Bei vorwiegend extensiv erweiterter Reproduktion war also das physische Volumen durchaus aussagefähig über die Wachstumsdynamik des Nationaleinkommens. Jedoch muß außerdem berücksichtigt werden, daß der im physischen Volumen des Nationaleinkommens ausgedrückte Effekt faktisch unterstellt, daß die gebrauchswertmäßige Struktur der Produktion bedarfsgerecht ist. Das ist aber auch bei zunehmender Planmäßigkeit der Entwicklung im einzelnen nicht immer der Fall, da nicht alle Faktorenwirkungen hundertprozentig vorausgeschätzt werden können.

Gerade die Herausbildung des intensiven Reproduktionstyps geht mit wesentlichen Veränderungen im Bedarf und in der Produktionsstruktur einher. Fortschritte im Intensivierungsgrad kommen deshalb auch darin zum Ausdruck, wie schnell die Produktionsstruktur an die Veränderung im Bedarf angepaßt wird. Das ist ein nicht zu unterschätzender Einflußfaktor für die Effektivität. Hier liegen noch Reserven, um mit gegebenen gesellschaftlichen Aufwendungen und gegebenem Produktionsvolumen einen höheren Grad der Bedarfsdeckung zu erreichen. Nur (und nur dann!) wenn die Übereinstimmung von Produktion und Bedarf gewährleistet wird,[50] kommt in den Mengenkennziffern der Produktion der Beitrag der Betriebe und Vereinigungen zum Zuwachs des Nationaleinkommens zum Ausdruck.

Fazit ist also: Da sich im allgemeinen mit der Intensivierung die Gesamtaufwendungen je Gebrauchswerteinheit und ihre Struktur verändern, beeinträchtigt das „die Kennziffern der Effektivität, die in konstanten Preisen berechnet werden".[51] Das heißt, daß es im zunehmenden Maße zu unvertretbaren Verzerrungen der Effektivitätskennziffern führen würde, wenn der Effekt weiterhin allein mit Hilfe des physischen Volumens der Produktion erfaßt wird und durch die Bewertung zu konstanten Preisen die Verteilungsstruktur der ge-

[49] Von Bedeutung dafür war auch, daß in den Preisen der Basisperiode im gewissen Maße auch die Struktur und die Präferenzen in dieser Periode mit zum Ausdruck kommen.

[50] Weitere Maßnahmen dazu sieht der Beschluß des ZK der KPdSU und des Ministerrates der UdSSR „Über zusätzliche Maßnahmen zur Erweiterung der Rechte der Produktionsvereinigungen (Betriebe) der Industrie bei der Planung und wirtschaftlichen Tätigkeit und zur Erhöhung ihrer Verantwortlichkeit für die Arbeitsergebnisse" vor (vgl. Abschnitt 4.1.).

[51] N. Fedorenko/V. Perlamutrov/N. Petrakov, Vzaimosvjaz naturalnych i stoimostnych pokazatelej v chozjajstvennom mechanizme, in: Kommunist (Moskva), 12/1980, S. 41/42.

sellschaftlichen Arbeit in der Basisperiode auf die Reproduktionsbedingungen in der Berichts- bzw. Planperiode übertragen wird.

Außerdem müssen die bei der Messung der Effekte auftretenden Probleme in bestimmtem Maße auch bei der Erfassung der Gesamtaufwendungen berücksichtigt werden, weil für die Intensivierung ebenfalls Veränderungen in der Struktur und Wirksamkeit der Produktionselemente charakteristisch sind. Das bedeutet, daß auch die normativen Mindestforderungen für den Effektivitätsbeitrag einzelner Produktionselemente in der Zeit verändert werden müssen.

Bei der Substitution lebendiger Arbeit durch Fonds beispielsweise kommt das darin zum Ausdruck, daß 1960 ein Beschäftigter in der materiellen Produktion bei mindestens gleichbleibender Gesamteffektivität mit einem Grundfondseinsatz von 7 bis 10 Tsd. Rubel eingespart werden konnte; bis Anfang der 80er Jahre hat sich diese Größe verdoppelt bzw. sogar verdreifacht.[52] Würden also die gegenwärtigen Zugänge an Grundfonds mit Hilfe von Nutzeffektskoeffizienten vergleichbar gemacht, die den Bedingungen der Basisperiode entsprechen, dann würde die Dynamik der Gesamtaufwendungen zu hoch ausgewiesen, da der Fondszuwachs faktisch mit überhöhtem Gewicht einbezogen wird. Obwohl gleichzeitig die lebendige Arbeit auf Grundlage der Basisbewertungen mit einem zu geringen Anteil in die Gesamtaufwendungen eingehen würde, bliebe die Gesamtsumme der Aufwendungen trotzdem viel zu hoch, weil die Fonds schneller wachsen als die lebendige Arbeit.

Für die Effektivitätsmessung ergeben sich daraus folgende Schlußfolgerungen:

Die Messung der Effektivität durch den Vergleich des physischen Volumens des Nationaleinkommens mit den gesellschaftlichen Gesamtaufwendungen besitzt eine hohe Aussagekraft unter den Bedingungen der vorwiegend extensiv erweiterten Reproduktion. Ausgangspunkt sind die Aufwendungen, die notwendig gewesen wären, um das tatsächlich gegebene Nationaleinkommen bei gleichbleibendem Effektivitätsniveau der Basisperiode zu erwirtschaften. Der Vergleich mit den tatsächlichen Aufwendungen in der Berichts- bzw. Planperiode gibt an, welche spezifischen Einsparungen an Aufwendungen gegenüber der Basisperiode erreicht worden sind, kenn-

[52] Vgl. L. A. Strižkova, Metodyrasčeta vzaimozamenjaemosti zatrat truda i osnovnych proizvodstvennych fondov, in: Izvestija AN SSSR, Serija Ėkonomičeskaja, 3/1981.

zeichnet also die durchschnittliche Effektivitätssteigerung im Untersuchungszeitraum. Voraussetzung dafür sind vergleichbare dynamische Reihen für die Ergebnis- und Aufwandsgrößen. Vergleichbarkeit besteht in annähernder Weise dann, wenn die zum Endprodukt gehörenden Erzeugnisse und die eingesetzten Produktionselemente mehr oder weniger gleichmäßig wachsen.

Mit dem Übergang zum intensiven Reproduktionstyp sind diese Voraussetzungen bei weitem nicht mehr gegeben, weil sich die Strukturen relativ schnell verändern. Der Erneuerungsprozeß von Erzeugnissen, Erzeugnisstrukturen, Technologien und Verfahren wird bestimmend für die Effektivitätssteigerung. Um den Intensivierungsprozeß gesellschaftlich immer besser zu beherrschen, muß deshalb die Effektivitätsmessung weiter vervollkommnet werden.[53]

Die genannten Unzulänglichkeiten von Kennziffern des physischen Volumens unter den Bedingungen der Intensivierung erfordern es vor allem, tiefgehender zu untersuchen, welche Aussagekraft das Aufwandsvolumen in seiner realen Struktur und in effektiven Preisen besitzt. Von Bedeutung ist insbesondere, daß es sich hierbei um reale ökonomische Größen handelt, deren reproduktionstheoretische Aussage eindeutig ist. Als „voller nationaler Aufwand" wird im folgenden das produzierte Nationaleinkommen zu effektiven Preisen plus dem jährlichen Amortisationsfonds[54] zugrunde gelegt.

[53] In dieser Aufgabenstellung stimmen die Ökonomen überein. Hinsichtlich der Lösungsrichtungen gehen die Auffassungen aber teilweise sogar recht weit auseinander. So gibt es Vorschläge, den Intensivierungsprozeß vor allem über eine stark ausgebaute Faktorenanalyse und zusätzliche „Kennziffern der Intensivierung" zu erfassen; andere sehen die Lösung in einer stärker bedürfnisorientierten Strukturierung des Nationaleinkommens bzw. Endprodukts (z. B. über die Verwendungsstruktur nach Bedürfniskomplexen oder über eine entsprechende Präzisierung des notwendigen oder Mehrprodukts unter gebrauchswertmäßigem Aspekt. Eine Reihe von Vorstellungen versucht, Beziehungen zwischen Gebrauchswertveränderungen der Erzeugnisse und Preisentwicklung für die Effektivitätsmessung zu nutzen (ausgehend u. a. von den Prinzipien der Preisbildung nach dem Preis-Leistungs-Verhältnis). U. E. bedürfen alle diese Vorschläge weiterer Ausarbeitung und Begründung, insbesondere in Verbindung mit ihrer stärkeren Objektivierung. Politökonomische Grundlagenuntersuchungen zur Dialektik von Gebrauchswert und Wert im Sozialismus, darunter zur gesellschaftlichen Nützlichkeit, sind dazu unumgänglich. Die nachfolgenden Ausführungen sind deshalb als Anregung für die Diskussion zu verstehen. (Anmerkung der DDR-Redaktion).

[54] Da ergebnisseitig der Effekt *aller* Investitionen berücksichtigt wird.

Ihm wären dann die jährlichen Effekte gegenüberzustellen, die aus Gründen der Vergleichbarkeit ebenfalls zu effektiven Preisen bewertet sein müßten.

Anschließend sollen dazu einige Möglichkeiten diskutiert werden. Ziel ist, *Ansätze für die Entwicklung einer Kennziffer der Gesamteffektivität* herauszuarbeiten, ohne diese zu quantifizieren.

4.4.2. Endergebnis und Nationalreichtum — Probleme der Messung

Das volkswirtschaftliche Endergebnis wird — bei gegebenen Aufwendungen — letztlich dadurch bestimmt, welcher Beitrag mit dem Nationaleinkommen zur Befriedigung gesellschaftlicher Bedürfnisse geleistet wird. Eine für die Planungspraxis wichtige Frage lautet deshalb: Kann das volkswirtschaftliche Endprodukt, bewertet in effektiven Preisen, so erfaßt bzw. strukturiert werden, daß es Aussagen darüber ermöglicht, wie die Bedürfnisse der sozialistischen Gesellschaft befriedigt werden?

Im folgenden wird diese Frage getrennt für den Konsumtionsfonds und für die Investitionen untersucht. Als Arbeitshypothese gilt, daß die volkswirtschaftlichen Effekte am besten erfaßt werden könnten, wenn es gelänge, die „Summe der realen Konsumtionseffekte" und das „Endergebnis der Investitionen" zu bestimmen.

Um einzuschätzen, wie sich mit dem Wachstum des Konsumtionsfonds die Konsumtionseffekte entwickeln, muß stets der Gesamtprozeß der Reproduktion von der Produktion des Nationaleinkommens über seine Verteilung und Zirkulation bis zur Konsumtion berücksichtigt werden. Ein wichtiges Kriterium besteht darin, inwieweit die in der Produktion verausgabten Aufwendungen im Absatz tatsächlich realisiert werden konnten. Entsprachen z. B. Sortiment und Qualität industrieller Konsumgüter nicht dem Bedarf (z. B. wenn Planung und Vertragsbindung die realen Gegebenheiten in bestimmten Fällen nicht genügend berücksichtigten), dann wurde gesellschaftliche Arbeit uneffektiv verausgabt. In diesem Fall werden zwar die Herstellungsaufwendungen dieser Erzeugnisse als Bestandteil des produzierten Nationaleinkommens abgerechnet, faktisch realisieren sie sich aber nicht in der Konsumtion.[55] Solche Erzeug-

[55] Auf dem Dezemberplenum (1983) des Zentralkomitees der KPdSU wurde festgestellt, daß infolge nicht bedarfsgerechter Qualität industrieller Konsum-

nisse gehen in die nicht absetzbaren Bestände ein (durch gezielte Preissenkungen kann in der Regel ein Teil davon noch abgesetzt werden; ein Teil wird Sekundärrohstoff). Als Endergebnis kann von seiten der Konsumtion deshalb nur der Teil des Nationaleinkommens bezeichnet werden, der den Endverbraucher erreichte, gemessen am tatsächlichen Einzelhandelsverkaufspreis. In ihm zeigt sich auch, inwieweit die Herstellungsaufwendungen tatsächlich zurückfließen.

Verluste zwischen den Phasen der Produktion und Konsumtion können aber auch entstehen, wenn leicht verderbliche Lebensmittel zu lange lagern, Konsumgüter beschädigt werden oder verlorengehen. Durch die Verminderung dieser Verluste tragen Handel und Lagerwirtschaft sowie Transportwesen zur Erhöhung der Effektivität der Reproduktion bei.

Eine weitere Schwerpunktaufgabe für die Ausschöpfung von Effektivitätsreserven der Reproduktion besteht in der Bilanziertheit zwischen dem Kauffonds und den Fonds an Waren und Leistungen für die Bevölkerung. Deshalb „ist es nicht damit getan, das System der Entlohnung in Geldform allein zu vervollkommnen. Es muß auch die erforderliche Warenmenge produziert werden, die Nachfrage findet."[56] Eine wichtige Bedingung für die Bilanziertheit ist die Einhaltung der Proportion zwischen Steigerung der Arbeitsproduktivität und Entwicklung des Durchschnittslohns. Gleichzeitig gilt es, bei der Durchsetzung dieser Proportion weitergehende Schritte zu tun. Es können trotz genügend schnellerer Steigerung der Arbeitsproduktivität gegenüber dem Durchschnittslohn Probleme für die Bilanziertheit entstehen. So z. B., wenn diese Proportion zwar eingehalten wird, aber die Produktion nicht voll den Bedarfswünschen entspricht oder zwischen der Entwicklung des Lohnfonds und dem Aufkommen an Konsumgütern und Leistungen eine nicht genügende Abstimmung erfolgt. Es ist deshalb notwendig, die Proportion zwischen der Entwicklung von Arbeitsproduktivität und Durchschnitts-

güter es die Handelsorganisationen ablehnten, der Industrie 500 Tsd. Stck. Fernsehgeräte, 115 Tsd. Stck. Radioempfänger, fast 250 Tsd. Stck. Fotoapparate, 1,5 Mio Uhren, 160 Tsd. Stck. Kühlschränke und eine Reihe anderer Waren abzunehmen, die für 1984 eingeplant waren.

[56] Rede von Juri Andropow auf dem Plenum des Zentralkomitees der KPdSU, in: Neues Deutschland vom 16. 6. 1983, S. 8.

lohn enger mit der Bilanzierung der Verwendungsseite des Nationaleinkommens zu verbinden.

Daraus resultiert die Frage, inwieweit die tiefere Analyse und Planung solcher finanzieller Größen wie z. B. der Dynamik und der Struktur der Spareinlagen mit zur besseren Bilanzierung beitragen könnte. Spareinlagen dienen verschiedenen Zwecken, u. a. zur Vorbereitung geplanter größerer Käufe, von Urlaubsreisen u. a. m. Wenn jedoch das Warenangebot nicht dem Bedarf entspricht, werden auch Teile des Einkommens gespart, die ursprünglich für andere Verwendungszwecke vorgesehen waren. Ausdruck dafür könnte z. B. sein, daß ein überproportional hoher Anteil des Zuwachses der Geldeinnahmen der Bevölkerung gespart wird. Begründete Aussagen dazu erfordern jedoch, objektiviert zu beurteilen, wie hoch in etwa der Anteil des Zuwachses der Spareinlagen an der Erhöhung der Geldeinnahmen der Bevölkerung wäre, wenn die Proportion zwischen Kauf- und Warenfonds annähernd ausgeglichen ist.[57]

Zusammenfassend kann eingeschätzt werden, daß die Bedarfsgerechtheit der Produktion und die Vergrößerung des Grades der Bedarfsdeckung eine Schlüsselstellung einnehmen, um mit einem gegebenen Konsumtionsfonds höhere Konsumtionseffekte zu erreichen. Werden hier die Reserven nicht genügend genutzt und vielleicht noch willkürliche Veränderungen im Sortiment zugelassen, so treten für die individuelle und gesellschaftliche Konsumtion ähnlich gelagerte Probleme wie für die produktive Konsumtion auf: *es wird mehr gekauft als gebraucht wird, und es werden teuere Erzeugnisse gekauft, obwohl in vielen Fällen einfachere und billigere den gleichen Konsumtionseffekt bewirken würden.*

Um diese und andere Effektivitätsreserven zu erschließen, sollte die Leistungsbewertung der Produktionsbetriebe mit berücksichtigen, welchen Beitrag ihre Erzeugnisse zur Erhöhung des Konsumtionseffekts leisten.

[57] In der UdSSR betrug 1980 der Zuwachs der Geldeinnahmen der Bevölkerung 15 Mrd. Rubel. (Der Jahreslohnfonds der Arbeiter und Angestellten wuchs um 11,3 Mrd. Rubel. Die Geldentlohnung der Kolchosbauern erhöhten sich um 0,3 Mrd. Rubel und die Zahlungen aus den verschiedenen Fonds der Sozialversicherung und Sozialleistungen stiegen um 3,3 Mrd. Rubel sowie die Stipendien um 0,1 Mrd. Rubel.) Der Zuwachs der Spareinlagen betrug 1980 103 Mrd. Rubel. Bezogen auf jeden zusätzlichen Rubel Geldeinnahmen wurden 65 bis 70 Kopeken gespart, während lediglich 30 bis 35 Kopeken für zusätzlichen Konsum ausgegeben wurden. Ber. nach: Narodnoe chozjajstvo SSSR v 1980 g, S. 40, 254, 357, 364, 381; Narodnoje chozjajstvo SSSR 1922—1982, S. 285, 450.

Die Intensivierung ruft auch für die Beurteilung des Beitrags der *Investitionen* zur volkswirtschaftlichen Effektivitätssteigerung eine Reihe von neuen Problemen hervor. Diese sind z. B. damit verbunden, daß ein wachsender Teil der Investitionen zur Modernisierung und Erneuerung bereits vorhandener Grundfonds dient. In diesem Falle wird das volkswirtschaftliche Endergebnis nicht allein durch das Investitionsvolumen beeinflußt, sondern durch die Gesamtheit der Effekte aus der Rekonstruktion, die ja wesentlich auch durch die verbesserte Wirksamkeit vorhandener Grundfonds bestimmt werden. Das betrifft u. a. die Erweiterung des Produktionsausstoßes, die Senkung der Betriebskosten, die Verlängerung der Nutzungsdauer für die erneuerten Grundfonds. In diesen Fällen würde sich ein falsches Bild ergeben, wenn der Effekt allein auf die verausgabten Investitionen bezogen werden würde. Andererseits gibt es in der Regel keine vergleichbaren Objekte, deren Wiederbeschaffungswert Anhaltspunkt sein könnte. Deshalb wird vorgeschlagen, in solchen Fällen davon auszugehen, welche Investitionen notwendig gewesen wären[58], um die gleichen Effekte durch Neubau zu erreichen. Im Vergleich mit den tatsächlichen Aufwendungen kommen dann die spezifischen Einsparungen gesellschaftlicher Arbeit durch Intensivierung zum Ausdruck. Dieses Herangehen ist für die Beurteilung der Effektivität von Modernisierungsinvestitionen sowohl im produzierenden als auch im nichtproduzierenden Bereich geeignet. Auch die volkswirtschaftliche Effektivität von Investitionen für die Erhaltung und Gestaltung der natürlichen Umwelt kann auf diese Weise eingeschätzt werden.

Eine weitere Aufgabe besteht in Vervollkommnungen bei der Bewertung von Investitionen, speziell Rationalisierungsinvestitionen. Investitionen dienen zur Reproduktion des Nationalreichtums. Dieser wird auf Grundlage der Aufwendungen bewertet, die erforderlich waren, um die jeweiligen Elemente des Nationalreichtums zu produzieren. Ausgehend vom Ziel der sozialistischen Produktion müßte aber in der Bewertung zum Ausdruck kommen, welchen Beitrag der Nationalreichtum zur Zielrealisierung leistet, d. h. in dem mit seiner Hilfe hervorgebrachten Nutzeffekt. Es wird deshalb vorgeschlagen, die Preisbildungsmethoden bei Gebrauchswertverbesserungen von Erzeugnissen (Preis-Leistung-Verhältnis unter Berück-

[58] Unter der Voraussetzung, daß die normative Effektivität der Investitionen erreicht wird.

sichtigung sowohl der Herstellungskosten als auch der Anwendereffekte) sinngemäß auch auf diesen Bereich auszudehnen.

Die Notwendigkeit weiterer Vervollkommnungen bei der Bewertung von Investitionen wird an folgendem Beispiel deutlich. Investitionen für die intensivere Nutzung von Naturressourcen gewinnen immer größere Bedeutung. Sie werden verausgabt, sowohl um die Wirksamkeit von Naturressourcen zu erhöhen (wie z. B. durch Melioration) als auch um ihre Nutzungszeit zu verlängern (z. B. durch Erhöhung des Ausbeutegrades von Lagerstätten, durch Verhinderung von Bodenerosionen). Solche Maßnahmen werden gegenwärtig durch die für sie notwendigen gesellschaftlichen Aufwendungen bewertet. Diese Aufwendungen sind Bestandteil des produzierten Nationaleinkommens (bei Maßnahmen mit produktivem Charakter) oder der Endverwendung des Nationaleinkommens für nichtproduktive Zwecke. *Um die volkswirtschaftlichen Gesamtwirkungen einschätzen zu können, müßten jedoch darüber hinaus auch ihre unterschiedlichen Effekte mit analysiert werden.*[59]

Dafür ein Beispiel: Am Fluß Ikorez im Gebiet Woronesh wurde der Flußlauf durch den Bau von sechs Kanälen begradigt. Die Kosten betrugen eine halbe Million Rubel. Als Wertbestandteil der Bauleistungen gingen sie in das Nationaleinkommen der entsprechenden Jahre ein. Gleichzeitig jedoch wirkten sich diese Maßnahmen auf eine Reihe von natürlichen Prozessen negativ aus. Früher wurde im Gebiet des Flusses Heu bereitet. Jetzt ist das Gebiet nur noch teilweise zur Weidewirtschaft geeignet. „Der Milchwirtschaft wurde ein Schlag versetzt. . . Die Waldgebiete sind ausgetrocknet, die Wasservögel hörten auf zu nisten, die in den Waldseen lebenden Biber wanderten ab und die Fischbestände gingen zurück.“[60] Um den Wasserhaushalt in diesem Gebiet wieder herzustellen, sind Aufwendungen in Höhe von 6,6 Mio Rubel notwendig. Diese Rekultivierungsmaßnahmen dienen aber überwiegend nicht dazu, den Nationalreichtum zu vermehren, sondern negative Wirkungen auszugleichen. Um den Beitrag richtig zu beurteilen, den das Nationaleinkommen zur besseren Bedürfnisbefriedigung leistet, müßten also in einer komplexen Effektivitätsbeurteilung die Auswirkungen auf den Nationalreichtum mit berücksichtigt werden.

[59] Wobei aus volkswirtschaftlicher Sicht die Fondsrentabilität dafür wichtige Hinweise gibt.

[60] A. Staruchin, Kak reku sprjamili, in: Pravda vom 11. Januar 1982.

Ähnliche Bewertungsprobleme bestehen auch, wenn der Nationalreichtum im nichtproduzierenden Bereich intensiver genutzt wird, z. B. bei der Modernisierung von Altbauwohnungen.

Im Jahre 1980 wurden in der UdSSR 6,2 Mrd. Rubel für Reparaturen an Gebäuden und Ausrüstungen im nichtproduzierenden Bereich verausgabt. Davon entfielen rund 4 Mrd. Rubel auf die kommunale Wohnungswirtschaft. Das entspricht etwa 20% der Investitionen für den Wohnungsbau. Dabei wurden mehr als 80% der Gebäude, die generalüberholt wurden, gleichzeitig modernisiert (durch Einbau von Aufzügen, Veränderungen der Wohnungsgröße, sanitärtechnische Verbesserungen u. a. m.). Jedoch kann eine Reihe von Gebäuden schwer oder nicht modernisiert werden, da sie – unabhängig von ihrem physischen Verschleißgrad – schlecht an moderne Wohnstandards angepaßt werden kann. Der Abriß ist dann angebracht, wenn der durch Modernisierung möglich werdende Konsumtionseffekt die Aufwendungen nicht mehr rechtfertigt.

Aufwendungen gesellschaftlicher Arbeit, die dazu dienen, den Nationalreichtum zu erhalten und Verluste abzuwenden, erhöhen also die gesellschaftliche Effektivität.[61] Wenn z. B. zur planmäßigen Kultivierung der Forstbestände übergegangen wird, vermindert sich zunächst – gemessen am Verhältnis von Produktionsvolumen und Aufwendungen zu einem gegebenen Zeitpunkt – die Effektivität der Produktion, d. h. die Produktion je Aufwandseinheit. Aus der Sicht der gesellschaftlichen Effektivität (einschließlich der Berücksichtigung des Zeitfaktors) ist jedoch die planmäßige Reproduktion der Waldbestände ein wichtiger Bestandteil des Effekts, der im Nationalreichtum zum Ausdruck kommt. Ähnlich ist es bei Maßnahmen gegen die Bodenerosion und bei Schutzmaßnahmen für Landschafts- und Erholungsgebiete. Erhaltung und Zunahme des Nationalreichtums beruht aber nicht allein darauf, daß mehr Arbeitskräfte und materielle Ressourcen im produzierenden Bereich angewendet werden, sondern setzt auch voraus, daß Arbeitskräfte und materielle Ressourcen nichtproduktiv eingesetzt werden. Durch den Mehr-

[61] Die produktiven Tätigkeiten, die vorwiegend der Erhaltung des Nationalreichtums dienen, wie z. B. Reparatur- und Instandhaltungsarbeiten, sollten nicht nur als Teil der Produktion von Nationaleinkommen gewertet werden, sondern auch nach ihrem Beitrag zur Reproduktion des Nationalreichtums beurteilt werden.

einsatz von Ressourcen für die Reproduktion des Nationalreichtums ist es möglich, mit einem gegebenen Produktionswachstum materieller Gebrauchswerte höhere Konsumtionseffekte zu erreichen und Bilanzdisproportionen zu mildern (z. B. durch eine höhere Leistungsfähigkeit der chemischen Reinigung von Textilien). Das Wachstumsverhältnis von Nationaleinkommen und Nationalreichtum muß also ebenfalls nach dem Kriterium der Effektivität gestaltet werden.

Mit dem Übergang zur umfassenden Intensivierung wird der Beitrag, den das Nationaleinkommen zur Bedarfsdeckung leistet, in stärkerem Maße durch *Veränderungen in der Struktur des Endverbrauchs* beeinflußt. Das betrifft in der langfristigen Tendenz vor allem die zunehmende Verwendung des individuellen und gesellschaftlichen Konsumtionsfonds für die Anschaffung langlebiger Konsumgüter. Diese hängt zusammen mit dem schnelleren Wachstum solcher Bedürfnisse, wie nach Bildung, gesundheitlicher und sozialer Betreuung, Lösung der Wohnungsfrage, Erholung u. a. m. Damit beeinflussen aber auch die Entwicklung und Struktur des Nationalreichtums in wachsendem Maße den Grad der Bedarfsdeckung. Das kommt in der schnellen Entwicklung des Bestandes an langlebigen Konsumgütern bei der Bevölkerung zum Ausdruck, insbesondere aber in der Akkumulation und den Grundfonds für die entsprechenden Gebiete des nichtproduzierenden Bereichs. Der überwiegende Teil dieser Aufwendungen wird durch die Gesellschaft getragen. Oberflächlich betrachtet, könnte eine schnellere Entwicklung der Akkumulation für den nichtproduzierenden Bereich und die Zunahme ihres Anteils als Abzug von der produktiven Verwendung und damit als Faktor für ein verlangsamtes Wachstum des Nationaleinkommens angesehen werden.

Jedoch wäre eine solche Gegenüberstellung falsch, da

– eine entsprechend hohe Effektivität und damit auch das Wachstum des Nationaleinkommens auf vorwiegend intensive Art und Weise materielle Voraussetzung dafür ist, daß der nichtproduktive Verbrauch sich schnell entwickeln kann;

– die Leistungen des nichtproduzierenden Bereichs bestimmen, wie bei einem gegebenen Nationaleinkommen Bedürfnisse besser befriedigt werden. Zugleich wirken diese Leistungen aktiv auf die Intensivierung der Produktion zurück. Sie sind also durch enge Wechselbeziehungen zur Produktion und Verwendung des Nationaleinkommens gekennzeichnet. Das bedeutet, daß der Nationalreichtum im nichtproduzierenden Bereich keineswegs für sich genommen ein Ausdruck für die Effektivität ist, sondern nur als Bestandteil der gesamten *Effektivität der Reproduktion.*[62]

Je größer der Einfluß der Effektivitätssteigerung auf das Wachstum des Nationaleinkommens, desto mehr kann sich also der Nationalreichtum im nichtproduzierenden Bereich und unmittelbar bei der Bevölkerung erweitern, desto besser sind die Voraussetzungen für die Entwicklung von nichtproduktiven Leistungen und damit auch für die ständige Erneuerung des Reproduktionsprozesses auf intensiver Grundlage. In diesem Sinne ist das schnellere Wachstum des Nationalreichtums im nichtproduzierenden Bereich und bei der Bevölkerung eines der Kriterien für den volkswirtschaftlichen Intensivierungsgrad. Ausdruck dafür sind u. a. Tendenzen zur allmählichen Annäherung der Wachstumsraten der Investitionen im produzierenden und nichtproduzierenden Bereich, wie sie sich auch in der UdSSR zeigen. In den 70er Jahren stiegen in der UdSSR auch die Käufe langlebiger Konsumgüter rasch (darunter u. a. von Pkw, Genossenschaftswohnungen, Garagenbau, Konsumgütern für den Freizeitbereich). Die Bestände an langlebigen Konsumtionsmitteln bei der Bevölkerung wuchsen in diesem Zeitraum um annähernd 6 bis 8% jährlich. Zunehmende Bedeutung gewinnen auch hier vorwiegend intensive Wege zur Erhaltung und Erneuerung der Bestände. Kriterium der intensiven Nutzung des Nationalreichtums ist letztendlich, daß die Konsumtionseffekte schneller zunehmen als das physische Volumen des Nationalreichtums. Intensivierungsreserven bestehen also nicht nur bei der Produktion des Nationaleinkommens, sondern auch bei seiner nichtproduktiven Verwendung.

In Abhängigkeit von den Fortschritten bei der Intensivierung des volkswirtschaftlichen Reproduktionsprozesses werden langfristig auch innerhalb des Nationalreichtums Strukturveränderungen vor sich gehen, die in Richtung der anteiligen Zunahme des nichtproduktiv genutzten Nationalreichtums wirken. Das bedeutet, daß schließlich ein *qualitativer Umschlag in der Entwicklungsdynamik von Nationaleinkommen und Nationalreichtum eintreten wird; der Nationalreichtum wird schneller wachsen als das Nationaleinkommen.*

In der UdSSR stieg zunächst das Nationaleinkommen schneller als der Nationalreichtum (u. a. aufgrund des größeren Einflusses der produktiven gegenüber der nichtproduktiven Akkumulation). Das Verhältnis von Nationaleinkommen zum reproduzierten Na-

[62] Vgl. Abschnitt 1.1.

tionalreichtum erreichte sein Maximum im Zeitraum von 1966 bis 1970 mit einem Koeffizienten von mehr als 0,2. In den folgenden Jahren setzte ein qualitativer Umschlag im Verhältnis beider Größen ein (bis zum Jahre 1980 verringerte es sich auf einen Koeffizienten von weniger als 0,19).[63] Höhere Effektivität der Reproduktion schließt ein, die Gesamtheit der Beziehungen zwischen Nationaleinkommen, Endergebnis und Nationalreichtum in der Analyse und Planung zu berücksichtigen.

[63] Vgl. Voprosy intensifikacii i sbalansirovannosti rasširennogo vosproizvodstva v period razvitogo socializma, Redaktion: A. I. Notkin, a. a. O., S. 215.

Personenregister